쓰레기는 어디로 갔을까

사라진 내일

사라진 내일

2009년 7월 14일 초판 1쇄 발행
2010년 10월 15일 초판 2쇄 발행

펴낸곳 (주)도서출판 **삼인**

지은이 헤더 로저스
옮긴이 이수영
펴낸이 신길순
부사장 홍승권
책임편집 강주한
교정 조은
편집 김종진 오주훈 서정혜 양경화
마케팅 이춘호 한광영
관리 심석택
총무 서장현

등록 1996.9.16. 제 10-1338호
주소 121-837 서울시 마포구 서교동 339-4 가나빌딩 4층
전화 (02) 322-1845
팩스 (02) 322-1846
전자우편 saminbooks@naver.com
홈페이지 www.saminbooks.com

표지디자인 (주)끄레어소시에이츠
제판 스크린그래픽센터
인쇄 대정인쇄
제본 성문제책

ISBN 978-89-91097-96-4 03330

값 14,000원

쓰레기는 어디로 갔을까

{ 사라진 내일 }

헤더 로저스 지음 | 이수영 옮김

삼인

쓰레기와 함께 살고 일하는
이들에게 이 책을 바칩니다.

———————

글 싣는 순서

쓰레기 또 쓰레기

소비를 조장함으로써 생산을 이어가는 사회는 쓰레기 위에
세워진 사회이며, 그런 사회는 모래밭에 지은 집과 같다.

도로시 세이어스(Dorothy L. Sayers)
『왜 일하는가?(Why work?)』, 1942

우주에서 지구를 볼 때 눈에 띄는 문명의 흔적이 몇 가지 있다. 중국의 만리장성, 피라미드, 그리고 뉴욕 시 남서부 끝에 있는 또 다른 문명의 유적인 프레시킬스(Fresh Kills) 매립지다. 9·11의 피 묻은 잔해가 묻힌 이 거대한 쓰레기 더미는 마치 엉뚱한 곳에 서 있는 서부의 산 같다. 53년간 묻혀온 쓰레기들은 대부분 흙과 풀로 뒤덮인 비탈을 이루고, 멀지 않은 곳에 강어귀처럼 생긴 곳이 눈에 띈다. 날이 흐릴 때면 과거의 소비가 뿜어내는 메탄 악취가 언덕의 좁은 도랑마다 피어오른다. 비바람이 몰아치는 날에는 독성을 띤 침출수가 주변의 땅과 지하수로 흘러든다. 쓰레기가 한 나라라면, 이곳은 그 나라의 수도

다. 이곳은 몹시 놀라운 곳이지만, 그 어마어마한 규모 말고는 그리 특별할 것도 없다.[1]

2003년에 미국인들은 종이, 유리, 플라스틱, 목재, 음식물, 금속, 의류, 폐가전제품과 그 밖의 쓰레기를 무려 2억 2650만 톤 가까이 버렸다.[2] 쓸모가 다했거나 중고가 되었거나 고장 난 물건들이 날마다 집, 회사, 자동차에서 쉴 새 없이 쏟아져 나온다. 그리고 태워지고 바다에 버려지고, 아니면 보통 흙과 풀씨로 이루어진 문명의 덮개 아래에 묻힌다. 미국은 세계 최고의 쓰레기 생산자로, 지구 자원의 30퍼센트를 소비하며 전체 쓰레기의 30퍼센트를 생산한다. 하지만 미국에는 전체 지구인의 4퍼센트만이 살고 있을 뿐이다. 최근 통계에 따르면, 미국인 1인당 한 해에 쓰레기를 725킬로그램이 넘게 버린다. 날마다 2킬로그램 넘게 버리는 것이다.[3] 미국이 만들어낸 쓰레기 산은 지난 세대에만 두 곱으로 늘어났다.[4]

테이크아웃 음식을 먹고, 구두를 한 켤레 사고, 신문을 읽자마자 골치 아픈 쓰레기가 눈앞에 생긴다. 고장 난 토스터, 말썽을 부리는 휴대폰, 먹통이 돼버린 VCR을 구태여 고칠 필요가 없다. 요즘에는 낡은 물건은 버리고 신제품을 사는 것이 훨씬 돈이 덜 들기 때문이다. 이렇게 생겨나는 쓰레기 앞에서 죄책감을 느끼면서도 쓰레기를 줄일 방법을 찾지 못하는 이들이 많다. 우리가 버린 폐기물이 곧바로 다른 데로 치워지지 않는다면 이런 불안감은 더욱 커진다. 2003년 쓰레기 파업 때 시카고의 어느 저널리스트가 쓴 글에서 그 괴로움을 읽을 수 있다.

나는 환경을 개선하고 싶다. 정말로. 하지만 더 큰 마시멜로가 들어 있는 대용량 럭키참스 시리얼 상자들과 콘에어(소형 전기용품 브랜드―옮긴이) 포장상자, 빈 물병들과 찢어진 『인스타일(Instyle)』잡지들, 굳어버린 빨간 버스 스톱 크림슨 매니큐어, 갭(의류 브랜드―옮긴이) 쇼핑백을 보면…… 내가 과연 내 몫을 다하고 있는 건지 궁금해진다.

쌓여만 가는 쓰레기를 보면 우리가 얼마나 많이 소비하고 있는지 끊임없이 생각하게 된다. 우리는 얼마나 많이 소비하고 있는가. 우리는 얼마나 많이 낭비하고 있는가.

누군가 와서 이걸 치워준다면 얼마나 고마울까?[5]

요새 쓰레기 수거가 중단되는 일은 드물다. 대부분의 경우 쓰레기는 정해진 시간에 치워진다. 하지만 시스템이 제대로 돌아가고 있더라도 한 가지 의문은 떠나지 않는다. 쓰레기는 모두 어디로 가는 것인가? 1989년의 인기작 〈섹스, 거짓말, 그리고 비디오테이프(Sex, Lies, and Videotape)〉의 처음에 나오는 대사는 이렇듯 감춰져 있는 의문을 표면으로 끄집어낸다. 앤디 맥도웰이 연기한 인물은 의사에게 이렇게 털어놓는다. "쓰레기만 생각했어요. 일주일 내내 생각한 게 쓰레기예요. …… 궁금해요. 쓰레기가 엄청 많잖아요. 가장 걱정스러운 건 언젠가 이 쓰레기를 쌓아둘 곳이 없어질 게 분명하다는 거예요." 오늘날 우리 사회가 만들어내는 어마어마한 쓰레기 때문에 많은 사람들은 적어도 걱정스러워하고 불편해한다. 쓰레기가 어떻게 처리되는 건지 잘 알려지지 않았더라도 쓰레기는 일상생활의 괴로운 요소이며, 결코 사라지지 않는 더 큰 문제들과 연결된다.

쓰레기란 잉여 위에 부패와 오물이 덧씌워진 교과서다. 버려진 플라스틱 포장재의 아름다운 이미지 옆에서 천연물질이 썩고 있다. 디자인이 화려한 물건들—다 쓴 전구나 배터리—이 위생 냅킨과 썩어가는 고기 조각 틈에 놓여 있다. 쓰레기는 깨끗하고 이로운 것과 더럽고 해로운 것을 가르는 경계이기도 하다. 그리고 일상생활과, 생태적 위기라는 깊고도 추상적인 공포의 눈에 보이는 접점이다. 우리는 쓰레기를 통해 산업사회가 자연과 인간의 노동에 관계하는 논리를 읽을 수 있다. 여기서 갑자기 모든 게 뒤섞인다. 노동, 자연, 땅, 생산, 소비, 과거와 미래가. 쓰레기 속에서 우리는 지구를 관리할 계획이 없다는 물질적 증거를 발견한다. 자원은 보존되지 않고 있으며, 쓰레기와 파괴는 필연적으로 소비사회의 닮은꼴이라는 증거를 찾게 된다.

이 책은 가정용 쓰레기에 초점을 맞추고 있다. 가정용 쓰레기는 '자치단체 고형폐기물'이라 불리는 것으로, 부엌, 욕실, 호텔, 학교, 상점 및 사무실, 소규모 건설 현장에서 나오는 폐기물을 포함한다. 광업, 농업, 제조업, 석유화학 분야에서 나오는 쓰레기가 가정용 폐기물의 70배가 넘긴 하지만, 보통 사람들에게 가장 직접적으로 영향을 미치는 것은 일상생활의 쓰레기다. 우리가 그것을 만들어내기 때문이다.

쓰레기 생태학

쓰레기가 환경에 직접 미치는 영향이 뚜렷해지고 있다. 쓰레기가 많아진다는 건 디젤 배기가스를 내뿜는 수거차량이 더 많이 돌아다닌다는 걸 뜻한다. 소각장은 공기 중에 유독물질을 배출하며 쓰레기를 태운 재 찌꺼기는 흙과 물을 오염시킬 수 있다. 매립지는 암처럼 전국으로 전이되어 지하수에 해로운 성분을 녹아들게 하고, 알려지지 않은 환경 문제를 미래 세대에 넘겨준다.

쓰레기 무덤은 지난 스무 해 동안 더욱 엄격한 환경 대책에 맞닥뜨렸다. 국가 기준들이 마련된 것은 겨우 10여 년 전의 일이다. 다시 말해 전국의 수많은 쓰레기 매립지들이 아직도 더 새롭고 더 강화된 기준에 부합하지 못하고 있는 것이다. 이들이 지역의 대수층, 흙, 그리고 공기를 더럽히고 있다.

매립지는 오수뿐 아니라 썩어가는 쓰레기가 내뿜는 '매립가스'도 방출한다. 이 불쾌한 운무는 대개 고인화성 물질인 메탄을 함유하고 있는데, 메탄은 지구의 기후를 변화시키는 주요 요인이다. 미국 환경보호청(Environmental Protection Agency, EPA)에 따르면, "메탄이 특히 걱정스러운 이유는 대기 중에 열을 가두는 효과가 이산화탄소보다 스물한 곱절이 크기 때문이다." 접착제, 가정용 세제, 플라스틱과 페인트에서 나오는 해로운 기체도 매립가스를 만든다. 여기에는 이산화탄소, 유해 대기오염물질(HAP)과 휘발성 유기화합물(VOC)이 포함된다. 또 다른 EPA 자료는 이렇게 밝히고 있다. "VOC의 배출은 지상에서 오존의 형성(스모그)에 기여한다. 오존은 식물의 성장을 감소시키거나 성장에 해를 입힐 뿐 아니라 사람에게 호흡기 질환을 일으킨다. …… HAP에 노출되면 암, 호흡기 장애, 중추신경계 손상 같은 갖가지 건강상의 문제가 생긴다."[6]

소각장도 골칫거리다. UN 환경프로그램(United Environment Programme)의 2000년 조사에 따르면, 자치도시의 쓰레기 소각장은 전 세계 다이옥신 가운데 69퍼센트를 배출하는 주범이었다. 다이옥신은 현존하는 유독물질 가운데 가장 맹독성의 물질로 분류된다.[7] 최신의 여과장치를 갖춘 소각장에서도 다이옥신이 소멸되거나 중화될 수 없는 이유는 다이옥신이 소각 과정 자체에서 생성되는 것이기 때문이다. 종이나 플라스틱 같은 일상생활의 물자들이 뒤섞인 채 소각되면서 다이옥신을 만들어내고, 다이옥신은 공기 중으로 배출되거나 재 찌꺼기에 남는다. 소각장은 산성가스(산성비의 원인), 분진, 일산화탄소와 수은도 배출한다. 매립되는 남은 재에도 납, 수은, 카드뮴을 비롯한 여러 가지 유독물질이 들어 있다.

포장재는 가장 많고, 가장 빠르게 늘고 있는 폐기물 종류다. 지역 폐기물의 30퍼센트를 넘게 차지하며 그 가운데 40퍼센트가 플라스틱이다. 오늘날 폴리머(polymer)는 미국의 소각장과 매립지 어디에나 있다. 소각장과 매립지에 텔레비전, 컴퓨터, 핸드폰, 의료 폐기물, 탄산음료수병, 셀로판 포장지가 넘쳐흐르기 때문이다.[8] 하지만 폴리머는 회복력이 뛰어나고 유독하기 때문에 환경에 안전하게 머물 수 없다. 평균적으로 플라스틱은 200년, 400년, 아니 1천 년 동안 변하지 않은 채로 남아 있다고 하는데, 이는 모두 추측일 뿐이다.[9] 지표에 놓인 플라스틱은 끊임없이 닳아가며 해로운 물질을 대기로 '내뿜는다.'[10] 땅속에 묻힌 플라스틱 수지는 물과 흙에 유독물질을 방출한다. 폴리머는 생산 공정에서 노동자들과 환경에 매우 위해한 영향을 끼친다. 이렇게 심각한 문제가 있지만, 지난 50년간 미국 플라스틱 업계는 전성기를 이루며 다른 모든 제조업 연간 성장률의 두 배 속도로 성장했다.[11] 이 것이 오늘날 태평양 한가운데 동물성 플랑크톤보다 플라스틱 쓰레기가 여섯 곱절이 더 많은 이유일 것이다.[12]

재활용이 쓰레기 문제의 해법으로 제시되었지만 압도적인 쓰레기 양을 따라잡을 수는 없다. 미국 제품의 약 80퍼센트가 딱 한 번 사용되고 버려진다.[13] 미국 전역에 9천 개가 넘는 길거리 재활용 프로그램이 있지만 많은 도시에서는 재활용 품목을 모으지 않는다. 금속류와 유리를 착실히 분리하고 나서도 이를 구매하는 곳이 없어 아직까지 상당부분이 매립지나 소각장으로 실려 간다. 재생 센터로 보내진 재료는 저가의 '새' 원료와 경쟁상대가 되지 못한다면 폐기처분된다. 게다가 재활용을 확대하는 데 따르는 제약 때문에 미국의 생산자들은 구태여 재가공된 재료를 쓸 필요가 없다. 그래도 대부분의 제조업자들은 자사의 컨테이너에 환경친화적인 재활용 마크를 그려 넣고 다닌다.

놀랍겠지만 전체 종이의 50퍼센트가 쓰레기로 버려진다.(사실 종이는 미국 매립지에 버려지는 폐기물 가운데 반을 차지한다.)[14] 오늘날 전체 플라스틱의 5퍼센트만이 재활용되며, 전체 유리그릇의 3분의 2와 알루미늄 음료수 캔의 반이 버려진다.[15] 내용물이 비워지자마자, 그리고 때로는 구입하고 나서 몇 분도 안 되어 포장재는 쓰레기 신세로 전락한다.

환경적 재앙이라 할 만한 대량소비 사회의 결과는 또 있다. 겉으로는 쓰레기와 관련된 것처럼 보이지 않더라도 이는 엄청난 쓰레기를 생산하는 시스템과 분명히 연관되어 있다. 제조업이 어마어마한 폐기물을 만들어낼 때, 우리가 내버리는 캔, 병, 전자제품을 수도 없이 만들어내는 대량생산은 원료에 대한 탐욕스러운 욕구 때문에 자연을 파괴한다. 목재, 천연가스, 원유와 석탄의 채취, 그리고 어마어마한 물과 전력의 사용, 이 모든 것이 지구 생태계의 파괴를 가속화한다.

기상예보: 극단적 기후 변화

기후 변화 속도는 환경의 건강함을 판단하는 가장 넓은 지표이고 쓰레기와 밀접한 관계가 있다. 쓰레기가 많아질수록 쓰레기 양을 줄이는 대체상품을 만들어내고자 오염을 유발하는 가공 공정에 더 의존하게 된다. 최근의 연구 자료에 따르면 지구 온난화는 이전에 예측했던 것보다 훨씬 빠른 속도로 진행되고 있다. 교토의정서를 위반하면서(미국은 교토의정서 합의를 거부한다), 화석연료 사용—열을 가두는 온실가스의 주요 원인—에서 비롯되는 미국의 탄소 배출은 1990~2000년에 무려 20퍼센트가 증가했다.[16]

극단적 기후 변화로 이미 종말론적 시나리오들이 등장하기 시작한 것은 아마도 이러한 탄소 배출의 결과일 것이다. 2003년 프랑스를 덮친 폭염으로 1만 5천 명이 사망했다. 2004년에는 네 번의 허리케인이 카리브 제도와 플로리다를 강타해 수많은 사람이 죽고 훨씬 더 많은 이들이 집을 잃었다. 플로리다에서 입은 손해만 250억 달러로 추산된다. 지구 반대편의 방글라데시는 2004년 여름에 반세기 중 최악의 홍수를 겪었다. 800명가량이 홍수에 휩쓸려 죽었고 3천만 인구가 집을 잃었으며 수많은 농작물이 못 쓰게 되었다. 비바람이 도로, 농업, 산업에 입힌 피해는 60억 달러가 넘었다.[17]

선진국에서 지구 남반구 국가로 수출되는 것은 연쇄적인 환경적 재앙만이 아니다. 대량생산, 소비, 그리고 낭비 유형까지 수출된다. 공장은 더욱 싼 노동력을 찾아 해외로 나가면서 생산 환경까지 이전한다. 지구 북반구의 강력한 환경 규제를 벗어나 어마어마한 양의 쓰레기와 오염을 퍼뜨리는 것이다.

인도 같은 나라에서 소비가 바뀌고 있다. 사람들은 도기 찻잔 대신 일회용 플라스틱 컵과 병을 쓰고 버린다. 땅에 해롭지 않은 도기가 아니라 환경을 오염시키는 플라스틱이 묻히거나 태워진다. 개발도상국에서 비닐 쇼핑백이 넘쳐난다. 중국에서는 이를 '백색오염(white pol-lution)'이라 하고 남아프리카에서는 버려지는 폴리머 봉지를 '국화(national flower)'라 부른다. 인도에는 어딜 가나 비닐봉지가 널려 있다. 나무에 걸려 있고, 길바닥을 굴러다니고, 강물에 떠다니고, 풀을 뜯어먹던 신성한 암소가 비닐을 삼켜 질식하기도 한다. 비닐봉지가 하수관을 막아 물이 범람하는 일이 잦아지자 방글라데시 정부는 2002년에 일회용 비닐봉지 제조를 금지했다.[18]

날이 갈수록 새로운 쓰레기가 생겨나고 그 양도 불어나면서 미국 폐기물의 상당량이 해외로 수출되어 재활용되거나 폐기된다. 중고 플라스틱 병, 금속 조각, 쓰다 남은 화학약품, 그리고 버려진 텔레비전, 컴퓨터, 휴대폰 등등 '전자폐기물(e-waste)'이라 불리는 여러 전자제품 쓰레기를 아우르는 새로운 범주의 쓰레기들이 모두 해외로 나간다. 외국의 쓰레기 처리 회사가 미국—세계 최대 소비자—에서 폐기물을 구매하는 비율이 무척 높아지고 있다. 미국의 쓰레기 수출 산업은 1997년에는 그 수익이 2억 달러를 밑돌았으나, 2002년에는 10억 달러가 넘는 규모로 성장했다.[19] 신제품 운동화, 테플론 식기, CD 플레이어를 미국에 싣고 온 컨테이너 선박들은 자국으로 돌아갈 때는 미국의 쓰레기를 싣고 간다.

어떻게 이 지경이 되었을까? 소비는 미국적 삶과 경제적 번영의 중심부에 놓여 있으며 쓰레기는 소비에 내재해 있다. 쓰레기의 양산은 자연법칙이나 알 수 없는 근본적인 흐름의 산물이 아니라, 역사의 산물이며 사회적 힘의 산물이다.

　세계의 쓰레기가 언제나 오늘날과 같았던 건 아니다. 19세기에 쓰레기는 분류되었고, 자치지역의 쓰레기는 퇴비가 되었다. 폐기물 신세로 가정을 벗어난 모든 종류의 물자는 대부분 재사용되었다. 하지만 산업화와 함께 두 번의 세계대전을 겪으면서 생산 체제는 급속하게 변화했고 쓰레기도 변했다. 버려지는 것들마저 점점 더 독점기업의 힘으로 정해진다. 한편으로는 제조업자·마케팅 담당자·광고업자의 힘으로, 다른 한편으로는 웨이스트 매니지먼트 사(Waste Management Inc., WMI) 같은 거대기업의 힘으로. 미국의 연간 소비가 11조 달러 규모 미국 경제의 3분의 2를 차지하고, 폐기물 관리와 처리 비용이 500억 달러에 이르는 오늘날, 쓰레기가 너무나 많다는 것은, 그리고 쓰레기가 좋은 사업감이라는 것은 분명하다.[20]

1장

쓰레기의 흐름

미국 사람들은 대부분 쓰레기를 거둬 가는 밤에 쓰레기통을 내놓았다가 이튿날 아침 비워진 통을 들여간다. 수거차량이 집 앞을 스쳐 지나가는 걸 언뜻 보는 일 말고는, 자기들이 버린 쓰레기가 어디로 가는지 어렴풋이 알고 있을 뿐이다. 사람들은 쓰레기가 '적당한' 곳에 깔끔하게 버려진다고 생각할지도 모른다. 그러나 사실 쓰레기 폐기장은 더럽고 은밀하며 단기적인 방편에 지나지 않는다. 베일에 가려진 폐기물 처리 과정의 더러운 이야기는 우리가 내놓은 쓰레기가 어디로 흘러가는지뿐 아니라, 우리가 쓰고 버린 물건들을 없애는 데 어마어마한 자원이 소비된다는 것도 알려준다.

　어떤 이들은 길가에 내놓은 가득 찬 쓰레기통이 쓰레기의 끝이라고 생각할지도 모른다. 이는 사실 자치단체 위생국이 '쓰레기의 흐름'이라고 완곡하게 표현하는 과정의 시작일 뿐이다. 겉으로 드러나

지는 않지만 이 과정은 길고도 복잡한 시스템을 거친다. 이 시스템은 불쾌하면서도 이상하게 흥미롭고, 우리 일상생활의 흐름과 시장의 신진대사에 꼭 필요한 중요한 기능을 한다.

수거

이른 새벽 어둑어둑하고 쌀쌀한 공기 속에 커다란 쓰레기 수거트럭이 쓰레기를 거두며 동네 길거리를 지나간다. 집집마다 내놓은 쓰레기통의 내용물을 한 사람이 트럭 뒤편의 압축기에 쏟아놓는다. 곧바로 유압식 압축기가 불순물을 빨아들이며 차체 안쪽으로 밀어 넣는다. 수거가 쓰레기 처리 과정에서 가장 돈이 많이 드는 부분이기 때문에 쓰레기를 압축시킨다는 것은 수거 공간을 효율적으로 이용할 수 있음을 뜻한다. 하지만 한편으로는 다시 쓸 수 있는 물건들도 곧바로 폐기되어 재활용할 수 없게 된다. 트럭이 가득 차면 수거트럭은 쓰레기를 임시로 모아두는 적환장으로 가서 쓰레기를 부린다. 쓰레기를 내려놓은 트럭들은 다음 수거지로 이동해 다시 쓰레기를 거둔다. 이렇게 수거지와 적환장을 돌면서 하루 일을 마친다.

적환장 이용 방식은 초기 쓰레기 수거 방식이 형성된 19세기부터 지금까지 줄곧 똑같다. 수거꾼 한 사람이 날라 올 수 있는 쓰레기 양은 제한되어 있다. 따라서 쓰레기를 임시로 쌓아둘, 전략적으로 위치한 쓰레기 적환장은 필수적이었다. 과거와 마찬가지로 오늘날의 적환장은 엄청나게 큰 저장소이거나 창고이거나 땅인 경우가 많다. 그래야 어마어마하게 많은 쓰레기를 부려놓고 분류하고 모아서, 대형 트레일러트럭이나 철도 차량, 짐배 등에 실을 수 있다. 적환장은 고속도로나 운하, 철도 부근에 있는 가난한 노동계급의 주거지역에 자리 잡은 경우가 많은데, 악취를 풍기며 땅을 오염시킨다. 트럭이 쉴 새 없이 배기가스를 내뿜고 쥐와 해충들이 득실댄다.

샌프란시스코의 주요 쓰레기 처리장은 그 규모의 도시에 매우 전형적이다. 주 규모의 민간 쓰레기업체인 노컬(Norcal)이 운영하는 처리장은 샌프란시스코 남쪽에 있다. 주요 고속도로와 몇 군데의 공공주택 단지, 노동계급 이민자 거주지 사이에 위치한 곳이다. 시에서 나오는 가정용 쓰레기의 대부분과 일부 상업용 폐기물이 5만 평이 넘는 이 거대한 처리장에서 처리된다.[1]

처리장에는 비포장도로로 연결되는 낮은 산업용 건물들이 자리 잡고 있다. 동굴처럼 지붕이 둥근 커다란 창고에 쓰레기 압축 트럭이 줄지어 들어가고 줄지어 나온다. 노컬 직원들은 이 창고를 '갱도(The Pit)'라 부르는데, 유압식 수거트럭들이 여기에 찢어지고 터진 비닐 쓰레기 봉지들을 수도 없이 게워낸다. 썩어가는 쓰레기로 가득 찬 미식축구장 크기의 콘크리트 협곡에 어마어마한 양의 쓰레기가 쏟아져 내린다. 끼룩끼룩 갈매기가 울며 그 위를 맴돈다.

이 소름 끼치는 풍경 속에서, 끈적거리는 오물 속에 반쯤 빠져 움직이는 불도저가 보인다. 오물이 튀어 앞유리에 덕지덕지 붙은 채 운전자의 시야를 막고 있다. 불도저는 쓰레기 속에서 흔들흔들 전진과 후진을 반복하며 트럭이 쓰레기를 쏟아놓은 곳에서 쓰레기를 누른 다음 다른 곳으로 나른다. 갱도의 높디높은 금속 지붕에서 물안개를 뿜어내려 먼지와 종이를 가라앉힌다. 악취는 참을 수가 없다. 구리고 비릿하고 끔찍한 냄새가 옷과 피부에 스며들고 코와 입 속에서 맴돈다. 쓰레기 노동자들은 아무리 씻어도 그 냄새가 사라지지 않는다고 한다. 하루 일이 끝나갈 즈음 불도저의 2미터짜리 강철 삽날이 이 뭉개진 쓰레기를 화물 컨테이너에 퍼 넣고, 이 컨테이너는 트럭에 실려 동쪽으로 80킬로미터 떨어진 노컬의 앨터몬트(Altamont) 매립지로 간다.(다른 적환장에서는 쓰레기를 소각장으로 보내기도 한다.)

이 부지의 서쪽에 자리 잡은 주름 모양의 또 다른 거대한 강철 구조물 안에는 물자재생시설(Materials Recovery Facility, MRF)이 있다.[2] 여기서 쓰레기의 긍정적 부분인 재활용을 알게 된다. 수거트럭이 싣고 온 유리, 플라스틱, 금속은 넓은 컨베이어 벨트에 올라가 기계적인 분류 과정을 거친다. 먼저 압축 공기가 뿜어지며 벨트에서 가벼운 플라스틱을 날려 무거운 금속과 유리만 남긴다. 플라스틱은 위쪽의 큰 관으로 빨려들어 창고의 또 다른 공간으로 이동한다. 동굴처럼 내부가 뻥 뚫린 방에는 다 쓴 우유병, 물병, 요구르트병 등이 6미터 높이로 쌓여 있다.

그리고 구멍 난 컨베이어 벨트에 재활용품을 올리면 벨트가 흔들리고 덜컹거리며 깨진 유리를 걸러낸다. 유리 조각은 구멍을 통해 아래쪽의 용기에 떨어진다.(깨진 유리는 온전한 유리병보다 낮은 가격에 따로 팔린다.) 그 다음 강력한 자석들을 거치면서 철금속이 분류되면, 남는 것은 대부분 값나가고 팔기도 쉬운 알루미늄이다.(알루미늄은 현대 쓰레기의 물결 속에서 수익을 남기면서 제대로 재활용되는 유일한 품목이다.) 노동자들이 전체 과정을 감독하며 오염 상태를 점검하거나 기계가 할 수 없는 분류 작업, 이를테면 초록색 병과 투명한 병, 노란색 병을 분류하는 일을 한다. 이 복잡한 컨베이어 시스템의 마지막 단계에서 각각의 벨트는 분류된 물자를 해당 용기에 떨어뜨린다.

노컬의 갱도와 물자재생시설 중간에는 콘크리트 판과 금속으로 이루어진 창고가 또 있다. 여기서 종이를 분류하고 묶음으로 만든다. 종이를 산더미처럼 실은 트럭이 신문, 폐기된 우편물, 서류, 갈색 식료품 종이봉투에 들어 있는 잡지 등을 부린다. 길쭉하고 일부가 열리며 수거 공간이 나뉘어 있는 이 트럭은 쓰레기 수거차량처럼 종이를 압축하지는 않고 그대로 미끄러뜨려 떨어뜨린다. 흙먼지와는 다른 종이 먼지가 뿌옇게 일어난다. 트랙터가 이 종이를 모아 압축처리기(baler)에 넣으면, 시끄러운 소리가 나며 단단히 눌린 커다란 종이 덩어리들이 배출된다. 지게차를 운전하는 사람들이 이 덩어리들을 순서대로 늘어놓아 쉽게 옮겨 나를 수 있는 모양으로 만들면 또 다른 트럭들이 이들을 싣고 간다. 다른 재활용품과 마찬가지로 재활용센터로 가기도 하고, 대개의 경우는 중개인에게 팔고 중개인들이 다시 다른 곳에 판다.

무질서한 노컬 적환장 너머로 풀이 돋은 완만한 언덕이 보인다. 그 남쪽 면은 노동자들이 망각 속에서 구출해 낸 쓰레기들로 이루어진 거대한 모자이크 같다. 지저분한 솜인형들이 빛바랜 플라스틱 도깨비들과 놀고 있다. 장난감, 낡은 크리스마스 장식품, 카우보이모자나 고풍스러운 램프 같은 특이한 물건들, 또 반쯤 묻힌 디스코 조명들이 점점 늘어가는 쓰레기 더미를 채우고 있다. 버려진 잡동사니들이 언제나 제 모습을 드러내고 있는 그곳은 울타리로 구획을 지은 이 처리장에서 눈에 확 띈다. 버려지면서 사라지는 모든 물건들에게 조의를 표하는 듯한 모습이다. 자동차 사망사고가 일어난 거리 모퉁이에 누가 만들었는지도 모르게 생겨난 제단을 닮았다. 그토록 많은 쓰레기를 목격하고 난 마음을 표현한 일종의 민속예술 같다고나 할까.

사라짐

적환장을 떠난 쓰레기는 소각장으로 가거나, 더 흔하게는 '위생매립지(sanitary landfill)'로 간다. 땅속에 밀봉된 플라스틱 '세포(cell)'에 쓰레기를 집어넣는 최신 매립지는 최대한 압축시킨 쓰레기를 영원히 보관하리라 기대된다. 앞선 방식들과는 달리, 오늘날 가장 진보된 매립지는 정확하고 철저하게 운영되며 폐수와 유독가스 배출 감독 시스템을 갖추고 있다. 미국 문화의 다른 많은 분야와 마찬가지로 오늘날의 매립지는 놀라운 규모를 자랑한다. 이 새로운 시설의 이름은 '초대형 매립지(mega-fill)'다. 초대형 매립지를 구성하고 있는 지하 세포들은 만여 평에서 10만여 평, 깊이는 몇십 미터에 이른다. 버지니아의 어느 초대형 매립지 용적은 미식축구장 천 개 길이에 그 깊이가 워싱턴기념탑 높이와 맞먹는다(100여 킬로미터 길이에 170미터 깊이다. ─옮긴이).[3] 연구, 개발, 그리고 건설에 천여 평당 평균 50만 달러가 투입된 이 새로운 쓰레기 무덤은 무시무시하고 오싹한 광경이다.

매립지가 도시 외곽이나 교통망이 끊긴 지역으로 밀려난 뒤, 풀로 덮인 층층의 경사면으로 위장되는 이유가 있다. 쓰레기가 어떻게 되는지 알게 되고, 악취 속에 살면서 파괴의 규모를 목격하게 된다면, 사람들은 어려운 질문을 던지기 시작할지도 모르기 때문이다. 쓰레기로만 이루어진 90미터 높이의 언덕인 웨이스트 매니지먼트 사(WMI)의 '매립공사 및 쓰레기 시스템(Geological Reclamation Operations and Waste Systems, GROWS)' 매립지 꼭대기에 올라보면 그 엄청난 소비와 낭비의 논리가 드러난다.[4] 쓰레기를 쏟아 버리는 매립지의 '작업 현장'은 4만 평에서 벌어지는 악몽이다. 기괴하고 지저분한 이 현장에는 트레일러트럭, 노란 불도저, 압축기, 증기롤러와 방수차들이 득실거린다. 그들은 슬로모션으로 움직이며 이 초현실적인 장면을 통해 지구를 쓰레기 이미지로 재생산한다. 바다갈매기 떼는 하늘을 떠돌다가 썩어가는 쓰레기 더미로 곤두박질한다. 걷는 걸음마다 발이 푹푹 빠진다. 포테이토칩 봉지와 스페어타이어는 마치 지표로 떠오르려는 듯 검은 흙을 뚫고 나와 있다. 냄새는 고약하고 시큼하다.

GROWS(grow는 커진다, 성장한다는 뜻—옮긴이)라는 맞춤한 이름의 매립지는 펜실베이니아 주 모리스빌 외곽에 있는 700만여 평 규모의 초대형 WMI 쓰레기 처리시설의 일부다. 2002년 현재, GROWS는 뉴욕 시 쓰레기를 반입하는 유일 최대의 매립지이며, 펜실베이니아에서 가장 큰 매립지 가운데 하나다. 뉴욕과 다른 대도시 중심지에서 수거한 쓰레기들은 버지니아, 오하이오를 비롯한 여러 주로 수송되는데, 펜실베이니아는 미국의 대표적인 쓰레기 반입지다.[5] WMI의 처리시설에는 쓰레기 소각로, 신형 매립지, 재활용센터, 낙엽퇴비소, 채토장 두 군데를 비롯해 회사에서 끊임없이 광고하는, 재건된 야생동물 서식지가 포함되어 있다.

델라웨어 강둑에 자리한 이 땅은 오래전부터 기업의 땅으로 이용되어 왔다. 넓게 퍼져 있지만 지금은 거의 휴업 중인 US스틸(United States Steel) 공장을 내려다보는 세계 최대 쓰레기 기업 WMI는 지난날 워너 사(Warner Company)의 부지에 들어서 있다. 지난 세기에 워너는 자갈과 모래를 채취해 상당량을 필라델피아의 시멘트 공장으로 수송했는데, 이러던 곳이 이제 거꾸로 된 광산으로 변해 왔다. 무언가를 캐내는 곳이 아니라, 수많은 일꾼들이 날마다 1800만 킬로그램의 도시 쓰레기를 부려놓고 다져넣고 땅에 묻는 광산이 된 것이다.

다시 GROWS 매립지 꼭대기로 돌아가보자. 작업 현장의 가장 아랫줄에 모여 있는 20톤짜리 덤프트럭들이 악취를 풍기는 화물을 부린다. 몇 미터 위 흙비탈에서는 더 큰 트레일러들이 세미트럭에서 줄지어 분리된다. 거대한 유압식 리프트가 번개 같은 속도로 컨테이너를 차례차례 거의 수직으로 기울이면 24톤의 썩어가는 쓰레기 폭포가 그날의 추악한 쓰레기 골짜기로 쏟아져 내린다. 바퀴에 거대한 금속 스파이크가 달린 불도저처럼 생긴 '매립지 다짐기'는 흔들흔들 앞뒤로 왔다 갔다 하면서 50톤 무게로 쓰레기를 땅속으로 짓이겨 넣는다. 이것보다 작은 '굴착기'는 탱크 바퀴로 굴러다니면서 부엌과 사무실에서 나온 폐기물들을 다짐기가 이동하는 길에 밀어 넣는다. 단 몇 사람이 매립 과정을 지휘하는 이곳은 기름칠이 잘된 기계처럼 매끄럽게 돌아간다.

매립지의 작업 현장에서 몇백 미터 떨어진 곳에서는 썩은 냄새를 맡거나 쓰레기를 보기 힘들다. 현장의 매립지 두 곳을 에워싼 10미터 높이의 '쓰레기 차단용' 울타리 덕택이다. 예비수단으로, '종이 수거인'들이 지속적으로 순찰하며 흩어져 있는 쓰레기를 거둬 간다. 울타리 위, 길, 언덕에 점점이 자리 잡은 분무기가 눈에 보이지 않는 화학약품과 물의 혼합액을 공기 중에 분사한다. 이것이 냄새 분자와 결합해 분자를 땅으로 떨어뜨린다.

새로운 최신형 매립지에서는 쓰레기를 담는 세포들이 '라이너

(liner)'라는 것의 위에 놓인다. 라이너는 땅속의 거대한 주머니로, 침출수—오염된 물과 땅에 묻힌 쓰레기에 스미는 빗물—를 모아 근처의 침출수 처리시설로 보내서 지하수의 오염을 방지한다. WMI의 모리스빌 매립지 두 곳에서는 날마다 평균 40만 리터를 걸러낸다. 유독성 물이 주변의 지하수를 오염시키면 그 결과는 매우 끔찍할 것이다.

라이너는 지형과 기후에 따라 다른 방식으로 만들어지지만, 습도가 높은 지역에서는 대체로 다음과 같이 만든다. 흙을 몇 미터 깊이로 단단히 다져 넣고 벤토나이트 점토('클레이맥스[Claymax]')를 1센티미터 조금 더 되는 두께로 깐다. 그 다음 고밀도 폴리에틸렌(HDPE, 우유나 세제 병에 쓰이는 물질을 더 두껍게 만든 것) 소재로 된 60밀리미터 규격의 검정 플라스틱 널을 얹는다. 그 위에 1인치 두께의 플라스틱 배수망을 올리고, 다시 벤토나이트 패딩을 얹고 60밀리미터의 HDPE를 깐다. 그리고 1센티미터가 조금 넘는 두께의 합성 펠트 섬유를 얹어 그 밑의 층들을 보호한다. 제일 위에는 45센티미터 높이로 자갈을 깔아 배수가 잘되게 한다.

쓰레기가 세포에 가득 차려면 몇 해가 걸릴 수도 있다. 쓰레기로 채워진 세포는 밀봉되거나, '뚜껑이 덮인다.' 쓰레기를 몇십 센티미터 높이의 흙으로 덮고 그 위에 다시 쓰레기를 쌓고 또 흙으로 덮은 뒤 증기롤러로 다지는 것이 밀봉 과정이다. 그런 다음 플라스틱 널, 망, 클레이맥스를 세포 위에 덮고 아래쪽 라이너와 연결하면 다 닳은 구두, 지저분한 기저귀, 낡은 TV, 못 쓰게 된 포장지들이 모두 완벽하게 포장되는 것이다.

뚜껑이 덮인 매립지는 다양한 주 법규와 연방법에 합치되는지 지속적으로 감독된다. 이들 법규의 상당수는 1970년의 청정대기법(Clean Air Act)과 1972년의 청정수질법(Clean Water Act)을 바탕으로 생겨났다. 최신 공법의 매립지 운영자들은 침출수와 지하수의 유독성 여부를 정기적으로 검사한다. 그리고 '매립지 가스' —썩어가는 쓰레기가 방출하는 메탄, 이산화탄소, 휘발성 유기화합물, 유해 대기오염물질, 악취가 나는 화합물—를 추출한다. 밀봉된 매립지에 정(井)을 박아 썩어가는 쓰레기에서 진공 방식으로 증기를 빨아들이는 것이다. 적절하게 처리하면, 이들 가스는 소각('소멸')되거나 전기로 바뀔 수 있다.

아무런 탈이 없을 때 매립지는 이렇게 돌아간다. 놀라울 것도 없지만, 이런 발전된 매립지에도 결함이 있다. 버지니아의 초대형 매립지에서 근무자들과 감시위원들이 오염물질을 발견했는데, 이는 금지된 유해유독 폐기물을 허용된 폐기물과 불법적으로 섞어 처리하는 '칵테일링(cocktailing)'의 결과인 경우가 많다. 혈액, 화학요법 폐기물, 생물학적 위험물 폐기물, 인간의 신체 일부, 방사성 폐기물을 비롯한 의료 폐기물, 석면이나 납 페인트 같은 산업 폐기물이 발견되곤 했다.[6] 버지니아의 초대형 매립지 두 군데에서는 지하수가 중금속에 오염되어 이들 시설의 신뢰성을 의심하게 만들었다.[7]

쓰레기 처리의 새로운 방법은 산업의 주도권에도 영향을 미친다. 고급스러운 매립지 건설에는 비용이 매우 많이 들기 때문에 쓰레기

사업에 뛰어들 수 있는 소규모 기업과 자치단체는 점점 줄어들고, WMI같이 자본 규모가 큰 공룡기업이나 이 사업을 할 수 있다. 처리 업체 수가 줄어들면서 가격 결정이나 공공정책에 영향을 미칠 권력을 가진 회사도 점점 적어진다.

거대 쓰레기 기업의 이해관계가 모두 소규모 기업의 이익과 상충 되는 것은 아니다. 쓰레기가 많아질수록 양자의 이익은 더욱 커지게 마련이기 때문이다. 둘의 차이는 규모에 있다. 지난 10년 동안 펜실 베이니아에서 쓰레기 처리장은 700곳에서 약 50곳으로 줄어들었지 만 처리 용량은 늘어났다. 다시 말해서 가면 갈수록 소수의 기업들이 더욱 큰 처리장을 운영하고 있으며, 결정적으로 더 많은 쓰레기를 매 립하거나 소각할 권한이 주어진다면 그렇게 한다. 이전에 소규모 기 업에는 물류상의 제약이 있었다. 자본이 적은 그들은 급성장할 수는 있었지만, 그 결과는 그저 수많은 쓰레기를 처리할 수 있는 능력이었 다. 그에 비해 오늘날 거대 쓰레기 기업은 권한이 매우 많다.

공룡 같은 거대 쓰레기 기업들은 정치적 의사 결정을 하는 데도 그 선임자들보다 더욱 큰 지배력을 갖고 있다. 최근의 정치 전선에서 친 기업적인 조지 부시 정권의 EPA는 전국적인 매립지 규제 철폐를 제 안하면서, 기존의 환경보호 정책들이 혁신에 걸림돌이 되고 있다고 주장했다.[8]

이러한 환경보호 정책의 부식 말고는, 오늘날의 법조항들은 매립 지 라이너 건설에서부터 밀봉 후 감독까지 규정해 놓았다. 다시 말해

WMI의 GROWS 같은 처리 방식은 이전 세대 매립지보다는 덜 위험하다. 그러나 이러한 시스템 역시 쓰레기 문제의 단기적 해결책일 뿐이라는 사실은 남는다. 지금은 유독하지 않아 보일지 몰라도, 플라스틱, 솔벤트, 페인트, 배터리, 그 밖의 유해물질을 담은 채 포장된 모든 지하 세포는 시한폭탄과 같다. 라이너가 영구히 제 기능을 할 수는 없기 때문에 언젠가는 이 폭탄을 처리해야 한다. 라이너는 대부분 기껏해야 50년을 견딜 수 있다. 이는 매립지 경영자들에게 부여된 폐쇄 후 책임 기간과 일치한다. 매립지 한 군데가 폐쇄되고 30년이 지나면 그 소유자는 더 이상 오염에 대한 책임을 지지 않으며 그 책임은 사회에 돌아온다.[9]

소각

소각은 아직도 가장 문제가 많고 낭비가 심한 처리 방법이다. 소각로는 오늘날 미국에서 가정용 쓰레기의 15퍼센트만 처리할 수 있다. 19세기에는 그 외형 때문에 인기를 얻지 못했던 소각장은 지금도 여전히 대중에게 거부당하고 있다. 악취를 내뿜고, 유해한 연기와 가스, 먼지를 대기에 방출하기 때문이다. 소각로는 예나 지금이나 가장 돈이 많이 드는 처리 방법이다. 소각장은 자본집중적인 시설로 매립보다 초기 비용이 많이 들며, 꾸준한 유지비와 더 많은 숙련노동자가 필요하다. 게다가 쓰레기 소각은 끔찍한 결과를 낳는다.

커다란 상자 같은 중성적인 외관으로 위장한 뉴저지 주 뉴어크의 아메리칸 레프퓨얼(American Ref-Fuel) 소각로 건물 안에서는 소름 끼치도록 끊임없이 파괴가 일어난다.[10] 이 건물 내부에는 10층 높이의 거대한 콜로세움이 있다. 길이 60미터, 폭 15미터가 넘는 이 콜로세움은 쓰레기로 가득 차 있다. 어마어마한 규모 때문에 집집마다 버린 쓰레기 봉지에 담긴 쓰레기 하나하나는 눈에 들어오지도 않는다. 한곳에 쌓인 어마어마한 쓰레기는 감각을 마비시킨다. 모든 쓰레기는 이 공간에 모였다가 소각된다. 바로 옆의 창고에서 수거차량, 트레일러, 덤프트럭이 쏟아낸 쓰레기는 열여섯 개의 통로를 통해 거대한 통으로 실려 온다. 전등 빛은 누르스름하고 희미하며 공기는 뿌옇다. 불꽃은 보이지 않고 거대한 콘크리트 사면로(斜面路)만 보인다. 쓰레기는 그 사면로를 통해 불구덩이 속으로 들어간다. 천장에는 한 번에 10톤을 매달 수 있는 거대한 쇠갈퀴가 매달려 있다. 쇠갈퀴는 아래로 내려가서 쓰레기 바다에 잠기고, 크레인으로 끌어올리면 쓰레기와 종이가 꼬리를 늘어뜨리며 딸려 올라간다. 이 거대한 물체는 콘크리트 깔때기 세 곳 가운데 하나로 다가가 자신이 잡은 먹이를 천천히 흔들며 쏟아놓는다.

쇠갈퀴를 움직이는 사람은 딱 한 명이다. 그는 천장 바로 아래 구덩이가 내려다보이는 작은 통제실에서 갈퀴를 작동한다. 커다란 유리

벽 뒤쪽의 칠흑 같은 어둠 속에 앉아 있는 그는 마치 계시적인 공상과학 영화에서 우주선을 조종하는 우주인 같다. 찌그러진, 그러나 전위적인 의자는 비좁은 공간을 거의 꽉 채우고 있고, 제어 스위치가 달린 넓적한 금속 팔걸이 옆으로 높고 까만 등받이가 보인다. 그의 두 손은 조작용 손잡이를 잡고 있다. 그의 손이 움직이는 대로 쇠갈퀴가 이동한다. 그는 정신을 집중하고 곧은 자세로 앉아 쇠갈퀴의 아귀를 벌리고 갈퀴를 내려서 찢어진 쓰레기 봉지들을 집는다. 고장 난 전기제품, 찢어진 옷, 썩은 음식을 조심스럽지만 순식간에 집어서 화덕으로 연결된 통로로 집어넣는다. 그의 오른쪽 어깨 바로 위에는 폐쇄회로 TV 두 대가 있다. 콘크리트 사면로 입구에 위치한 카메라가 보내주는 흑백의 영상이 살짝 찌그러져 희미하게 나타난다. 쇠갈퀴 운전자는 이 영상을 보면서 쓰레기가 잘 흘러내리는지 관찰한다. 쓰레기 더미가 불꽃 속으로 천천히 사라져갈 때 화덕 속에서 종잇조각들이나 가벼운 폐기물들이 튀어오르는지도 화면으로 알 수 있다.

뉴욕 시에서 서쪽으로 50킬로미터쯤 떨어진 곳에 위치한 이 에식스 카운티 처리장은 하루에 쓰레기 2800톤을 소각한다. 그 '연료'는 뉴욕 시를 비롯한 주변 도시의 쓰레기들이다. 때로는 여분의 약품, 라텍스 페인트, 유통기한이 지난 폴라로이드 필름 같은 산업 폐기물들도 있다. 소각로는 일주일에 7일, 하루 24시간 내내 가동되며 90미터에 이르는 굴뚝으로 가스와 연기를 배출한다. 소각장에서 만들어내는 재는 가까운 매립지에 묻거나, 더 멀리 펜실베이니아의 폐광으로 보낸다. 오랜 세월 석탄을 캐내 비어 있는 갱도에 재를 채우는 것이다. 용광로의 열은 전기 생산에 이용된다.

쓰레기를 소각할 때 나오는 부산물은 복잡한 처리 시스템으로 보낸다. 먼저 가장 무거운 재는 찬물통(cold-water trough)에 모은다. 공기 중으로 방출되는 가스, 연기, 그리고 가볍게 '부유'하는 나머지 재는 냉각 시스템을 거쳐 '세척기'라는 첨단 필터링 과정을 지난다. 세척이란 유독한 일산화탄소나 다이옥신, 이산화황과 염산(둘 다 산성비의 원인 물질), 산화질소(호흡기를 손상시키고 지상에 오존을 발생시키며 산성비의 원인이다) 같은 오염물질을 걸러냄을 뜻한다. 그 뒤로 배기가스와 재는 탄소 분자와 석회 현탁액, 그리고 암모니아를 분사하는 방으로 보낸다. 이론적으로는 이 방에서 유해한 물질의 분자들이 중성으로 변한다. 마지막으로 공기에 배출되는 폐기물은 두 개의 거대한 금속판을 거치는데, 이 금속판에는 전류가 흘러 미세한 물질 입자를 끌어당긴다. 남은 물질은 그대로 두면 공기 중으로 흩어진다.

처리장의 유독물질 배출을 컴퓨터가 1분마다 기록해 데이터로 저장하며, 해마다 제삼자의 감사를 받는다. 이를 근거로 레프퓨얼의 엔지니어는 처리장을 벗어나는 가스와 연기, 재가 안전하다고 주장한다. "쓰레기가 에너지로 변환되는 것은 환경적으로 가장 건강한 쓰레기 처리 방식입니다." 소각장 직원다운 말이다.

'쓰레기의 물결'을 이루는 어떤 시설에라도 발을 들여놓으면, 오늘날의 방식이 얼마나 친환경적인가에 대한 광고를 잇달아 듣게 된다. "우리는 오염을 일으키지 않으려 노력합니다. 우리는 오염을 막으려 노력하지요." 펜실베이니아 북동쪽에 있는 중간 규모의 위생매립지에서 일하는 엔지니어 한 사람은 이렇게 열변을 토한다.[11]

GROWS 매립지가 있는 WMI 시설의 직원 두 사람은 자연을 사랑한다고 더욱 힘주어 말한다. 우리는 하얀 대형 픽업트럭을 타고 시설을 돌아보면서 작은 밭을 지났다. 해바라기를 심어 지나가는 새들의 먹이로 삼은 땅이었는데, 두 직원은 서로 설명해 주려고 안달이었다. 이 대변인들은 그 시설에 있는 펜 워너 클럽(Penn Warner Club)도 자랑스러워했다. 이곳에서는 캠핑, 사냥, 낚시를 할 수 있는데, 믿지 못하겠지만 작동 중인 소각로와 두 곳의 매립지에서 몇 걸음 떨어진 곳에 있다.

WMI의 직원들은 무엇보다도 그들이 지역사회의 교육 활동에 참여하고 있음을 과시했다. 이튿날 이웃 도시에서 열리는 전자제품 재활용 행사를 주최한다는 것이었다. 하지만 사실 WMI 시설은 전자폐기물을 재활용하는 대신 소각하거나 매립한다. WMI는 또한 벅스 카운티의 지역 공립학교와 연계해 아이들에게 '쓰레기는 쓰레기통에 넣기'를 가르친다. 2004년에는 지역의 아이들을 대상으로 "날마다 지구의 날 …… 언제나 깨끗하게!"라는 슬로건을 주제로 한 그럴듯한 달력을 만들어냈다. 4월―지구의 날이 들어 있는 달―은 요일마다 정돈해야 할 곳을 정해 놓은 그림으로 꾸며져 있다. 일요일은 '우리집 뜰'을 청소하는 날이다. 크레용으로 직접 쓴 듯한 글귀들은 한결같이 '쓰레기 문제는 개인의 책임'이라고 거듭 말한다.

이런 노력들이 어느 것 하나 나쁘다는 게 아니다. 오히려 실제로 이로운 것들이 많다. 이를테면 멸종 위기에 놓인 거북이가 펜 워너 클럽의 인공호수에 서식하게 된 것이 그 예다. 그러나 이런 '환경적' 행위들이 말 그대로 얼마나 도움이 되는가는 분명하지 않다. 더 중요한 점은 WMI 같은 기업이 그러한 행위를 PR에 이용해 기업의 어둡고 파괴적인 측면을 은폐한다는 것이다.

이런 생태적인 노력들이 왜 중요한가 물었더니, 처리장의 총책임자는 GROWS의 언덕이 멀리 희미하게 보이는 곳에서 트럭을 몰며 이렇게 대답했다. "그래야 우리가 만들고 건설하고 설계한 것들이 자연의 일부임을 나타낼 수 있으니까요. 매립지는 나쁜 것이 아닙니다. 여기엔 셀 수 없이 많은 거위가 살지요. 보세요, 저기 우리 거위들이 있죠. 운전하고 가면서 빨간꼬리매를 볼 수 있다는 사실이 자랑스럽습니다. 여기서 사냥도 하고 낚시도 할 수 있죠. 우리는 좋은 일을 하고 있습니다." 진정한 친환경 방식들이 그렇게 단순한 것이라면 그럴지도 모르겠다.

쓰레기 시설에는 분명히 긴장이 흐른다. 언제든 방문자가 불법적인 행위를 목격할지도 모르기 때문이다. 하지만 여기서 가장 놀라운 것은 그들이 감추고 있을지도 모르는 것이 아니다. 놀라운 것은 보이는 그대로의 광경이다. 중고상품을 파괴하고, 그 파괴를 용인할 수 있는 것으로, 더 나아가 '친환경적'으로 만드는 데 엄청난 자원이 소모되고 있다는 것이 놀라울 뿐이다. 쓰레기 수거 시스템, 적환장, 재활용센터, 매립지와 소각로, 이 모든 것은 전 세계의 실험실과 대학, 그리고 기업에서 개발되고 완성된 최신의 기술을 이용하는 값비싸고 복잡한 과정이다. 기술 혁신, 과학적 조사, 지질 및 대기 연구의 축적, 그리고 꾸준하고도 계획적인 홍보, 사회 활동과 교육의 축적을 살펴보면 이 사회의 특권 세력이 누구인지 알게 된다.

예전보다 더욱 정교한 방법으로 버려진 상품을 소멸시키고자 하는 사회·정치·금융 세력은 매우 강력하다. 경영이 더욱 효율적이고 '친환경적'일수록, 억눌려 있는 의문은 더 한층 표면으로 떠오른다. 우리에게 없애버려야 할 쓰레기가 많지 않다면 어떻게 될까?

쓰레기 처리장의 처리 방식이 현재 생태적이며 앞으로도 그럴 것이라는 모든 홍보 담당자들의 말이 맞다 하더라도, 처리장의 현재를 보면 앞으로 우리가 어떻게 해야 할 것인지를 상상할 수 있다. 현재의 놀라운 쓰레기 처리시설을 만들어낼 수 있다면 ─ 소각로의 재에 남는 유독물질은 분자 수준에서 중성화시키는 물질과 결합시키고, 폐쇄된 지하 쓰레기 세포를 건설해 이론적으로 유독한 가스와 액체의 방출을 감독할 수 있다면 ─ 분명 쓰레기가 생기기 전에 쓰레기를 만들어내지 않기 위해 생산 구조를 재편할 수 있을 것이다.

쓰레기 이야기에는 두 가지 면이 담겨 있다. 쓰레기는 어디로 가는가, 그리고 쓰레기는 어디서 오는가. 궁극적으로 쓰레기는 인류가 생존하는 한 당연히 생겨나는 것으로 받아들여지고 있다. 우리는 몸에서 배설물을 만들어내고, 먹는 것과 같은 가장 기본적인 행위에서부터 쓰레기를 만들어낸다. 그러나 오늘날 미국인이 낭비하는 방식은 단순히 유기적인 인류 발달의 정상적인 결과가 아니다. 그것은 사회·경제·정치 투쟁으로 점철된 오랜 과정의 결과물이다.

2장

어제의 쓰레기

캐서린 비처(Catherine Beecher)는 1841년 「가정경제에 관한 논문 (Treatise on Domestic Economy)」에서 "금이 간 질그릇과 도자기를 단단히 고정해 우유에 넣고 끓이면 다시 붙기도 한다. …… 탄산납, 풀, 달걀흰자를 같은 비율로 넣고 함께 가열하면 강력한 접착제를 만들 수 있다"[1]고 조언했다. 그 시대 또 다른 생활의 지혜는 마늘즙에 석고 갠 것이나 달걀흰자를 깨진 유리에 붙이고 "두 주 동안 건드리지 말고 내버려두면" 깨진 곳이 붙는다고 얘기한다. 고칠 수 없을 만큼 심하게 깨진 것은 그것대로 다른 쓸모가 있었다. "깨진 그릇이 너무 흉해서 식탁에 올릴 수 없다면 찬장에 두고 물건을 담아두거나, 아니면 젤리, 마멀레이드, 잼을 담아두는 그릇으로 쓸 수 있다."[2]

　물자에 대한 이토록 풍부한 얘깃거리는 자연의 풍요로움에도 한계가 있음을 느껴서도, 오늘날 대부분의 경우에 생각하듯 환경을 염려

하는 데서 비롯된 것도 아니었다. 알뜰한 소비는 생산된 제품의 쓸모와 값에 직접 관계가 있었다. 물건이 비싸거나 구입하기 어렵다면 되도록 오랫동안 손질하고 고칠 수 있는 만큼 고쳐 썼다. 따라서 18세기와 19세기 초반에 대부분의 폐기물은 음식 찌꺼기, 거름, 인분 같은 유기물이었다.

초창기 식민지 농장 시대에는 땅이 무한했으므로 더 기름진 땅이 필요할 때 농부는 그저 다른 곳으로 이사만 가면 되었다. 이때는 유기물 쓰레기도 쓸모가 없던 때였다. 그러나 농업 시장이 주요 산업도시 주변으로 확대됨에 따라 농장의 위치가 중요해졌고, 폐기물은 완전히 새로운 가치를 지니게 되었다. 19세기 전반기에 농부들은 짐승 똥, 인분, 음식 찌꺼기, 길거리 쓰레기, 오물 같은 가정용 쓰레기를 밭에 거름으로 주었다. 도시의 길거리, 가게, 가정에서 수거한 이 폐기물들은 토질 보완용으로 농부들에게 팔렸는데, 이것이 곧 쓰레기 수거의 최초 형태 가운데 하나다.

남북전쟁이 끝나고 산업화가 생산과 분배를 가속화함에 따라 쓰레기도 완전히 바뀌었다. 산업화는 물가를 낮추고 도시 중심부에 인구를 집중시켰다. 공산품은 값이 매우 싸지고 구입하기 쉬워졌다. 이에 따라 전례 없이 많은 쓰레기와 새로운 형태의 쓰레기가 생겨났다. 이즈음 지역의 부패한 관리들은 도시 거리의 쓰레기를 치우지 않고 슬럼가에 쓰레기가 넘치도록 내버려두었다. 그런 악조건은 자연히 전염병과 첨예한 계급 갈등에 불을 지폈다.

일부 전염병과 역병, 또는 사회 동요는 대개 사회에 혼란을 일으키고, 사람들을 죽음에 이르게 하며, 정치적·생물학적 여파를 던진다. 그리고 이러한 사회 붕괴는 사회 체제의 일상적 구조를 차례차례 만들어냈다. 대재앙은 계획적이고 조직적인 반응을 불러일으켰다. 범죄, 질병, 폭동 같은 다면적이고 상호 연관된 위기상황에 반응해 도시계획, 법률 제정, 지역 구획, 소방 서비스, 치안, 법원, 감옥, 공립병원, 학교, 하수 처리와 기본적인 공중위생 시설 등이 생겨났다. 19세기의 중류 및 상류 계급은 자신들의 삶을 걱정하고 사회 질서를 유지하려 애썼다. 그들은 시 정부를 개혁하고 보건 및 청결 문제를 개선하면서, 현대 자치단체 위생 문제의 기초를 닦았다.

쓰레기 이전 시대

우리가 알고 있는 쓰레기는 산업화가 만들어낸 기념비적인 기술 변화와 사회 변화를 토대로 한 비교적 새로운 발명품이다. 대량생산이 미국의 기준이 되기 전까지, 공산품은 언제나 값이 비싸고 구하기 힘들었다. 완제품은 대부분 유럽에서 들여왔다.[3] 그런 제품은 몹시 귀해서 한 번 쓰고 버릴 수 없었다. 이러한 경제적 배경 말고도 오늘날과는 조금 다른 문화적 논리가 있었다. 식민지 농장과 자갈이 깔린 도시의 골목에는 쓰레기가 굴러다녔지만, 산업사회 이전과 초기 산업 사회의 쓰레기는 비교적 소량이었고 대부분 흙에서 썩는 것이었다. 도시에서 조직적으로 폐기물 관리를 하지 못해서 일어나는 심각한 보건 문제가 없었다는 게 아니라, 쓰레기통의 내용물이 상당히 괜찮았다는 것이다.[4] 쓰레기 자체가 일시적으로 자연을 벗어난 것이어서 자연을 거스르지 않는 것이 많았다.

17세기와 18세기에 미국 이민자 대부분은 거의 아무것도 버리지 않았다. 그들은 너무도 가난해서 생활에서 공산품이란 걸 쓰지 못했다. 식민지 연구가 앨런 테일러(Alan Taylor)는, 초기 농부들의 유언장 목록을 보면 "여느 가정에는 가구가 거의 없고, 그저 침대 하나, 식탁 하나, 긴 의자 몇 개, 그리고 옷을 넣어두는 장롱 한두 개뿐이었다. 보통 사람들은 식탁에서 손으로 음식을 먹었고 음식을 담은 큰 대접 하나와 물을 따른 큰 잔 하나를 서로 건네주며 같이 썼다"고 했다.[5] 이렇게 궁핍한 조건에서 이민자들은 지방을 모아서 양초와 비누를 만들고 요리에 써야 했다. 남은 기름을 끓여 비누를 만들거나 닭과 돼지에게 먹였다. 음식 찌꺼기는 창밖으로 던져 밭에서 썩게 했다. 식민지 시대 도시 생활도 크게 다르지 않았다. 사람들은 대부분 깨진 도자기나 음식물 찌꺼기를 뒤뜰에 버리거나, 창이나 문을 열고 길거리에 버렸다. 악취를 풍기는 쓰레기들은 그대로 썩어가거나 돌아다니는 돼지, 개, 너구리의 먹이가 되었다.[6]

'분뇨'와 그 밖의 자원

우리가 알고 있는 쓰레기가 생기기 전의 시대에 가장 많이 나왔던 쓰레기는 사람과 짐승의 분뇨였다. 최초로 개발된 체계적인 폐기물 수거 방식도 분뇨 처리였다. 문제의 중심에는 도시와 지방의 관계가 있었다. 나선 두 가닥이 서로 얽혀가듯이, 농촌과 도시는 쓰레기 처리 방식을 통해 서로 영향을 미치며 자리를 잡았다. 간단히 말해서 똥은 기름진 흙을 만드는 비결이었지만 도시에는 독이었다.

식민지 시대 미국의 농토는 환금작물을 재배하기에는 기본적으로 흙의 질이 낮았다. 식민지 시대 초창기부터 농부들은 오래전부터 입증되어온, 흙을 기름지게 유지하는 방식을 무시했다. 신세계에서 토지는 끝도 없이 많아 보였고, 흙에 거름을 주고 흙을 갈고 보존할 노동력은 모자랐기 때문이다. 돌려심기를 하거나 분뇨로 거름을 주는 대신 이민자들은 처녀지를 쓸 수 있을 만큼 다 쓰고 나서 다른 데로 떠나버렸다. 앞날을 내다보았던 초기 농업경제학자는 화가 나서 이렇게 썼다. "훌륭한 농부는 자기 밭에서 나는 작물에 얼마나 정성을 기울이는지 모른다. …… 그러나 그 작물에 영양을 주고 그 작물을 길러내는 거름을 주는 데는 얼마나 인색한지!"[7]

이렇게 한 세기가 넘게 땅을 고갈시킨 뒤 1800년 즈음부터, 동쪽 해안의 농부들은 생산량이 눈에 띄게 줄어드는 걸 보고 방법을 바꿨다. 저 멀리 서부가 경쟁자로 등장하고, 뉴욕과 필라델피아 같은 도시

시장의 수요가 치솟으면서 땅은 최대한으로 이용되었다.[8] 입지는 이제 공급의 열쇠가 되었으므로 농부들은 현재의 땅이 고갈되었다고 단순히 지역을 옮기는 일은 하지 않았다.

따라서 19세기 경작자들은 폐기물을 흙에 주어 생산량을 늘리는 구세계의 방식을 받아들이기 시작했다. 더 많이 거둘수록 더 많이 팔 수 있었다. 예를 들어 뉴욕 주 리버헤드의 농부는 보통은 감자 2천여 리터를 수확했지만 비료를 쓰면 3500리터가 넘게 거둘 수 있었다.[9] 농업 종사자들은 처음에는 가장 좋은 거름으로 분뇨에 주목했다. 1833년, 『미국 농부(American Farmer)』는 구독자들에게 이렇게 말한다. "거름은 매우 중요하므로 우리는 다시 그 문제로 돌아가 모든 농부들의 마음에 상기시키려 한다. 거름은 넉넉한 수확을 만드는 중요한 동력이다."[10] 분뇨는 매우 소중한 것이 되어, 뉴욕 브루클린의 한 농부는 "내가 죽으면 농장의 모든 분뇨는"[11] 아들에게 물려준다고 유언장에 써 넣었다. 얼마 지나지 않아 많은 종류의 찌꺼기가 효과가 좋다고 알려지면서, 『일하는 농부(Working Farmer)』의 편집자는 이렇게 썼다. "쓰레기든 찌꺼기든 모두 간수해야 한다. 농작물을 기르는 데 다 도움이 되기 때문이다."[12]

분뇨가 밭에서 '중요한 동력'이라면 마른풀은 도시의 중요한 동력이었다. 농부들이 짐승 먹이로 도시에 내다 파는 마른풀은 도시의 말에게 주요한 에너지 공급원이었고, 이를 바탕으로 재화와 사람들의 교류가 이루어졌다. 1880년 즈음 맨해튼에서는 15만 마리가 넘는 말

들이 거리를 활보했다. 마른풀의 소비량도 어마어마했고, 그만큼 말 배설물도 끊임없이 생겨났다.[13]

그러나 도시 거주자들의 농작물 수요가 급격하게 늘어남에 따라 농부들은 흙의 건강을 유지하고자 나날이 다른 비료에 기대게 되었다. 19세기가 끝나가면서, 인분을 비롯해 전문가들이 '분뇨'라고 일컫는 모든 종류의 배설물은 사고 팔리는 상품이 되었다. 그 상당량이 도시 중심부에서 수거되어 농장으로 수송되었다. 농부들은 스스로 거름을 마련하거나 독립된 폐기물 상인에게서 거름을 구했고, 또 길거리 쓰레기인 말똥이나 도시를 돌아다니는 돼지들이 싼 똥을 구매했다. 착유장과 마차 마구간에서 나오는 배설물, 호텔과 식당에서 나오는 음식 찌꺼기, 죽은 말의 뼈와 살덩이, 정육점에서 버리는 뼈와 기름, 가정에서 나오는 오물과 음식물 찌꺼기들도 사고 팔렸다.[14]

농작물은 도시로 배달되어 팔렸고, 분뇨와 찌꺼기는 농촌에 팔렸다. 비료 역사학자 리처드 와인스(Richard A. Wines)는 이를 '확대된 재활용'이라고 표현했다. 한 예로 미국 북동부에서 "롱아일랜드와 뉴욕 시는 본질적으로 거대한 재활용 시스템이 되었다. 롱아일랜드는 먹을거리, 마른풀, 땔감으로 도시에 에너지를 공급했다"고 설명한다. 그리고 도시는 폐기물로 농업에 영양분을 주었다.[15]

그 뒤로 농부들은 석고, 질소 비료, 모든 인공비료를 비롯해 새롭고 효능이 더 좋은 비료에 기대어 살았다. 이 중요한 변화 때문에 농장은 쓰레기의 재활용에서 더욱 멀어졌고, 이는 진정한 자본주의 농업의 첫 장을 열었다. 자본주의 농업은 따로 구입해서 투여하는 물질에 따라 생산성이 달라진다는 점에서 이전의 농업과 다르다. 그 결과 폐기물은 더 이상 재활용되지 못했고, 쓰레기 처리에 다시 한 번 큰 변화가 일어난다. 이제는 똥이 아니라 돈이 열쇠가 된 것이다. 경쟁이 심해지면서 적극적으로 토양을 개선하는 것이 모두의 의무가 되었다. 예전처럼 쓰레기 재사용을 고집하는 농부는 옥수수, 감자, 밀, 마른 풀을 시장의 수요만큼 풍부하게 생산할 수 없었다.[16]

이로부터 농촌과 도시 관계의 불균형 경향이 시작되었다. 19세기의 한 철학자는 이렇게 썼다.

> 자본주의 생산은 대도시에 인구를 밀집시킴으로써 도시 인구를 나날이 팽창시킨다. 이는 두 가지 결과를 낳는다. 한편으로는 사회의 동력을 집중시킨다. 다른 한편으로는 인류와 대지와의 신진대사 작용을 교란시킨다. 다시 말해 먹을거리와 옷이라는 형태로 인류가 소비한 자연의 구성요소가 흙으로 돌아가지 못하게 한다. 끊임없이 흙을 기름지게 하는 자연 환경의 외적인 작용을 방해하는 것이다.[17]

농업에서 풍부한 도시 폐기물을 이용하지 않게 되자 새로운 산업 경제의 다른 분야에서 이를 흡수했다. 19세기 산업은 모든 종류의 쓰레기를 산업 원료로 사용했으며, 쓰레기를 산업에 흡수함으로써 청소부에게 일거리를 제공했다.

쓰레기 속에서 살며 일하기

19세기 도시에서 생계를 이어가는 지저분한 방법은 쓰레기통 속의 내용물만큼이나 많았다. 빈민과 이민자 가정의 아이들은 길거리의 흙과 먼지를 쓸어서 지나다닐 길을 내주는 대가로 보행자들에게 동전을 받았다.[18] 수레꾼은 넝마, 병, 고무를 주워 공장에 팔았다. 노동자들은 하치장에서 다시 쓸 수 있거나 고쳐 쓸 수 있는 물건들을 골라냈다. 19세기 후반에 들어서서도 버린다는 건 재활용 시스템이었다. 이 시대에는 거의 아무것도 버려지지 않았다.

도시를 오가던 수많은 말의 시체와 도살장 폐기물은 특히 쓸모 있는 상품이었다. 깨끗한 뼈는 깎아서 손잡이나 단추를 만들었고 작은 뼛조각은 곱게 갈아 태워서 설탕을 정제하거나 상업적 비료를 만드는 데 썼다. 골수는 거의 다 비누나 양초를 만드는 데 사용되었다. 피와 살도 가치가 높았다. 벤저민 밀러(Benjamin Miller)는 『그 땅의 기름진 것(Fat of the Land)』에서 이렇게 말했다. "설탕 정제업자와 비료 생산자에게는 피가 필요했다. 삶은 살덩이는 수지 생산자가 찾는 자원이었다. 발굽으로는 젤라틴을 만들었고, 감청색 안료에도 사용되었다. 가죽과 털 또한 쓸모가 있었다. 그리고도 남는 것은 돼지 먹이로 주었다."[19]

이와 마찬가지로 헝겊도 사용된 다음 다시 사용되고 거의 닳아 없어질 때까지 여러모로 쓰였다. 해진 시트는 '방향을 바꾼다.' 가운데를 세로로 길게 잘라서 얇아진 중심부가 덜 사용되는 가장자리로 가도록 자리를 바꾸어 다시 꿰맸다.[20] 못 쓸 만큼 닳거나 더러워진 시트라든지 집에서 쓰는 식탁보와 커튼 따위의 천은 베갯잇, 붕대, 기저귀, 위생 냅킨, 수건으로 다시 썼다. 낡고 올이 드러난 자투리천이 되어 어떻게든 더 쓸 수 없을 때는 물물교환을 하거나 수레꾼에게 팔았다. 수레꾼은 도시의 길거리나 시골의 마을길을 돌아다니면서 제지공장에 팔 넝마를 비롯한 여러 가지 폐기물들을 금속 냄비, 컵, 칼, 옷가지 등과 바꿔 갔다.[21]

도시 중심부에서는 수레꾼들이 회사나 가정에 고용되어 정기적으로 쓰레기를 수거하기도 했다. 이 노동자들은 쓰레기를 처리하는 하치장이나 부두에 수거해 온 것들을 부려놓았다. 운하가 가까운 도시에서는 '짐배 정리꾼'이라 불리는 또 다른 쓰레기 노동자들이 쓰레기를 짐배에 실었다. 짐배에 실린 쓰레기는 처리공장으로 실려 가거나 흔히 대양에 버려졌다. 수레꾼이 위쪽 부두에서 수거물을 부리면 짐배 정리꾼은 갑판에서 쓰레기를 고르게 폈다. 바다로 나가서는 흙과 쓰레기를 삽으로 떠서 바닷물에 버렸다. 이들은 임금도 받지만 그들이 모은 것, 이를테면 섬유 같은 것은 따로 가질 수 있었다. 따로 모은 섬유는 '넝마주이'에게 건네져 분류되었다.[22]

한 기사에서는 뉴욕 시 쓰레기 하치 부두의 소름 끼치는 광경을 이렇게 그렸다. "이 짐배에서 갖가지 쓰레기를 정리하는 사람들은 아침부터 저녁까지 배 위에서 일한다. 오물, 찌꺼기, 폐기물들은 말 그대로 일꾼들의 등과 머리로 쏟아져 내렸다. 이들은 수레에서 부려지는 내용물을 되도록 빨리 고르게 펴려고 그 자리에 서서 일하기 때문이다. …… 이 사람들은 거리청소국(Street Cleaning Department)의 쓰레기 하치장 밑에서 먹고, 자고, 산다."[23] 초기 뉴욕 시의 쓰레기 노동자들은 도시를 청소하고 그 쓰레기에서 돈을 벌었지만 너무나 가난해서 주택 임대료를 낼 처지가 아니었다. 이들은 부두 밑의 공간, 도시의 지하, 악취를 풍기는 쓰레기 더미 가운데서 살아야 했다.

넝마주이와 그 밖의 폐품 수거꾼은 집에서 일했다. 뉴욕의 슬럼가 파이브포인츠의 바틀 앨리(Bottle Alley, '빈 병 골목'이라는 뜻—옮긴이)나 랙피커스 로우(Ragpicker's Row, '넝마주이 거리'라는 뜻—옮긴이) 같은 거리 이름에서 쓰레기 관련 노동이 집에서 이루어졌음을 알 수 있다. 산업혁명기 뉴욕의 연대기인 『가스등 시대의 뉴욕(New York by Gaslight)』에는 이런 설명이 나온다. "고물상의 지하는 집 정면에서 길 쪽으로 개방되어 있다. 지하를 내려다보면 남녀 스무 명이 지저분한 넝마와 종이에 반쯤 묻힌 채 일하는 게 보인다. 그들은 제지공장으로 보낼 넝마와 종이를 모아 짐짝으로 만든다. …… [그들은 또] 낡은 넝마를 가려내거나 썩은 내가 나서 입을 수 없는 낡은 코트를 …… 조각조각 자른다."[24]

물건을 끝도 없이 재사용하는 게 언제나 가장 윤리적인 형태를 띠는 것만은 아니다. 1863년에 에즈라 풀링(Ezra Pulling) 박사는 뉴욕 시 공중위생 자원봉사 감시관으로서 뉴욕 시의 끔찍한 쓰레기 재활용을 설명했다. 썩어가는 음식 찌꺼기, 상한 빵, 죽은 고양이·쥐·개는 '사후처리소'로 보내져 소시지가 된다. 이 소시지는 선원들의 하숙집에서 팔린다. 남은 찌꺼기─풀링에 따르면, "길거리 진흙탕에서 뒹굴어서 맛있을 거라고는 도저히 생각할 수 없는 찌꺼기"─는 죄다 싸구려 커피 제조업자에게 팔린다. 커피 제조업자는 그걸 건조시키고 부분적으로 탄화시킨 다음 치커리(뿌리를 가루 내서 커피 대용품으로 쓴다.─옮긴이)와 섞는다.[25]

맨해튼 이스트 17번가 쓰레기 하치 부두 아래의 목격담도 있다. 일꾼들이 인근 병원 쓰레기인 피와 고름투성이 붕대가 가득 찬 수레에서 반쯤 먹다 남은 닭다리와 소시지 끄트머리를 골라내 먹었다는 것이다.[26] 가난한 이들이 쓰레기를 직업으로 삼아 사는 것은 나쁘지 않았다. 다만 경제 사정이 그들에게 그것까지 먹도록 강요했을 뿐이다.

계급, 질병 그리고 개혁

19세기 최악의 콜레라와 황열병이 유행하는 동안 뉴욕 시 슬럼가─도시 거주자의 반이 살던 곳─의 사망자 수는 매우 높았다. 19세기 중반 콜레라가 휩쓸던 시기에 도시 최악의 공동주택 한 곳에서는 사망자 비율이 20퍼센트에 이르렀다.[27] 콜레라가 이토록 창궐하게 된 주요 원인은 꾸준히 쓰레기에 노출되어서였다. 폐품 수거꾼과 쓰레기 노동자들만 참혹한 조건에서 살아야 한 게 아니었다. 19세기 뉴욕 시에서 인기가 높았던 신문 『핫 콘(Hot Corn)』은 한 공동주택의 참상을 이렇게 기록했다. "먼저 손수건을 장뇌(다양한 약품에 이용되는 물질로 냄새가 아주 강하다.―옮긴이)에 흠뻑 적셔라. 그래야 그 끔찍한 악취를 견딜 수 있을 것이다. 이제 들어가보라. 좁고 긴 복도를 더듬어 나아가다가 오른쪽으로 꺾어져서 컴컴하고 위험한 계단을 오른다. 아래쪽 계단이나 넓은 계단의 구석에서는 발걸음을 조심해야 한다. 신발이 쓰레기 속에 푹 빠질지도 모르니."[28]

　정치적 망명자와 노동자들이 미국의 도시로 모여들면서, 도시의 생활 조건은 더 열악해진 듯하다. 뉴욕의 존 제이콥 애스터(John Jacob Astor) 같은 슬럼가의 집주인들은 이민자들이 몰려들자 기존의 일층이나 이층짜리 아파트를 개조했다. 큰 방에 구획을 짓거나, 건물을 위로 증축해 더 많은 세입자를 받은 것이다. 이렇듯 곧 무너질 듯한 건물 꼭대기에다 집주인들은 뼈대가 거의 또는 전혀 없이, 그리고 건축공학이나 안전성과는 아무 상관없이 벽돌과 회반죽으로 한 층을 더 올렸다.[29] 지리학자 그레이 브레친(Grey Brechin)의 개념을 빌면, 이 구조물은 아래로 내려가는 게 아니라 위로 올라가는, 광물이 아니라 임대료를 캐내는 갱도라고 생각할 수 있다.[30] 사람이 넘치는 이 수직의 오두막집은 질병 배양소로 딱 알맞았다. 볕이 잘 들지 않고, 환기며 하수며 쓰레기 처리 상태가 모두 안 좋았기 때문이다.[31]

불쾌하고 처참한 슬럼가와 슬럼가에 만연한 질병들은 성장하고 있던 부르주아 계급의 관심을 끌었다. 그들은 공민적 조직을 만들었고, 거기서부터 진보적인 도시 개혁운동이 싹텄다. 부유한 활동가들이 19세기 중반에 설립한 단체들, 그리고 그 가운데서도 유명했던 뉴욕 빈민환경개선협회(New York's Association for the Improvement of the Condition of the Poor, AICP)는 쓰레기가 넘쳐나는 도시의 공동주택을 문서로 정리하고 청소하는 것을 목표로 했다. 콜레라 같은 공공연한 살인마들이 부유한 지역까지 금세 퍼져 도시의 부랑자들뿐 아니라 중류계급까지 죽일 수 있었기 때문에, 이 활동가들은 도시 빈민가 정화를 우선 과제로 삼았다.

계급은 도시 거리 정화에서 언제나 빠지지 않는 요인이었다. 1849년, 위생 관념을 갖춘 분노한 부유층의 탄원으로, 그리고 무엇보다 무서운 콜레라 유행이 예견되는 여름이 다가오면서, 뉴욕 시 관리들은 돼지 문제를 해결해야 했다.[32] 돼지는 초기 산업사회 도시에서 흔히 볼 수 있는 짐승이었다. 노동자들은 아직도 집에서 나오는 음식 찌꺼기를 모아두었다가 길거리에 돌아다니는 돼지들에게 던져주었다. 좀 더 나은 계급에게, 길거리 쓰레기는 질병과 불결의 원인이자 사회적 부패의 상징이었다. 법률가와 상인은 돼지들이 사라지길 바랐고, 빈민은 미래의 돼지고기와 햄이 길거리에 널린 찌꺼기를 무료로 먹을 권리를 옹호했다.

돼지 몸속에서 쓰레기는 계급투쟁의 정치학에 말려들었다. 돼지로 인해 일종의 공동재산이 된 길거리 쓰레기는 빈민들에게는 생존의 수단이었지만 불법이었다. 돼지추방법(anti-hog law)이 있었지만 도시에서 돼지를 키우는 이들은 이와 상관없이 살아갔고, 그것은 임금노동에 대한 저항의 형태이기도 했다. 찌꺼기를 먹는 돼지들은 값싼 단백질 공급원이었기에 가난한 이들이 임금노동에 덜 의존할 수 있었다. 법률사학자 헨드릭 하턱(Hendrick Hartog)은 이렇게 썼다. "돼지를 키우지 않는 노동계급은 시장과 고용주에 더욱 많이 의존했다. 노사 갈등의 상황에서 그들은 한층 통제하기 쉬운 대상이었다."[33]

이보다 몇십 년 앞선 1821년, 지금의 로워 이스트사이드와 차이나타운 지역에 사는 뉴욕의 흑인 빛 아일랜드 여성들이 이와 비슷한 단속에 맞서 그들의 돼지를 지켜냈다. 깐깐한 공무원들은 1824년, 1826년, 1830년, 1832년에도 돼지를 몰아내려 했다. 기나긴 돼지 전쟁은 1849년에 절정을 이루어, 경찰은 곤봉을 휘두르며 대대적인 소탕 작전을 펼쳤다. 경찰은 지하와 뒤뜰에서 돼지 주인들이 숨겨놓은 돼지를 찾아내 주택이 없는 고지대의 넓은 지역으로 몰아갔다.[34] 몇 해 더 단속이 이어진 뒤 맨해튼에 정말 돼지가 없는 지역이 생겨났다. 그러나 이런 방역선이 생긴 뒤에도 방역선 바깥의 노동계급은 1860년대까지도 계속 식용 가축을 길렀다.[35]

돼지를 몰아냈지만 1849년에도 지독한 콜레라는 다시 퍼졌다. 미국을 강타한 콜레라 가운데 두 번째로 심한 것이었다. 쓰레기가 넘치는 도시 슬럼가에는 역병이 번졌고 부유한 지역까지 파고들어 5천 명의 주민을 덮쳤다. 주민들은 설사와 구토에 시달리다 탈수 증세로 사망했다.[36] 빈민들과 같이 사는 건 견딜 수 있었지만 콜레라는 결코 그렇게 될 수 없었다. 빈민환경개선협회의 1853년 보고서는 이렇게 분석했다. "질병이 발병한 지역에만 머물지 않고 그 독성을 널리 퍼뜨린다는 것은 잘 알려진 사실이다. 따라서 빈민들이 질병의 원인에 더욱 가깝기 때문에 그 사망자 수가 더 많다 해도 …… 부유한 거주지역과 널찍한 거리에 사는 부자들도 …… 이웃 빈민들을 감염시키는 그 질병의 희생자가 되곤 한다."[37]

이 시민단체는 새로운 산업 경제에서 경제적 양극화를 문제의 원인으로 바라보지 않고, 도덕적 차원에서 슬럼 거주자의 사망과 고통에 접근했다. 쓰레기의 범람을 정신적 타락과 연관 지은 것이었다. 당시 널리 읽혔던 잡지는 이렇게 결론지었다. "객관적 불결함과 정신적 오염 사이에는 매우 중요하고도 확실한 연관이 있다."[38] 19세기 중반에 시민 활동가들에게 설교를 하던 영향력 있는 목사는 이렇게 말했다. "몸이 더럽고 사는 게 지저분하면 이와 일치하는 도덕적 타락이 있게 마련입니다."[39] 초기 개혁그룹은 길거리와 골목, 공동주택에서 쓰레기와 분뇨를 치우면 상황이 나아질 거라 믿었다.

전쟁 쓰레기

싹트기 시작한 공중위생 개혁운동은 남북전쟁의 발발로 조직적 형태를 띠게 되었다. 전쟁이 일어나면서 부유한 자원봉사자들이 '미국위생협회(United States Sanitary Commission)'라는 민간단체를 조직했다. 이들은 병영에서 인도주의적인 병참 업무와 위생 업무를 돌봤다. 문예시사 잡지 『노스아메리칸 리뷰(North American Review)』는 그 조직의 임무를 "건강을 위한 조건을 무시하는 위험성, 그리고 위생적 원칙을 가장 엄격하게 고려하는 것이 얼마나 이로운지를 연구하고 권고함으로써 군 조직의 관심을 불러일으키는 것"[40]이라고 설명했다. 그러나 전염병에 걸린 북부연합군의 수는 남부연합군에게 죽임을 당한 수와 엇비슷했다.

1863년 7월, 공중위생은 대중적이고 폭력적인 '징집 폭동(Draft Riots)'이라는 형태로 또다시, 그리고 예기치 못한 부양 기회를 맞았다. 그 여름 뉴욕의 거리에는 쓰레기가 넘쳤고, 대부분 질병에서 비롯되었던 전체 사망률은 세계 선진도시 가운데 최고인 서른여섯 명 가운데 한 명꼴이었다.[41] 찌는 듯한 폭염, 그리고 그에 따라 역병이 발생하고 불안감이 커지면서 모든 사람들이 초조해졌다. 북부연합군 사망자 이름이 날마다 신문에 실렸고, 친지들은 근심스럽게 사망자 명단을 뒤졌다. 그러던 중 새로운 소식이 들려왔다. 아직 징집되지 않은 모든 징집 대상자들은 "열흘 안으로 대리인을 확보하거나, 300달러를 내거나, 아니면 …… '남북전쟁참전 육해군인회(Grand Army of the Republic)'에 등록해야 한다"는 것이었다.[42] 다시 말해, 부유한 이들은 전투를 피할 길이 있다는 얘기였다. 그것은 마지막 지푸라기였다. 대부분 아일랜드 이민자들이었던 수많은 노동자들이 분노해 거리로 뛰쳐나왔다.

아프리카계 미국인들을 대상으로 한 무서운 인종차별 폭력—어느 기사에 따르면 남성 열한 명이 린치를 당해 사망했고, 여성과 아이들을 포함한 몇백 명이 가정과 직장을 잃었다고 한다—과 함께, 분노한 군중은 그들의 계급적 적, 징병과 그 시행의 책임을 지는 이들을 겨냥했다.[43] 벽돌 조각, 횃불, 총을 든 폭도들은 징병사무소를 습격하고 징병 원부를 소각했다. 폭동을 진압하러 군대가 도착하자 폭도들은 지역의 무기고를 접수해 불을 질렀다. 일부는 무기를 나눠 갖고 군인들을 죽이기 시작했다. 그들은 오브라이언이라는 대령을 때려 죽이고 그 시체를 길거리에 끌고 다니다가 가로등에 매달았다.[44] 또 헌병사령관 사무실에 들이닥쳐 건물의 통신선을 끊고 부사령관을 잔인하게 몽둥이로 두들겨 패고 건물에 불을 질렀으며,[45] 시장의 관저를 약탈했다.[46] 노예제도 폐지론을 펼쳤던 『트리뷴(Tribune)』의 사무실을 포위한 성난 군중은 두 남자를 신문사 소유주 호레이스 그릴리(Horace Greeley)로 오해하고 무자비하게 폭행했다.[47]

도시 곳곳에 흩어져서 폭동을 일으킨 폭도들은 몇천 명을 헤아렸다. 그들은 공장을 파괴하고, 부유한 가정과 대규모 상점을 약탈했으며, 비싼 마차를 타고 가는 신사들을 폭행하고, 고급 저택에 불을 질렀다.[48] 폭동 기간에 『뉴욕타임스』는 이런 기사를 실었다. "모두가 300달러 조항에 격렬하게 저항했고, 부자들이 그들과 똑같이 총대를 메게 될 때 기꺼이 징병에 응하겠노라고 했다."[49]

지역의 경찰과 군인이 수에서 밀리게 되자, 주지사와 시장은 법을 준수하는 뉴욕 시민들에게 "각 지역에서 민병대를 조직해 시민들의 재산과 도시의 평화를 방어"[50]해 달라고 호소했다. 대살육은 나흘 동안 이어지다가 전선을 지키던 군대가 투입되면서 총탄의 소나기와 함께 진압되었다.[51] 수를 헤아릴 수 없는 사람들이 시체가 되어 쓰러졌고, 여성들과 아이들도 포함되어 있었다. 이는 미국 역사에서 최악의 사회 혼란으로 남아 있다.[52]

폐허로부터

징집 폭동이 지나간 뒤 시민의식을 지닌 중상류계급(어쩌면 저항을 진압하기 위해 무장을 했던 이들)은 폭동의 원인과 결과를 새로운 측면에서 연관 지었다. 앞날을 예측하려는 엘리트들이 보기에 질병, 쓰레기, 범죄, 가난, 그리고 저항은 위협과 밀접한 연관이 있었다. 『트리뷴』은 다음과 같이 서술했다.

그곳에서 쓰레기는 햇볕 아래 독소를 내뿜는다. 도둑과 창녀가 그곳에 모여들고 또 거기서 생겨난다. 맹목적인 이들이 눈먼 대중의 표를 끌어 모아 우리에게 재앙이 될 통치자들을 뽑는다. 사망 사고가 늘면서 사망 관련 기사도 늘어난다. 우리의 어마어마한 세금 가운데 상당부분이 그곳에서 걷힌다. 질병이 잠복해 있고, 역병에 유리한 조건이 역병의 창궐을 기다리고 있다.[53]

도시 '위험계층'의 환경이 매우 열악하면 사회 질서 자체가 위협받는다. 찰스 로링 브레이스(Charles Loring Brace)는 이 "무지한 다수 대중은 번영의 시대에 물 밖으로 머리만 간신히 내놓은 채 머리를 짓누르는 가난과 불행을 견디고 있다. 그들은 주위에 있는 부의 상징을 질투와 탐욕으로 바라본다"[54]며 두려움을 드러냈다. 하층민이 비참한 생활과 더러움에 깊이 빠지면 빠질수록 질병과 저항의 변동을 겪을 위험은 더욱 커졌다.

폭동이 가라앉으면서 이어진 개혁의 노력은 공중위생에 새로이 관심을 불러일으키는 데 집중되었다. 직접적이든 간접적이든 쓰레기와 공중위생은 사회 질서를 유지하려는 종합적인 프로젝트와 맞물렸다. 징집 폭동이 끝나고 겨우 여섯 달 뒤에 이름난 개혁가 존 그리스컴(John H. Griscom) 박사는 존 제이콥 애스터 주니어, 피터 쿠퍼(Peter Cooper), 어거스트 벨몬트(August Belmont), 해밀턴 피시(Hamilton Fish)를 비롯해 뉴욕에서 가장 부유한 변호사, 상인, 부동산 재력가들과 함께 '공적으로 이바지하기 위해' 영향력 있는 '뉴욕시민협회(Citi-zens Association of New York)' [55]를 창설했다. 이 개혁가들은 건전한 사상을 지닌 이들로, 이보다 스무 해 앞서 부패한 시 의회는 그리스컴을 시 조사관의 지위에서 쫓아낸 바 있었다. 그리스컴이 크로턴(Cro-ton) 저수지에서부터 뉴욕 시의 모든 가정으로 연결되는 수도관을 설치하자거나, 건축법을 시행하자거나, 공중위생 조사관직에 정치 전문가보다 의료 전문가를 임명하자는 등 시 의회의 비위를 상하게 하는 제안을 내놓았기 때문이었다.[56]

뉴욕시민협회 같은 단체는 공중위생 시스템의 기능 장애뿐 아니라 지방정부에 만연한 부패에도 대응했다. 19세기 길거리에 쌓여 있던 어마어마한 쓰레기 더미는 오늘날까지도 악명을 떨치고 있다. 쓰레기 처리에는 일관된 정책이 없었고, 대부분의 지역 규정은 기껏해야 임의로 정해진 것이었다. 더구나 그 규정조차 부패한 정치인들과 쓰레기 처리에 아무런 효력이 없는 계약 시스템 탓에 밀실의 부패 속에서 전혀 작동하지 않았던 것이다. 공중위생 역사학자 찰스 로젠버그(Charles E. Rosenberg)에 따르면, "쓰레기 처리 계약은 정치적인 만나(manna, 이스라엘 사람들이 광야에서 하늘로부터 받은 음식으로 횡재를 뜻한다.—옮긴이)였고, 계약자는 자신이 약속한 의무를 이행하는 최소한의 노력 말고는 아무것도 하지 않았다고 생각된다."[57] 특히 악명 높은 19세기 중반의 어느 계약자는 뉴욕 시—당시 태머니 파(Tammany, 뉴욕 시 태머니 홀을 본거지로 하는 민주당의 단체로 부패정치를 비유한다.—옮긴이)가 장악했던—에서 후하게 돈을 받고서 쓰레기를 짐배에 실었다. 쓰레기는 자메이카 만의 처리공장으로 보내기로 계약한 것이었는데, 그는 부두를 출발하자마자 바닥문을 열고 쓰레기를 바로 강물에 버렸다.[58]

시카고도 다를 바 없었다. 19세기 후반기의 어느 보도는 심각한 무책임을 드러낸다. "도급 계약의 질이 떨어진다는 것은 매우 잘 알려진 사실이다. 여기에는 조사관들의 지속적인 감시와 같은 까다로운 단속 조치, 그리고 경고와 벌금의 부과가 있어야만 효과가 확보되는 것이다. 이런 방식의 효과가 얼마나 되는지는 시카고 주민들 또한 잘 알고 있다. 지난여름의 도급 계약을 예로 들어 그 품질을 이야기하려면 이야기를 시작할 수도 없다. 계약자는 돈을 벌었지만 거리는 아예 청소가 되지 않았으니까."[59]

제 기능을 못하는 도급 시스템 탓에 신시내티의 공용도로는 쓰레기로 가로막힌 곳이 많았다. 그래서 마차를 소유한 사람들이 마차를 집에 두고 시내전차를 타곤 했다. 상황이 이렇게 되자 뉴욕 시의 가장 영향력 있는 사업가들이 세력을 형성해 지역의 위생국에 항의했다. 그들은 이렇게 선언했다. "오랜 동안 시의 절도 행각과 그릇된 운영 탓에 거리는 나날이 쓰레기장으로 변하고 있다. 위생국은 …… 너무도 부패해 공공의 적이 되었다."[60]

뉴욕 시의 위생 담당부서와 위원회에서 금전적 매수와 속임수가 횡행하고 뻔뻔스러운 거짓말을 일삼으면서, 미국의 길거리는 늘 더럽고 질병이 창궐했으며 사람들이 죽어갔다.

뉴욕 시의 이러한 문제에 대응하면서 뉴욕시민협회가 처음으로 주요하게 개입한 일은 대규모 조사 작업이었다. 그들은 의사들을 보내 지역의 공동주택, 퀴퀴한 판잣집, 쓰레기 하치장 밑의 불법 거주지를 순회하게 했다.[61] 종교단체와 앞에서 나온 빈민환경개선협회를 비롯한 단체들의 '가정방문'을 기초로 이루어진 뉴욕시민협회의 연구는 전염병학의 역사에서 획기적인 사건으로,[62] 이를 통해 권력을 가진 이들은 징집 폭동의 선봉에 섰던 바로 그 사람들에 대해 자세하게 알게 되었다.

폭동 한 해 뒤, 뉴욕시민협회는 쓰레기와 불결함이 사회 혼란과 분명히 연관이 있다는 보고서를 제출했다. 보고서는 다음과 같이 서술했다. "1863년 7월, 잊을 수 없는 폭력 사태가 벌어지는 동안 우리 도시를 장악했던 무서운 폭도들은 인구가 밀집되고 방치된 지역에 모여 살았다. …… 높은 벽돌담은 …… 말 그대로 질병과 악의 벌집인 듯하다. 그토록 많은 참상과 질병, 불행이 한데 모여 높은 벽 안에 숨겨져 있는 걸 보면 놀랍고도 믿기 어렵다. 우리가 가본 적도 없고 생각해 본 적도 없는 곳이 우리가 사는 곳과 그렇게 가까이 있다니."[63] 그토록 비참한 생활환경이 노출되면서 뉴욕시민협회는 공중위생 개혁의 핵심을 찾아냈다. 1866년 뉴욕 주는 메트로폴리탄위생법(Metropolitan Health Bill)을 통과시켰다. 이 법은 종합적인 공중위생 규정을 담았고 주의 전문가들에게 그 집행을 맡겼다. 미국 전역에서 이와 비슷한 법안들이 잇따라 시행되었다.[64]

산업사회 쓰레기의 탄생

　개혁의 물결과 함께 남북전쟁은 엄청난 경제적·기술적 변화를 이끌어냈다. 전쟁의 흐름은 기업 조직, 기업의 합병, 전례 없이 강력한 정부의 개입을 요구했다. 무기, 전차, 군복, 휴대 음식, 군화, 의약품, 종이, 석탄, 그 밖의 온갖 상품들이 파멸의 용광로에 투입되었다. 전쟁이 이어질수록 승리는 생산에 의존했다. 전쟁 관련 산업이 새로운 규모로 발달하면서 미국 제조업은 뿌리부터 재편되었고, 미국 쓰레기는 양과 질 모두에서 유례없는 변화가 일어났다.

　작은 작업장이나 가정에서 만들어지던 제품들이 이제는 대규모로 생산되었다. 저명한 가사 및 쓰레기 역사학자 수잔 스트래서(Susan Strasser)는 다음과 같이 서술했다. 1857년 미국에는 비누 제조업체가 600군데가 넘었고, 업체마다 평균 다섯 명씩 고용하고 있었다. 신시내티만 해도 비누 공장이 스물다섯 군데였다. 남북전쟁이 끝나자 상업적 비누 생산은 곱절로 불어났지만, 공장 수는 급격히 줄어서 딱 세 가지 브랜드—콜게이트(Colgate), 프록터 앤드 갬블(Procter & Gamble), 이노크 모건스 선즈(Enoch Morgan's Sons)가 시장을 점령했다.[65] 그리고 캐서린 비처의 「가정경제에 관한 논문」 1841년 판에서는 가정에서 나오는 지방과 수지로 비누 만드는 법을 알려주었지만, 1869년 개정판에서는 이 내용이 사라지고 다음과 같은 서술이 덧붙었다. "전에 뉴잉글랜드에서는 집집마다 비누와 양초를 만들어 썼다. 오늘날에는 구태여 이런 일을 하는 집이 거의 없다."[66]

제조업에서 기업이 합병되면서 규모의 경제와 저가 흐름이 시작되었다. 이에 따라 나날이 수많은 물건들이 가내 생산에서 벗어나 잡화점으로 들어갔다.[67] 19세기 말 어느 저술가는 잡지 『더 셔터퀀(The Chautauquan)』에서 이 변화에 주목했다. "이제 작은 가게를 처분한 가구 제작자는 도시로 나가 큰 공장의 피고용인이 되었다. 생산에서 완전히 멀어진 주부는 물건을 사서 쓰는 데 만족하는 법을 배웠다. 오늘날 집에서 쓰는 물건을 만드는 건 주부도 마을의 가구 제작자도 아닌 공장의 '손'이다."[68]

산업화는 또한 도시화에 속도를 붙였다. 생산의 기초가 농업 노동에서 공업 노동으로 바뀌면서, 시골 출신 노동자들(이탈리아 사람이든 펜실베이니아 사람이든)이 미국의 도시로 모여들었다. 필라델피아는 1800~1850년 사이에 인구가 다섯 곱으로 불어났고, 보스턴과 볼티모어 인구는 1820~1850년 동안 네 곱으로 불어났다. 뉴욕 시 인구는 1800년에 6만 명이었던 것이 60년 뒤에는 거의 100만 명으로 부풀었고, 1890년까지 거기서 30퍼센트가 더 늘어났다. 1900년 즈음에는 다섯 개 자치구가 통합되면서 뉴욕에는 350만 인구가 거주하게 되었다.[69]

도시 중심부의 인구 집중이 가속화되면서 일상생활과 그 쓰레기에도 큰 영향을 끼쳤다. 도미니크 라포트(Dominique LaPorte)가 『똥의 역사(History of Shit)』에서 설명했듯이, "도시와 지방의 분화─기본적으로 동전의 양면 같은 관계인 똥과 돈의 분리—가 이루어지고 가속화되는 것은 '원시적 축적(原始的 蓄積, 자본주의적 생산양식이 발생하는 단계에서 자본이나 임금노동이 이루어져가는 과정. 생산수단은 소수에게 집중되고, 아무것도 가진 것 없이 노동력을 팔아야 하는 사람이 많이 생기게 된다.—옮긴이)'이라는 것의 결과다."[70] 미국에서는 실제 농부가 점유한 농촌 토지가 줄어들고 대규모 자본주의 식품 생산자의 땅이 많아졌을 뿐 아니라, 쓰레기를 처리하는 새로운 방식도 이와 비슷한 변화를 드러내기 시작했다. 쓰레기를 만들어낸 당사자가 아닌 전문 집단이 분뇨와 다른 쓰레기들을 처리하기 시작한 것이 산업화로 나타난 변화였다. 시장 시스템은 도시에서 더 큰 영향력을 발휘했다. 오늘날 우리가 알고 있는 쓰레기는 완전히 실현된 자본주의 체제의 산물이다.

임금을 받는 새로운 이 도시 거주자들은 우유, 빵, 옷, 그리고 다른 생활용품들을—스스로 만들기보다는—구매하게 되었다. 도시 삶의 시공간적 특성들이 쓰레기의 본성을 만들어냈다. 오랜 시간 직장에 근무하면서 산업 노동자들은 쓰레기가 되지 않도록 물건을 고치고 다듬을 시간이 없어졌다. 사람들이 밀집해 사는 공동주택에는 지방, 섬유, 오물 같은 폐물들을 분류해 둘 공간이 없었다. 이러한 변화는 곧 쓰레기가 많아진다는 뜻이었다. 산업이 발달할수록 짐스럽고 자질구레한 집안일이 줄어들고 소비주의가 펼쳐졌으며, 현대의 쓰레기 또한 같은 길을 갔다.

깨끗해짐

부패한 정치인들과 어마어마한 양의 쓰레기가 사라지지 않자, 1890년대에 시민 개혁단체들이 전국적으로 모임을 가졌다. '브루클린 여성건강보호연맹(Women's Health Protective League of Brooklyn)', '세인트루이스 시민개혁연맹(Civic Improvement League of St. Louis)', 애틀랜타의 아프리카계 미국인 여성들이 조직한 '이웃연대(Neighborhood Union)', '시카고 도시질서연맹(Municipal Order League of Chicago)', '샌프란시스코 시민건강협회(Citizens Health Committee of San Francisco)', 오하이오 주의 '데이턴 여성클럽(Woman's Club of Dayton)', '필라델피아 주민연합(Philadelphia Municipal Association)', '뉴욕 여성자치동맹(Woman's Municipal League of New York)' 등이 이에 속했다.[71] 그들의 선구자들처럼, 이 새로운 세대의 정치 개혁자들도 다양한 방법을 통해 지방정부에 영향력을 행사하고 공중위생을 개선하고자 했다.

일부 시민단체는 계약자들과 자치단체의 거리 청소 업무를 단속하는 일을 했다. 제인 애덤스(Jane Addams)의 '헐하우스 여성클럽(Hull House Women's Club)'은 그들의 지역에서만 1천 건이 넘게 규정을 위반했다며 시카고 시 쓰레기 조사관 세 명을 비난했다.[72] 다른 단체들은 개인의 행동을 변화시키고 특히 이민자 빈민 가정을 방문해 위생을 교육하는 데 역점을 두었다. 한 자원봉사 단체는 단체의 정신을 이렇게 설명했다. "외적인 단정함, 청결, 그리고 생동감……은 내적 질서의 자연스러운 보완물이자 완성이다."[73]

당시 뉴욕 시에 새롭게 나타난 유력한 시민단체는 '70인 위원회(Committee of Seventy)'로, 세상을 뒤흔든 1893년 경제공황 직후에 설립되었다. 이 단체의 최우선 목표 가운데 하나는 대책 없는 쓰레기 문제를 해결하는 것이었다. 그들은 이 문제를 갖고 1894년 시장 경선에 개입했다. 70인 위원회는 태머니 파 후보를 적극 반대했고, 승리를 얻은 개혁 성향의 시장은 쓰레기 처리에 있어 가장 유명하고 독창적인 인물 가운데 한 사람인 조지 워링 주니어(Geroge E. Waring, Jr.) 대령을 영입했다.

공중위생은 공중보건 및 공공의료와 밀접한 연관이 있었고, 자치권이 점점 커지면서 과학적 시도를 해볼 여지도 생겼다. 수도관 역사학자 머린 오글(Maureen Ogle)은 이렇게 설명한다. "과학주의와 전문가주의라는 쌍둥이 문화가 공중위생 분야에 자연스레 넘쳐흘렀다. 이 덕택에 위생학자 집단의 꼴이 만들어졌다. 이들은 자기들이 '위생과학'이라 부르는 것의 원칙을 찾아내고 분류하는 전문가 집단이었다."[74]

조지 워링은 당대 최고의 위생학자 가운데 한 사람이었다. 말쑥하게 단장한 말을 타고 돌아다니고, 헬멧을 쓰고, 승마 부츠를 신고, 팔자수염을 기른 걸로 유명했던 이 별난 남북전쟁 참전용사는 재능이 아주 많았다. 그는 널리 재배된 토마토 품종 '트로피(크고 붉으며 단단해서 샌드위치를 비롯한 여러 요리에 쓰인다. ─옮긴이)'를 최초로 만들어냈고, 프레드릭 로 옴스테드(Fredrick Law Olmstead) 밑에서 센트럴 파크의 하수 체계를 설계했다.[75] 1895년, 워링이 좋아했던 표현대로 부르자면, '대령'은 겨우 제자리를 찾아가는 뉴욕 시 거리청소국의 감독관으로 임명되었다. 이 부서는 도시의 골목길을 청소하고 기업과 가정에서 나오는 쓰레기를 수거하는 책임을 졌다. 도시의 쓰레기와 전쟁을 벌인 4년이라는 짧은 재임 기간에 워링은 공중위생 분야에서 미국 역사상 가장 혁신적인 개혁을 펼쳐 도시를 깨끗하게 만들었다.[76]

사기를 진작하고 단결심을 이끌어내면서, 대령은 공중위생국 직원들에게 준군대식 조직과 질서를 새로 부여했다. '하얀 날개(White Wings)'라 이름 붙인 워링의 직원들은 풀을 먹인 하얀 제복을 입고, 주문 설계(워링의 아내가 설계)한 새로운 수거통을 밀고 다녔다. 직원들의 월급도 오르고 직원 수도 많아졌다. 2천 명의 이 강력한 위생군은 휴일과 공공 행사 때 밴드와 함께 거리를 행군했다. 대중들은 하얀 날개를 사랑했다. 그들은 늘 눈에 띄었고 군의관 같은 믿음직스러운 모습으로 거리를 더욱 안전하고 위생적으로 만들었기 때문이다.[77]

대령은 또한 도시 쓰레기 처리에 체계적이고 이해하기 쉬운 폐기물 분류법과 재사용 시스템을 도입했다. 워링의 설명에 따르면, 우선 개별 수거를 금지하고 도시 근로자들이 "쓰레기를 분류 또는 수거하지 못하도록 했으며, 다른 이들에게 그 일을 맡겼다."[78] 쓰레기 관련 서민들에 대한 이 인클로저(주로 영국에서 공동으로 이용할 수 있는 땅을 막고 울타리를 쳐서 사유지를 만들었던 일—옮긴이)는 쓰레기를 직업으로 삼은 빈민에 대한 탄압이었고, 이들이 더 이상 길거리에서 일할 수 없음을 뜻했다. "줄을 당겨 종을 치며 거리를 지나던" 수레꾼들이 많은 지역에서 사라졌다. 대령의 말에 따르면, "적절한 감독 아래 영업하는" 허가받은 폐품 상인만이 각 가정과 기업에서 나오는 쓰레기를 수거하게 되었다.[79]

집, 가게, 사무실에서 쓰레기를 수거하는 것도 규제를 받았다. 거리에서 쓰레기를 없애고 허가받지 않은 수거꾼을 차단하기 위해서였다. 워링의 새로운 제도는 뉴요커들에게 '분리수거'를 요구했다. 오물과 음식 찌꺼기는 다른 쓰레기와 분리해야 했다. 이렇게 분리한 쓰레기는 거리에 내놓는 게 아니라 앞창문에 깔끔한 '수거요청 카드'를 붙여놓게 되었다.[80] 그러면 면허를 얻은 처리업자가 쓰레기를 수거해 부두 일곱 곳 가운데 한 곳으로 실어갔다. 그러면 짐배들은 쓰레기를 싣고 자메이카 만의 배런 아일랜드(Barren Island)로 갔다.

너비 800미터, 길이 2킬로미터가 조금 넘는 이 작은 섬은 뉴욕 새니터리 유틸리제이션 사(New York Sanitary Utilization Company)의 본거지였다. 이 회사는 워링의 새 쓰레기 프로그램 아래 설립된 폐품 공장이었다. 배런 아일랜드에는 주민 800명—대부분 가난한 아프리카계 미국인, 아일랜드인, 이탈리아인, 폴란드인—이 사는 마을도 있었다. 이들은 섬에 있는 다섯 군데의 대규모 폐기물 처리공장에서 일했다. 외딴 섬인 배런 아일랜드의 환경은 열악했다. 주민들은 바깥세상과 단절되어 있었다. 우편물 배는 일주일에 한 번씩 드나들었지만 쓰레기가 가득한 짐배는 쉴 새 없이 들어왔다. 성인들이 기분 전환할 곳은 술집 네 군데뿐이었고, 어른들과 마찬가지로 각종 처리공장에서 일하는 청소년들이 기분을 풀 곳이라곤 교실 한 칸짜리 학교 건물밖에 없었다.[81]

쓰레기 처리공장과 하치장이 딸린 이 마을 주민들은 쓰레기 더미를 뒤지며 쓸 수 있는 물건을 골라냈다. 워링의 새니터리 유틸리제이션은 섬의 바닷가에서 분류 작업을 시작했다. 바닷가에는 부두가 빼곡했고, 부두마다 설치된 30미터 컨베이어 벨트에다 짐배가 쓰레기를 부렸다. 노동자들은 이 쓰레기 컨베이어에 줄지어 앉아 지나가는 폐물 더미에서 다시 쓸 수 있는 것을 골라냈다. 이 작업을 본 한 기자는 이렇게 서술했다. "한 사람이 갈색 종이를 골라낸다. 다른 사람은 구두를, 또 다른 사람은 병·캔·금속을, 또 다른 사람은 옷감과 넝마를 골라낸다. 그러면 뉴욕 가정이 쓸모없다고 버린 물건의 60퍼센트가 되살아난다."[82]

유기물 쓰레기는 '메르츠(Merz)' 과정, 흔히 '축소(reduction)'라 불리는 과정을 거쳤다. 이는 폐기물을 요리하고 압축해 유지와 비료를 만드는 것이다. 오스트리아 빈의 더 작은 지역에서 시도되었던 메르츠 방식은 미국에서만은 대규모로 이용되었다. 선구적 위생학자 루돌프 허링(Rudolph Hering)과 새뮤얼 그릴리(Samuel A. Greeley)가 말했듯이, "미국 사람들이 더 많이 낭비하는 것이 이 방식이 발전하게 된 한 가지 이유였다. 이는 더 쓸 수 있는 쓰레기를 만들어내기 때문이다."[83] 미국 최초의 축소 공장이 1886년 버팔로에서 문을 열었다. 그리고 로체스터, 톨레도, 시카고, 로스앤젤레스, 또 다른 곳곳에 우후죽순처럼 생겨났다.[84]

배런 아일랜드의 축소 과정에서는 음식 찌꺼기와 동물 시체 같은 폐기물을 어마어마하게 큰 통에 집어넣어 삶았다. 이는 『사이언티픽 아메리칸(Scientific American)』 1897년판에 자세히 묘사되었다.

> 요리는 여덟에서 열 시간쯤 걸린다. 요리된 쓰레기는 완전히 해체되어 펄프처럼 걸쭉해진다. 요리 과정에서 모든 세균은 완벽히 살균된다. …… 그리고 압축기에 들어가면 250톤의 압력으로 눌린다. 압축 작업은 매우 느린 속도로 진행되며 약 45분 동안 120센티미터의 덩어리가 45센티미터로 압축된다.[85]

압축 과정에서 나오는 액체는 "비누, 양초 등을 만드는 데 사용되었고 …… 상업적으로는 '비누 유지'라 불린다." '탱크 찌끼'라 불리는 고체는 비료 원료로 사용되었다.[86] 고쳐 쓸 수 없을 만큼 부서진 물건, 콜레라나 황열병 또는 다른 치명적인 질병에 걸렸던 이들이 사용했던 침구처럼 다시 쓰기 어려운 폐물만이 섬의 소각로에 들어갔다. 어떤 형태로든 시와 협력 관계를 맺고 있던 배런 아일랜드의 폐품 사업은 19세기 중반부터 1939년까지 꾸준히 운영되었다. 그러다 1939년, 뉴욕의 이름난 사회계획가 로버트 모지스(Robert Moses)가

모든 주민을 내쫓고 섬을 폐쇄했다.[87]

초기 환경보호론자들은 축소 과정을 지지했다. 그 덕택에 "채소 같은 성질을 띤 물질들을 비료의 형태로 땅에 되돌려줄 수 있기 때문"[88]이었다. 워링이 축소 과정을 선호한 더 큰 동기는 자원 획득이었다. 그는 환경적 이유가 아니라 경제적 이유에서, 다시 쓸 수 있는 물건들을 골라내지 않고 처리하는 방법은 낭비라고 생각했다. 대령은 소각을 이렇게 표현했다. "소각은 세입의 원천으로 바뀔 수 있는 물자의 파괴와 손실을 뜻한다."[89] 그의 부관 맥도너 크레이븐(Macdonough Craven)은 더 나아가 "비료의 파괴는 법으로 금지되어야 한다"[90]고 주장했다. 어느 기자도 이에 동의했다. "최근 도시 쓰레기의 상당부분에 충분한 상업적 가치가 있음이 밝혀졌다. 그 수거 비용을 지불하고도 남는 가치다."[91] 이들은 복음주의 현대화론자들로, 이들에게 효율성은 곧 신성이었다. 순익이 중요했고, 도시의 수거꾼들이 폐품을 수거하는 것이 곧 돈을 절약하는 방법이었다.

워링의 체계적인 폐품 수거 이전에도, 농촌에서든 도시 가정에서든 하치장에서든 미국인들은 대체로 폐기물을 제 나름대로 분류했다. 오늘날 가정의 쓰레기 분리수거는 새로운 관행으로 오해되곤 하지만, 공식적인 쓰레기 분류는 19세기 후반과 20세기 초반에 흔한 모습이었다.

1910년에 선구적인 위생학자 윌리엄 모스(William F. Morse)는 이렇게 썼다. "가정에서 쓰레기를 세 종류로 분류하는 것은 미국 도시에 보편적인 관행이다. …… 거주자는 음식 찌꺼기, 오물, 폐물을 담을 쓰레기통 세 개를 마련해야 한다."[92] 당시에는 '음식 찌꺼기'가 '채소 찌꺼기와 식탁에서 나오는 찌꺼기'로 정의되곤 했다. '오물'에는 '바닥에서 쓸어 담은 먼지, 깨진 유리, 버려진 그릇, 알루미늄 캔, 오래된 가구'가 다 포함되었다. '폐물'이란 '종이, 두꺼운 종이 상자, 넝마, 병, 금속, 헌 옷, 구두, 고무'를 말했다.[93] 지난 20세기에는 쓰레기에 해당되는 물건 종류도 상당히 바뀌었는데, 대부분 산업 생산에서 비롯된 것이었다. 워링 대령의 선구적 업적을 뒤이은 새로운 쓰레기 처리 방식들은 폐기물의 수많은 종류와 나날이 늘어가는 양을 고려해야 했다.

대령의 재임 기간은 짧았다. 부패와 부패의 친구인 정체된 불순물 더미들도 곧 돌아왔다. 복권된 태머니 파 행정부에 의해 1898년 해임된 워링은 한 해 뒤 황열병으로 죽었다. 쿠바에서 일하는 동안 걸린 병이었다.[94] 그러나 그의 조직적이고 기술적인 혁신은 이어졌다. 쓰레기 중심의 도시 계획이 봇물 터지듯 이어지면서 개혁의 노력이 절정을 이루었다. 1880년에는 미국 도시의 24퍼센트가 특정 형태의 쓰레기 수거 및 처리 시스템을 갖추고 있었고, 1914년에 그 수는 두 곱이 되었다.[95]

어디에나 있는 것

20세기로 들어설 무렵, 세균학이라는 빠르게 진보한 과학이 공중 위생 분야를 휩쓸었다. 그것은 두려움과 죽음에 지친 절망적인 서민들에게 해답을 주었다. 정교한 세균 이론인 세균학은 루이 파스퇴르(Louis Pasteur), 조지프 리스터(Joseph Lister), 로베르트 코흐(Robert Koch)를 비롯한 여러 연구자들이 오랜 세월에 걸쳐 연구한 결과였다. 그들은 미생물과 그 전파 방식, 전염을 막는 살균 방법을 알아냈다. 세균학은 질병이 쓰레기 같은 물질에서 저절로 생겨나는 것이 아니라 정확한 세정과 예방 접종으로 물리칠 수 있는 것임을 깨닫게 해주었다. 다시 말해 쓰레기를 막는 것은 더 이상 전염병이라는 악귀를 물리치는 열쇠가 아니었다.[1]

전염병이 상당히 잦아들었기 때문에 질병은 상업에 거의 영향을 미치지 못했다. 이전 세기에는 전염병이 창궐하는 동안 주거지와 상업지, 그리고 선박이 격리되는 바람에 상업의 중요 요소들이 무력해지곤 했다. 또 재앙에서 벗어나고자 수없이 많은 이들이 도시를 빠져나가는 통에 사업이 중단 상태에 이르기도 했다.[2] 1895년 셔터쿼 연구소(Chautauqua Institute)의 기관지는 「위생학에 세계가 진 빚(The World's Debt to Sanitary Science)」이라는 글을 실어 세균학의 경제적 이로움을 집중 조명했다. "특정한 전염성 또는 감염성 질병의 원인, 그리고 그 확산 방식의 본질에 대해 금세기에 획득된 지식은 순전히 경제적 관점에서 보았을 때 세계에 막대한 이익을 주었다. 옛날 방식의 검역, 교통과 여행의 불필요한 금지는 대부분의 선진국에서 사라졌다."[3]

산업 생산물이 늘어나면서 상품과 사람이 더 자유로이 이동하게 되었고, 이에 따라 수송에 대한 의존이 더욱 커졌다. 그러므로 거리를 깨끗하게 청소하는 것은 다시금 긴급하고도 중요한 일이 되었다. 전염병 관리와 직접 연관된 것은 아니지만 깨끗한 거리는 막 싹트고 있는 경제의 필요조건이었다. 새로운 경제는 빠른 속도의 생산과 분배를 기초로 했기에, 원활한 운영을 위해 시장은 깨끗하고 기능적인 도로를 필요로 했다.

세균학과 변화된 상업적 필요에 영향을 받아, 공중위생 분야에서는 두 가지 중요한 분화가 일어났다. 첫째, 공중보건 분야가 쓰레기 수거에서 분화되었다. 이 영원한 분화를 통해 폐기물을 더욱 안전한 시각에서 바라보게 되었다.[4] 1905년, 위생학자 루돌프 허링은 도시의 골목길을 청소하는 것이 "건강을 위한 방책이라기보다는 불쾌함과 불편함을 막기 위한 것"[5]이라 했다.

두 번째 주요한 분화는 많은 자치도시가 거리 청소를 쓰레기 수거와 처리에서 분리시킴으로써 일어났다. 이 두 업무는 그때까지 단일한 과제의 두 분야로 기능했다. 가정, 사무실, 상점에서 나오는 쓰레기를 수거하고 처리하는 더욱 비용이 많이 들고 복잡한 업무와 분리되면서, 거리 청소는 한층 쉬워지고 비용도 줄었다. 전기, 자동차, 동력으로 움직이는 청소 도구가 도입되면서 길을 더럽히는 오물, 말똥, 일상생활의 폐기물들도 훨씬 적어졌다.[6]

쓰레기 처리가 질병과 사망의 세계에서 분화됨에 따라, 그것은 갈수록 기술적 문제로 간주되었다. 이런 분위기에서 '위생공학자'라는 직업이 등장했다. 이 전문 시민 공학자들은 이전 위생학자들의 업적을 더욱 발전시키면서, 우선 지방정부를 위해 쓰레기 처리 시스템을 설계했다. 위생공학자들은 매우 합리적으로 쓰레기에 접근했는데, 폐기물을 자원으로 보기보다는 기능적 문제로 바라보았다. 공학자의 손에서, 늘어만 가는 쓰레기는 불균형이나 낭비의 상징이 아니었다.

끊임없이 늘어나는 쓰레기는 단지 적절한 곳에 치우기만 하면 되는 물질이었다. 더욱 효율적으로 쓰레기를 보관할 창고를 만들어내면서 최초의 위생공학자들은 그 분야에서 지속적인 목표가 된 일, 바로 쓰레기를 줄이는 일을 해냈다.

거리 청소

거리 청소가 쓰레기 수거와 처리에서 갈라져 나오는 것과 때맞춰, 상업 분야는 도시의 도로망 확충을 요구했고 상류계급은 공적 공간의 미적 질서를 갈망했다. '진보시대 도시미관운동(Progressive Era's City Beautiful movement)'은 계획, 청소, 정책 수단을 통해 도시 환경을 더욱 아름답게 만들려는 시도였지만 또 다른 형태의 인클로저이기도 했다. 노동계급과 빈민층이 사교 공간이자 확장된 집으로서 점유했던, 다시 말해 더운 여름날 밤에 나와서 자기도 했던 길거리는 이 미적 관점에 맞지 않았다.[7] 1930년대의 한 신문에 따르면, "이처럼 거리 청소는 거리에서 쓰레기, 오물, 똥, 찌꺼기를 치우는 공적인 작업을 넘어서는 것이다. …… 그것은 시민적 미의식와 사회 심리에 대한 서비스다. …… 사람들 주변에 늘 도시 생활의 쓰레기들이 어질러져 있다면, 넓은 공간, 잘 짜인 도로망, 멋진 조망, 그리고 아름다운 집이 무슨 소용이 있을 것인가? 깨끗한 거리는 재산 가치를 높이고 지저분한 도로는 재산 가치를 깎아내린다."[8]

도시 거리는 산업 기반구조의 기본 요소로, 계획 이론가인 에드몽 프레테세유(Edmund Preteceille)가 '도시의 사용가치'라고 표현한 것에 포함된다. 리처드 포겔송(Richard E. Fogelsong)은 『자본주의 도시계획(Planning the Capitalist City)』에서, "이 공공시설들은 국가가 공동의 것으로 소유하고 만들어낸 것이지만, 사적인 생산에도 중요하다"[9]고 했다. 위생공학자들, 지방정부, 그리고 기업 소유주들은 깨끗한 거리는 곧 이동이 편리해짐을 뜻한다는 걸 알았다. 사람들이 공장과 사무실과 시장에 쉽게 갈 수 있으며, 이 모두는 경제가 움직이는 데 필요한 전제조건이다.[10] 앙리 르페브르(Henri Lefebvre)가 지적했듯이, "거리는 소비를 위해, 소비에 의해 조직된 네트워크가 되었다."[11] 따라서 도로의 쓰레기를 치우는 일은 어느 때보다 더욱 긴급해졌다.

예전에 중류계급과 엘리트들은 높은 세금으로 공공도로와 대로를 관리하는 데 저항했지만, 이제 길거리 공간들이 더욱 상업적으로 규정되면서 이익을 얻고 있었다. 그들은 공공 서비스에 대한 지원을 아끼지 않았고, 개혁적인 지방정부와 손을 잡았다. 그들은 자치단체가 도시 공중위생에 책임을 져야 한다는, 나날이 커져가는 기대에 부응했다. 선출된 관리들의 요구대로, 똥·오물·닭뼈가 경제 진보의 바퀴를 가로막지 못하도록 하는 데 재정을 쓰는 도시가 많아졌다.[12]

미국 상무부에 따르면, 1909년에 인구가 30만 명이 넘는 도시들은 일주일에 평균 다섯 번씩 포장도로의 반을 청소했다. 오늘날의 기준에 비추어봐도 매우 놀라운 일이다.[13] 1917년에는 미국 자치도시의 90퍼센트 이상이 도로의 물 세척을 직접 감독했고, 믿을 수 없고 비용도 많이 들었던 지난 세기의 부패한 도급 계약 시스템을 폐기했다.[14]

인종과 계급적 성향에 맞게, 시 공무원들은 거리를 물청소하는 일꾼들에게 지역의 기업에게 중요한 도로를 자주 청소하게 했다. 하지만 "외딴 지역의 거리나 노동계급과 이민자 거주지의 도로는 우선순위에 들지 않았고 청소가 자주 이루어지지 않았다. 비포장도로는 전혀 청소하지 않았다."[15] 지방정부 간행물은 그런 정책을 공개적으로 논의하는 기사를 실었다. 예를 들어 『지방자치 저널(Municipal Journal)』은 필라델피아에서 "1915년까지 거리 청소는 포장도로에서만 이루어졌다"[16]고 썼다. 『아메리칸 시티(American City)』에 실린 것처럼, 휴스턴에서는 "대로와 주요 도로를 날마다" 청소했고, 도시 상업지구에서는 "일요일을 포함해 …… 날마다" 쓰레기를 수거했다.[17] 거리 청소, 그리고 확대해석하자면 지역 지도자들의 자원 할당에 근거한 지역 공중위생 방침 탓에 빈민·노동계급·이민자 서주지에는 쓰레기가 굴러다녔다.

시내전차와 자동차가 늘어나면서 말의 이용이 눈에 띄게 줄어들자 도로 청소는 매우 간단해졌다. 20세기로 들어설 무렵, 미국 도시에는 약 350만 마리의 말이 다녔고, 하루 8시간 노동 기준으로 말 한 마리마다 평균 9킬로그램의 똥과 7.5리터의 오줌을 쌌다.[18] 자동차가 발달했다는 건 공공장소에서 쓰레기가 상당히 줄었다는 뜻이었다. 예전에는 말 8만 마리와 그 배설물로 뒤덮였던 시카고에서는 1910~1913년에 자동차가 300퍼센트 증가했다.[19] 1915년 오하이오의 거리에는 자동차가 20만 대 가까이 굴러다녔고, 스무 해 안에 그 수는 200만 대 이상으로 증가했다.[20]

자동차 수가 증가하면서 도시 거리는 청소하기가 쉬워졌고 악취가 사라졌으나, 전에 볼 수 없었던 환경적 결과가 나타났다. 바로 엔진에서 나오는 오염과 화석연료에 대한 의존이다. 쓰레기 역사학자 마틴 멜로시(Martin V. Melosi)는 이렇게 말한다. "그들은 짐승의 힘에서 기계 동력으로 이행하는 것이 도시의 물리적 환경에 어떤 결과를 가져올지 거의 알지 못했다. 똥과 말의 시체를 주고 내연기관에서 나오는 탄화수소, 유독성 매연, 폐열을 받은 것은 완전히 잘못된 거래였다."[21] 그렇지만 짐승들의 수가 줄어들고 시의 거리청소국이 더욱 관심을 쏟으면서, 미국 전역의 도시는 쓰레기가 넘치던 거리 청소 업무에서 벗어나 진보를 이룰 수 있었다.

가정의 변화

20세기에 들어선 뒤 몇십 년 동안 이루어진 기술적 발전은 가정의 쓰레기에도 영향을 미쳤다. 1910년에는 미국 주택의 10퍼센트만이 전기를 사용했으나 1920년대 말에는 대부분 도시 가정에 전기가 들어왔다.[22] 전기스토브와 가스난로는 1918년 현재 1인당 쓰레기 가운데 75퍼센트를 차지했던 재를 거의 만들어내지 않았다.[23] 재의 배출은 감소하고 있었지만, 미국 가정의 전체 쓰레기 배출량은 급격히 늘고 있었다. 포장재, 일회용 종이제품, 버려진 완제품 등등 새로운 형태의 쓰레기가 음식 찌꺼기 같은 익숙한 범주의 쓰레기에 덧붙여지며 그 비율이 점점 커졌다.

1903~1907년에 피츠버그의 유기물 쓰레기 배출은 거의 두 곱으로 불어났고, 밀워키와 워싱턴 D.C.에서는 24퍼센트 증가했으며, 신시내티에서는 31퍼센트가 불어났다.[24] 1920년대에 뉴욕 로체스터에 있는 처리공장으로 보내진 폐기물은 200퍼센트나 증가했다.[25] 20세기 초까지 미국에서 도시 노동계급은 유럽 노동계급이 버리는 쓰레기의 두 곱을 버렸다.[26] 도시 인구가 증가할수록—1920년 즈음 미국 인구의 반 이상이 도시에 살았다—쓰레기 또한 늘어났다.[27]

20세기로 들어서자 사람들이 버리는 쓰레기의 성질도 상당히 달라졌다. 제조업자들이 처음으로 대량생산된 일회용 제품들을 마케팅하기 시작하면서 생긴 현상이었다. 제지업은 일회용 제품을 만들어 기존 제품이나 내구성이 더 좋은 제품들의 대용으로 팔았다. 두루마리 화장지는 시어스 로벅(Sears, Roebuck and Co., 미국의 대규모 통신판매업체—옮긴이) 카탈로그처럼 버려지는 종이의 대용품이었다. 종이컵

(이제는 어디나 있는)이 생겨나 공용 음수대에서는 공용 컵이 사라졌다. 종이빨대는 빨대의 원래 이름(straw, '짚'이라는 뜻—옮긴이)까지 차지해 버렸다.[28] 새로운 일회용 위생냅킨은 다시 쓸 수 있는 헝겊과 새눈무늬 직물을 뛰어넘는 진보로 알려졌다.[29] 이들 제품은 대체로 사용자들에게 더 큰 편리와 청결함을 안겨주었지만, 쓰레기가 늘어난 것도 사실이었다.

새로운 형태의 포장술도 이 시기에 등장했다. 제조업이 더욱 커지고 집중화되면서, 포장에서도 제품을 깨끗하고 신선하게 보관할 수 있는 혁신이 필요했다. 20세기로 들어서면서 최초로 포장된 제품 가운데 하나가 나비스코(Nabisco)의 유니다 비스킷이었다. 이 비스킷은 특허를 받은 판지 상자와 기름종이에 포장되어 팔렸다. 같은 시기에 한 칫솔 회사는 '멸균' 상자에 칫솔을 넣어 팔았다. 고객은 '먼지 쌓이고 세균이 묻은, 그리고 누군지도 모르는 사람들이 만진 칫솔을 살' 필요가 없어졌다.[30]

대규모 마케팅 초창기에는 소규모 잡화점에서 통에 담긴 물건을 덜어서 팔았다. 그래서 상품이 오물과 세균에 노출되거나 상하곤 했다.[31] 상품을 깨끗하고 손상되지 않은 상태로 보존함으로써 신뢰성을 보여주는 것은 판매에도 도움이 되고, 사적으로 알지 못하는 생산자가 만들어낸 제품을 의심하는 소비자들의 믿음을 살 수 있었다. 미리 정해진 포장 용기는 정확성과 일관성에 대한 대기업의 요구에도 들어맞았다. 그러한 시스템을 통해 소비자가 아닌 생산자가 구매 단위의 양을 정하게 되었기 때문이다. 포장술 덕택에 기업 주도로 생산되는 일회성 제품이 많아지면서, 사람들이 양동이나 병을 갖고 와서 저장통의 꼭지를 틀어 우유나 맥주를 받아 가던 모습은 점점 사라졌다.

처리 방법

오늘날의 첨단기술을 이용하기 전에 쓰레기 처리는 땅에 버리든 바다에 버리든 소각하든 소름 끼치는 일이었다. 20세기로 들어설 무렵, 쓸모없어진 제품들은 대부분 하치장 '구덩이'에서 최후를 마쳤다. 도시 외곽에 자리한 이 쓰레기 보관소들은 평지, 협곡, 산골짜기, 버려진 습지, 또는 바닷가에 세워졌다. 20세기로 바꿔자마자 100군데가 넘는 도시를 조사해 보니 대부분 재, 유기물 찌꺼기, 그 밖의 폐기물들을 땅에 버리고 있었다.[32] 놀랄 것도 없지만 이 노천 구덩이에는 약점이 있었다. 물이 더럽혀지고, 유독가스가 생기고, 저절로 불이 일어나며, 파리와 바퀴벌레부터 쥐와 곰까지 해충과 해로운 짐승이 들끓게 되는 것이었다.[33] 19세기 말에 어느 부유한 시민은 라이커스 아일랜드(Rikers Island) 하치장의 쓰레기 언덕을 두고 이런 불평을 쏟아냈다.

힐드레스(J.H. Hildreth)가 이곳을 증언한 것처럼, 우리는 참을 수 없이 코를 찌르는 악취 때문에 한밤중에 잠에서 깨어야 했던 게 사실이다. …… 주택 안과 주변에 있는 문손잡이의 은이나 금속 재질들은 색이 변하고 검은 얼룩이 생겼다. 하인들이 아무리 문질러 닦아도 그대로다.

그런 것들, 그런 세균들이 공기를 떠돌다 숨결을 따라 사람의 폐로 들어온다면, 돌이킬 수 없는 병에 걸리지 않을 수 있을 것인가? 금속에 그런 영향을 끼친다면, 건강한 폐에는 어떤 결과를 가져올 것인가?[34]

또 다른 흔한 쓰레기 처리 방법은 물에 버리는 것이었다. 바닷가, 미시시피 강, 오대호 부근 지역의 편의에는 맞았지만, 이 방법은 끔찍하리만치 파괴적이었다.[35] 1890년대에 시애틀 주민들이 열악한 쓰레기 처리 문제에서 비롯된 불편을 항의하자, 시 공무원들은 쓰레기와 오물을 퓨젓사운드(Puget Sound, 미국 워싱턴 주 북서부에 있는 만—옮긴이)에 버리기 시작했다.[36] 비슷한 시기에 시카고는 시의 폐기물과 도살장 찌꺼기들을 5킬로미터 떨어진 미시간 호에 버리기 시작했다. 호수는 도시의 물 공급원이자 상업적인 양식장이었지만, 지역의 공공사업국은 그 해결책을 "편리하고도 적당하다"[37]고 판단했다.

20세기에 들어서면서 루이지애나 보건국은 쓰레기 수중 투기를 다음과 같이 합리화했다.

큰 도시의 쓰레기를 그 도시의 상수원인 흐르는 물에 버리는 것은 언뜻 보면 무지막지하고 불완전할 뿐 아니라 비위생적인 처리 방법으로 보일지도 모른다. 하지만 미시시피 강은 현재 폭이 800미터, 깊이는 15~30미터에 이른다. 평균 유속은 시간당 5킬로미터에 가깝다. …… 하루에 배 한두 척 분량의 쓰레기를 버린다고 해서 끊임없이 흐르는 그 엄청난 강물에 어떤 영향을 미칠 수 있을 것인가.[38]

바닷가의 많은 도시에 밀물과 썰물이 드나드는 한에서는 이 방법도 괜찮았다. 하지만 물의 흐름이 변하면 엉겨붙고 썩어가는 수많은 부유물이 바닷가를 더럽히고, 식수원을 오염시키고, 며칠이고 도시 부두 주변에서 넘실대며 뒤범벅이 된다. 미시간 호에 쓰레기를 버린 밀워키 주민들이 식수에서 쓰레기 일부를 발견했다는 기사도 있다. 하지만 보스턴, 클리블랜드, 세인트루이스 같은 도시는 모두 물에 쓰레기를 버렸다.[39]

바다와 그 지류는 사실 무한하지 않았다. 오물, 똥, 쓰레기는 꾸준히 바닷물에 쌓이면서 얼마 지나지 않아 심각한 환경 문제와 건강 문제, 심지어 경제 문제까지 일으켰다. 이미 1888년에 연방 해양보호법 (Marine Protection Act)은 대양에 쓰레기를 투기하는 것을 법으로 금지했지만, 이는 자주 무시되었다.[40] 해양 투기 규제가 지켜져서 주거지와 가까운 해안선에서 쓰레기들이 사라지더라도 다른 안전 문제가 제기될 수 있었다. 캘리포니아 주 오클랜드에서는 해양 투기가 곧 근절되었다. 법을 준수하느라 금문 해협을 30여 킬로미터나 지나서 쓰레기를 싣고 가던 배 한 척과 선원 아홉 명이 바다에서 실종되는 사건이 일어났기 때문이다.[41]

바다 및 강 투기의 위험성을 알아챈 미군 중위 라일리(H.J. Reilly)는 해결책을 제시했다. 아니 어쩌면 그것은 새로운 문젯거리였다. 1885년 라일리는 뉴욕 시 거버너스 아일랜드(Governors Island)에 미국 최초의 소각로를 건설했다. 영국에서 기술을 들여왔는데, 영국에서는 이 소각로를 '디스트럭터(destructor)'라고 불렀다. 매우 문제가 많은─쓰레기 소각 때 나오는 유독한 악취는 역겨웠고 소각 뒤에 처리해야 할 재의 양도 많았다─이 쓰레기 처리 방법이 미국 전역에 퍼져나갔다. 한 열광적인 위생학자는 이렇게 감탄했다. "드디어 우리는 이 물질[쓰레기]과 그 악행을 없애버릴 방법을 찾아냈다."[42] 1887년까지 웨스트버지니아 주 윌링, 펜실베이니아 주 앨러게니, 아이오와 주 디모인에 쓰레기를 태우는 용광로가 설치되었다. 20세기에 들어서면서 새로운 쓰레기 '소각장'은 미국 전역의 예순다섯 군데 도시에서 연기를 피워 올리고 있었다.[43]

소각 방법이 널리 퍼졌지만, 그 비효율성 때문에 폐품 회수, 돼지 먹이, 투기라는 이전 방법을 완전히 대체하지는 못했다. 불이 활활 붙는 종이나 플라스틱이 많은 오늘날의 쓰레기와 달리, 습기나 물기를 훨씬 많이 함유한 예전의 쓰레기에는 불이 잘 붙지 않았다. 소각로는 설비가 복잡하고 숙련노동자를 필요로 하기 때문에 자본집약적인 시설이었다. 따라서 소각 방식은 비용이 적게 들고 더 믿을 만한 처리 방법에 밀리곤 했다.

엔지니어의 등장

20세기로 바뀔 무렵의 개혁실천주의로부터 새로운 종류의 전문가가 등장했다. 바로 공중위생 엔지니어였다. 최초로 '위생공학 분야에서 잘 짜이고 균형 잡힌 커리큘럼'이 1894년 매사추세츠 공과대학에 개설되었다.[44] 세균학에 영향을 받은 개혁가들은 '가난과 타락한 행동을 공중보건의 두 가지 주요 위협으로' 삼았던 것에서, 도시 쓰레기를 숙련된 기술자들이 해결할 수 있는 기술적 문제로 다루는 것으로 관점을 바꾸었다.[45] 위생공학이라는 새로운 분야는 상당한 인기를 얻었다.

초기부터 엔지니어링 분야는 엔지니어를 오로지 올바른 것과 최상의 것을 추구하는 완전히 합리적인 전문가로 여겼다.(지금도 그러하다.) 1930년대에 전문잡지 『지방자치 공중위생(Municipal Sanitation)』은 이런 찬사를 실었다.

그 직업에 대한 수요가 대단히 많으므로 엔지니어는 정신과 몸이 건전해야 한다. 그는 진리를 추구하고 포착할 도덕적 능력을 지녀야 한다. "진리를 알지니 진리가 너희를 자유케 하리라." 진리를 아는 것만으로도 엔지니어는 복잡한 문제에 대해 올바르고 구속받지 않는 해결책을 자유롭게 내놓을 수 있다.[46]

스스로를 중립적이고 정치를 넘어서는 존재로 규정함으로써 엔지니어들은 공적인 비판을 벗어났다.

그러나 이 전문기술자들은 결코 중립적이지 않았다. 위생공학이라는 직업은 자본의 요구를 수행하고, 큰 영향력을 발휘하는 기업 및 산업과 함께 진화하는 하나의 부분집합이었다. 엔지니어링 능력과 이 특정 분야의 지식은, 기업 및 정부의 독점 영역인 교량·운하·철도 건설 같은 어마어마한 예산이 들어가는 프로젝트에 필수적이고도 비용 효율이 높았던 것이다.[47] 놀라울 것도 없지만, 막강한 기업인들은 경쟁상대 없이 엔지니어링 분야를 지배했고, 이런 영향력을 통해 쓰레기 처리 분야에 자신들의 세계적인 관점을 불어넣었다.

엔지니어링 역사학자 에드윈 레이턴(Edwin T. Layton)에 따르면, 기업의 이익이 엔지니어링 문화를 형성하는 데 일조했다고 한다. 이는 대개 전문가 단체와의 연계를 통해 이루어졌다. 이런 막후 인물들은 역사적으로 "공적 이익을 위해하는 이들을 처벌"하지 않았다. 오히려 그들은 실무자들이 공공선이나 도덕적 청렴을 자유시장 경제 발전보다 우위에 두지 못하게 했다.[48] 생산이나 쓰레기 처리 분야에서 천연자원의 책임 있는 이용은 이윤을 극대화한다는 자본의 의제와 대립해 훨씬 친기업적인 방법론에 밀리기 일쑤였다.

부분적으로는 1, 2차 세계대전 사이의 반공주의가 이런 풍조를 조장했다. 레이턴이 지적했듯이, 전문 엔지니어링 조직의 수장이었던 산업 및 기업 지도자들은 "볼셰비즘·계급의식화·불복종 세력들이 체포되지 않을 경우 국가의 사회적·정치적 이상을 훼손할까 봐 두려워했다."[49] 그런 정치 변화는 당연히 세입에 충격을 줄 것이다. 따라서 거대자본의 손이 이끄는 대로, 미국 엔지니어링은 이념적 십자군을 채용해 시장의 우월성과 자유방임 정부를 외치게 했다. 이는 댐과 도로 건설뿐만 아니라 쓰레기 처리에도 당연히 영향을 미쳤다. 그러므로 잠재적이거나 일시적으로는 더욱 지속가능한 시스템으로 변화해 가면서도, 엔지니어링에서 쓰레기의 개념화와 처리는 날이 갈수록 거대기업의 이익과 기대를 반영하게 되었다.

정치적으로 정화된 쓰레기

이름난 위생공학자이자 제1회 국제공공정화회의(International Conference on Public Cleansing, 1931년 런던)의 진행자였던 도스(J.C. Dawes)는 그 회의에서 이렇게 제안했다. "가장 위대한 첫걸음은 모든 나라의 지역 당국이 공공정화 분야를 명백히 전문적인 특성을 지닌 분야로 공식적으로 인정하고, 승인된 전문 서비스의 지위로 격상시키는 것입니다."[50]

20세기의 처음 서른 해 동안 위생공학은 회수된 폐품을 통해 쓰레기 처리 서비스 비용을 스스로 조달한다는 의지를 갖지 않았다. 또한 환경 보호를 위해 흙으로 돌려보낼 수 있는 유기물 쓰레기를 분리수거하는 일도 하지 않았다. 이 현대의 쓰레기 전문가들은 쓰레기를 완전히 다른 범주의 물질, 더는 사용 가치가 없는 것으로 보았다. 위생공학자의 손에서 쓰레기는 무해하고 피할 수 없는 폐물로 다루어졌다. 엔지니어들은 또한 버려진 물품을 소멸시킨다는 표현이 들어맞는 장소를 만들어내고 개선함으로써 쓰레기 처리 기술에서 새 국면을 열었다.[51]

위생공학자들은 병적으로 자원을 낭비하는 시장 시스템의 기본구조에 거의 문제를 제기하지 않았다. 그들의 묵인 탓에 미국 대중은 나날이 많아지는 쓰레기의 의미를 의심하지 않았다. 가정의 관습이 변화하면서 이런 경향은 더욱 강해졌다. 사람들은 나날이 더 소비하고 쓰레기를 점점 더 많이 버렸다. 그리고 전문가들이 그 쓰레기를 후딱 치우는 데도 더욱 익숙해졌다. 이 시기에는 양변기, 가정 내 상수도 시설, 더욱 일관된 거리 청소, 그리고 개선된 쓰레기 처리 방법 모두가 기능적으로나 미적으로나 쓰레기를 버리는 행위를 더욱 쉽게 만들었다.

미국에서 쓰레기가 늘어간 것은 이런 구조적인 변화에서 비롯되었을 뿐 아니라 대규모로 쓰고 버릴 기회를 잡은 대중 탓도 있다. 싹트고 있던 일회용 생활방식에는 합리적인 부분이 있었다. 특히 수북이 쌓인 집안일을 해내야 하는 여성들은 새로이 만들어지고 버려지는 물건들 덕분에 여러모로 편리해졌다. 20세기 초반에 『더 셔터퀸』은 이렇게 지적했다. "산업의 변화는 …… 물론 그것이 보완해 주는 이점이 없었다면 이루어질 수 없었다. 이 가운데서도 중요한 건 아마도 주부에게 해당될 것이다. 주부가 집에서 만들어야 했던 물건 대부분을 기성품으로, 그것도 싼 값에 살 수 있는 기회가 왔기 때문이다."[52] 기성품과 위생 냅킨 같은 일회용 물건이 만들어낸 여가 시간은 당연히 날이 갈수록 환영받았다.

새로이 진화된 공중위생 시스템의 또 다른 결과물이 있다. 가정마다 닫힌 문 안에서 더 많이 소비하고 버림에 따라, 각 가정의 낭비 행위가 사적이고 은밀한 것이 된 것이다. 이러한 개별성은 공학적인 쓰레기 처리에 꼭 알맞다. 그리고 쓰레기와 대규모 산업생산 체제 간의 문화적 분리도 갈수록 심해졌다. 그 결과는 쓰레기의 총체적인 위생화였다.

도미니크 라포트가 지적했듯이, 사적인 것은 낭비 행위도 사적이고 은밀하게 만들었다. 하지만 자치단체의 기반시설이 생겨나면서 치우는 행위는 공적인 것이 되었다. 마침내 쓰레기—신체 배설물이든, 가정에서 나온 쓰레기든, 산업폐기물이든—는 대중의 눈과 의식으로

부터 사라져버렸다. 누군가가 버린 것은 그 누군가의 것이었다. 버린 사람이 버린 물건에 책임이 있었다. 하지만 그것이 어디에서 왔는지, 어떻게 되는지는 추상적이고 모호해졌다. 이 가림막을 통해서 낭비와 쓰레기는 정치적으로 정화되었고, 그에 따라 그 많은 쓰레기를 만들어내는 시스템도 정화되었다. 라포트는 이렇게 쓰고 있다.

> 변소(privé, '사적인, 사유의'라는 뜻도 지닌다.—옮긴이), 한 사람이 은밀히 볼일을 보고 손을 씻는 더러운 곳은 말 그대로 원시적 축적이 이루어지는 곳이다. 그곳은 주인이 보살피고, 보관하고, 심지어 간직하는 작은 똥더미의 본거지다. 한편 국가는 대규모 수거꾼(Grand Collector)이자 세금을 왕창 걷는 세리이며, 그 모든 똥을 실어 날라서 정화하고, 특정 기업에 위임하여 보관하게 하고, 그 장소를 눈에 보이지 않게 숨기면서 통치하는 클로아카 막시마(cloaca maxima, 고대 로마제국의 하수 처리시설—옮긴이)다. 국가는 닫힌 문 안에서 일을 해결하라고 명령하는 법을 어긴 소유주들에게 엄중한 벌금을 물린다. 창을 통해 길거리로 똥을 던져버림으로써 "이 모든 게 꼭 향기롭지만은 않다"는 의혹을 확인시켜주는 이들에게.[53]

사람들이 자기가 버린 쓰레기를 직접 해결해야 했다면 아마도 훨씬 많은 사람들이 대량생산 및 대량소비 시스템에 심각한 결함이 있다고 진단했을 것이다. 20세기로 들어선 직후에 일부 반대자들이 그랬다. 역사학자 돌로레스 헤이든(Dolores Hayden)이 서술했듯이, 헬렌 켐벨(Helen Campbell), 샬롯 퍼킨스 길먼(Charlotte Perkins Gilman), 앨리스 콘스턴스 오스틴(Alice Constance Austin) 같은 페미니스트 작가, 건축가, 사회계획가들이 쓰레기를 적게 만드는 삶을 실험했다. 이 사회적 실험은 아무도 걷지 않은 길을 보여준다. 이들은 공동 부엌과 공동 세탁, 가사 분담, 비영리 요리 서비스를 통해 자원을 보존하고 쓰레기를 없애는 더욱 지속가능한 삶을 계획했다.[54] 헤이든이 설명하듯이, 이 여성들은 설비를 공유함으로써 소비와 쓰레기를 줄일 수 있고, 따라서 원자화되고 '고립된 가정'을 꾸려가는 고역에서 자신을 해방시킬 수 있으며, 전체 생활비를 줄임으로써 수입에 대한 걱정에서 벗어날 수 있음을 알았다.[55]

샬롯 퍼킨스 길먼은 1903년에 펴낸 책 『가정(The Home)』에서 미국 산업을 전망하면서, 사적이고도 한 가족 중심의 주택을 "남아도는 물건들로 터질 듯이 속을 채운 건물"이라고 통렬히 비판했다.[56] 길먼은 '설비'를 만들고 또 만드는 낭비를 이렇게 설명했다. "부엌 하나면 될 것을 우리는 부엌 스무 개를 빌려 임대료를 낸다. …… 우리는 이 모든 스토브와 식기, 도구와 그릇을 저마다 돈 주고 산다. 스무 벌을 살 필요 없이 적당한 곳 한 군데를 골라 이런 걸 알맞게 갖춰놓으면 무엇보다 돈이 훨씬 적게 들 텐데도. …… 꼭 필요한 일을 할 때 이보다 소모적인 방식은 있을 수 없다."[57] 1918년, 『레이디스 홈 저널

(Ladies Home Journal)』은 이렇게 예견했다. 미국 전역의 도시에서 "머지않아 …… 협동 부엌은 현실이 될 것이다."[58] 하지만 두 해 뒤 『레이디스 홈 저널』은 "사적인 부엌은 바퀴가 굴러가듯 제 길을 갈 것 이다. 그것이 오늘의 길이다"[59]라고 결론지었다.

1919~1920년의 적색 공포(Red Scare, 1917년 소비에트 혁명 이후 미 국에서 정치적 갈등이 심화되면서 형성된 반공 탄압의 시대—옮긴이) 뒤에, 그러한 생각은 공산주의로, 또 도덕적으로 의심스러운 것으로 거부되 었다. 뒤이은 반동은 너무도 강력해 기독청년여성회(Young Women's Christian Association), 미국가정경제협회(American Home Economics Association), 여성유권자동맹(League of Women Voters) 같은 중도단 체까지 육군성이 만든 악명 높은 '거미줄' 차트에서 문제 단체로 분류 되었다. 이 문서는 이 단체들과 다른 많은 조직이 집단주의와 평화주 의를 조장함으로써 국가의 전복을 꾀하는 '빨간 거미줄'의 일부라고 규정했다. 기업 수장들도 이 노선을 지지했다. 헨리 포드는 자신이 발 간하는 일간지 『디어본 인디펜던트(Dearborn Independent)』에 거미 줄 차트를 실었다. 전미생산자협회(National Association of Manufac- turers)는 주류 미국 여성단체들이 악랄한 소비에트 페미니스트 알렉 산드라 콜론타이(Alexandra Kollontai)의 손아귀에서 움직인다고 힐난 했다.[60] 그리고 1920년대의 경제 호황은 이런 소중한 실험에 마지막 일격을 날렸다.[61]

그 대신 대량생산과 대량소비가 미국을 지배했고, 이를 촉진한 것이 위생공학이었다. 쓰레기 수거와 처리의 효율성이 커지면서 쓰레기는 줄어들기는커녕 더 늘어났다. 1차 세계대전 동안에 미국 도시의 전체 폐기물 수거량이 10퍼센트 정도 줄었던 사실과 비교하게 된다. 당시는 지방정부의 긴축과 허리띠를 졸라매는 전시 생활이 퍼져 있을 때였다. 이와 함께 예산이 집중 지원된 미군이 어마어마한 양의 쓰레기를 배출했다는 사실도 비교할 만하다. 군 병영의 쓰레기 배출량은 도시 가정의 평균 배출량보다 50퍼센트가 더 많았다.[62] 쓰레기 배출량은 경제의 건강함에 따라 오르내렸을 뿐 아니라, 조직적인 수거와 처리가 얼마나 쉬운가에 따라 달라졌다.

공학자들은 스스로 인식했든 인식하지 못했든, 쓰레기가 단지 안전하게 처리할 필요가 있는, 당연히 있을 수밖에 없는 물질이라는 주류 방법론을 받아들였다. 그들은 더 많은 쓰레기를 만들어내는 구조를 건설했다. 이런 관점에서는 산업화된 사회에서 조직적인 쓰레기 관리의 기초를 닦은 전문가들인 위생공학자들은 결코 중립적이거나 탈정치적일 수 없었다.

20세기 초반 공중위생 및 쓰레기 처리 분야의 변화에 발맞추어 대량소비와 폐기에 핵심적인 기본구조가 마련되었다. 위생공학자의 등장은 쓰레기를 합리화하고 변명하며 보이지 않게 만든 발전 과정의 정점이었다. 세균학은 쓰레기를 미적이고 기술적인 문제로 다시 정의하게 했다. 새로운 거리 청소 방법은 상업의 흐름을 우선 과제로 삼았다. 새로이 등장한 쓰레기 수거와 처리 방법은 포장재를 비롯해서 수

많은 일회용 제품들을 말끔히 치워버리고자 하는 생산자의 요구를 받아들였다. 위생공학자들은 새로이 등장한 자치단체 쓰레기 처리 시스템과 함께, 다가오는 쓰레기의 황금기에 주춧돌을 놓았다.

4장

위생매립지

예전의 도시는 청정한 시골에 자리 잡고 있어도
오물이 넘치던 곳이었다. 이제 그 도시는 깨끗해졌지만
그 주변은 온통 쓰레기 더미가 되었다.

케빈 린치(Kevin Lynch), 『낭비(Wasting Away)』

미국의 쓰레기 관리에서 가장 중요한 기술 혁신은 아마도 '위생매
립지'의 개발이었을 것이다. 매립 방식은 2차대전 직전에 오물과 구
정물의 풍경 속에서 그 발생 단계에 있었다. 현대의 거리 청소 트럭과
가변주차(alternate-side parking, 도로의 한쪽에 일렬로 주차하게 하고 청
소 트럭이 나머지 거리에서 쓰레기나 눈을 말끔히 치운 뒤, 반대로 청소된 자
리를 주차구역으로 삼고 나머지 도로를 청소하는 방법—옮긴이)가 자리 잡
기까지, 효과적인 쓰레기 관리는 1930년대에야 나타났다. 1930년대

에 인구가 10만 명이 넘는 미국의 모든 도시는 저마다 조직적인 쓰레기 수거 및 처리 방식을 이용하고 있었는데,[1] 관건은 그 쓰레기를 어디로 가져갈 것이냐였다.

경제 불황이 시작되면서 지역 예산이 압박을 받았다. 도시들은 비용이 많이 들고 복잡한 처리 시스템을 이용하는 축소 방식에서 벗어나, 가장 비용이 적게 드는, 다양한 유형의 매립 방식으로 바꾸었다.[2] 쓰레기 분쇄, 자치지역의 돼지 사육, 퇴비화 같은 대안적 방법 또한 비용이 거의 들지 않는 매립에 밀려났고, 소각도 마찬가지였다.

토목기사들은 골짜기, 협곡, 늪 지역과 그 밖의 저지대에 땅 고르는 새 장비와 적은 노동력으로 사회가 버리는 폐기물을 보관할 장소를 만들었다. 이는 겉으로 보기에는 무한하고도 저비용의 보관소였다. 2차대전이 끝나고 군에서 위생매립지를 건설한 경험이 있는 많은 엔지니어들이 미국으로 돌아와 자치단체의 공중위생국에 일자리를 얻었다. 이런 경로를 통해 오늘날 보편적인 것이 된 위생매립지는 "눈에서 멀어지면 마음에서도 멀어진다"는 새로운 복음을 미국 전역에 전파했다.

소각

소각은 비용이 많이 들었지만, 쓰레기 소각 기업은 불황기에 호황을 누렸다. 당시 미국 전역의 600군데가 넘는 도시에서 소각로가 가동되었다. 1940년대에는 소각로의 수가 줄어들었지만, 1930년대에 쓰레기 소각은 거대사업이었다. 이는 부분적으로 뉴딜 자금과 노동 보조금 덕택이었다.[3]

과거에 그랬듯이, 쓰레기 산업 내부에서는 소각의 장점을 부각시켰다. 전문잡지와 꾸준히 성장하는 공중위생 전문단체는 소각이 매립보다 우월하다며 적극 권장했다. 어느 잡지는 소각이 "가장 위생적이고 효율적인 처리 방법"이라고 칭찬했다.[4] 오늘날에도 익숙한 방식이듯, 기업은 대중의 저항을 무시했다. 1938년의 한 기사는 이렇게 말한다. "올해에는 꽤 전형적인 저항이 몇 번 일어났다. 개인과 단체가 주거지 근처의 소각로를 반대한 것이다. 이 반대는 현대적 고온 설비라는 운영 환경을 완전히 잘못 이해한 데서 비롯된다."[5] 1930년대에는 성공하지 못했지만, 대중의 반대는 20세기 후반기에 소각로의 운명에 중요한 역할을 한다.

쓰레기 소각시설 생산자들은 연소 과정에서 전기와 증기력을 생산할 수 있다는 전망을 제시하며 설비를 팔기도 했다. 전기와 증기력은 수입의 원천이므로 이 소각 방법은 '자원 회복'이라고 불렸다.(그리고 지금도 그렇게 불린다.) 전문잡지 『지방자치 공중위생』은 이런 전망에 감격스러워했고, 1938년의 다음 기사에서 분명히 알 수 있듯이 폐기물에 대한 태도를 바꾸었다. "쓸모없는 쓰레기에서 쓸모 있는 열과 전기를 생산하는 소각로의 능력은 그런 처리시설을 자치도시에 건설해 달라고 간청하게 만드는 결정적인 변수다."[6] 그러나 쓰레기에서 전기를 생산하는 일은 유럽과 달리 미국에서는 힘을 얻지 못했다. 미국에는 에너지 공급원이 풍부하고 비용도 낮았던 것이 큰 이유였다.[7]

결국 소각은 비용이 저렴한 매립 방식의 경쟁이 되지 못했다. 소각로 운영은 축소 시설보다는 임금 비용이 줄어들 것으로 예측되었지만, 매립은 숙련노동자가 소각로보다 훨씬 덜 필요했기에 외면하기 힘든 방식이었고, 자금이 모자라는 도시들이 관심을 보였다.[8] 1930년대에 뉴욕은 1평방야드당 6센트의 비용으로 쓰레기를 라이커스 아일랜드로 보냈다. 같은 양을 소각로로 보내는 비용은 23센트가 넘는다. 1938년 포틀랜드는 쓰레기를 소각하는 데 매립에 드는 비용의 두 곱을 지불했다.[9] 이처럼 1930년대 이전에 흔히 쓰이던 방식들은 저비용의 매립 방식이 나타나면서 후퇴기를 맞았다.

다른 방식의 종말

20세기 초반 몇십 년 동안에는 쓰레기를 처리하는 데 소각과 매립

말고 다른 방식도 많았다. 위험하고도 끔찍한 해양 투기가 지속되는 한편, 축소 방식과 돼지에게 유기물 찌꺼기를 먹이는 방법도 계속 이용되었다. 또 쓰레기를 자치단체에서 퇴비화한다든지 쓰레기 분쇄 따위의 혁신적인 방법들로 토질 보완에 이용하기도 했다. 그러나 소각이 그렇듯, 그 어떤 방법도 매립보다 저렴하지 않았다.

해양 투기는 비용이 저렴하고 매우 쉬운 처리 방법이었지만 다시금 감시를 받게 되었다. 바닷가 마을이나 강 투기 지역의 하류에 사는 주민들이 바닷가와 강가가 오염되는 데 항의하기 시작했다. 1914년 시카고 공중위생국에 제출된 한 위생공학 보고서에 따르면, 일리노이주 디플레인스 강가에 사는 주민들은 "많은 쓰레기, 죽어가거나 죽은 물고기 떼, 전반적인 강물의 오염……을 싫어했다. 때로는 강둑 바로 옆에 사는 주민들이 거의 참을 수 없을 만큼 환경이 악화되었다." 가까이에서 썩은 내를 풍기는 강물은 재산 가치를 하락시키고, 선거권이 있는 토지 소유주들을 분노하게 했다.[10]

1933년, 자치단체 쓰레기의 해양 투기는 다시 불법이 되었다. 이는 줄어들지 않는 뉴욕의 쓰레기 해양 투기에 대한 미국 대법원의 판결이었다.(상업 및 산업 폐기물은 금지 대상이 아니었다.)[11] 이 법은 꼭 해양 생태계의 건강을 우려하는 환경적 관심에서 비롯된 것만은 아니었다. 오히려 이름난 위생학자 루돌프 허링과 새뮤얼 그릴리가 몇 해 앞서 이미 말했듯이, "해안의 오염은 대중에게 참아달라고 할 수 없을 만큼 피해를 주기"[12] 때문이었다.

이전에 비용 대비 효과가 크고 위생적인 쓰레기 처리 방법이라고 인식되었던 축소는 1930년대에는 설 땅을 잃었다. 『토목공학(Civil Engineering)』은 쓰레기로 만든 유지 가격의 폭락이 1938년 디트로이트 축소 공장 폐쇄의 주요 원인이라고 보고했다. 재판매 수입이 폭락하자 이들 공장은 문을 닫아야 했다. 보스턴, 인디애나폴리스, 펜실베이니아 주 리딩, 뉴욕 주 로체스터와 시러큐스, 미시건 주 로열 오크의 축소 공장들은 몇 년을 더 버텼지만, 하나씩 문을 닫아가다가 드디어 1959년 필라델피아 공장이 마지막으로 문을 닫았다.[13]

쓰레기를 돼지에게 먹이는 방법은 이전 세기 도시에서 단속 대상이었지만 여전히 사라지지 않았다. 대신 그 방식은 로스앤젤레스, 캔자스시티, 우스터, 매사추세츠, 아이오와 주 수시티, 뉴욕 주 제네바 등지에서 제도로 자리 잡았고, 그 밖의 지역에서는 유기물 찌꺼기를 자치단체 양돈장으로 보내든가 농부들에게 팔았다. 『지방자치 공중위생』에서 밝힌 바와 같이, 1차대전 동안 미국 식품의약국(U.S. Food and Drug Administration, FDA)은 실제로 "식량 생산 및 찌꺼기 보전 방법으로"[14] 찌꺼기를 돼지에게 먹이라고 권고했다. 1930년대에 돼지 먹이기는 미국에서 가장 흔한 음식 찌꺼기 처리 방법이었다.[15] 그리고 미국 공중위생국(U.S. Public Health Service, USPHS)에 따르면, 1939년까지 전국에서 조사한 도시 가운데 52퍼센트가 "찌꺼기를 돼지에게 먹이고 있었다."[16]

『지방자치 공중위생』에 따르면, 널리 알려진 우스터—찌꺼기를 돼지에게 먹이는 방식을 사용했던 매사추세츠 주의 61개 도시 가운데 하나—의 시설은 "자치단체 양돈 사례 가운데 눈에 띄게 성공적"[17]이 었다. 민간이 운영하는 남부 캘리포니아의 폰타나(Fontana) 농장은 '세계 최대의 양돈장'으로 알려졌다. 이곳의 돼지 4만 6천 마리가 로스앤젤레스에서 나오는 찌꺼기를 하루에 먹어치우는 양은 400~600톤에 달했다.[18]

1930년대에 사람들이 선모충병에 감염되고 공중위생국에서 찌꺼기를 먹은 돼지와 이 병이 관계가 있다고 한 뒤로, 이 방법은 공격을 당했다. 당시 과학 연구는 찌꺼기를 그대로 돼지에게 먹이는 경우 돼지가 선모충병을 일으키는 선충류에 감염된다는 사실을 밝혀냈다. 선충류에 감염된 돼지를 덜 익혀서 먹으면 사람들도 감염된다는 것이다. 그 뒤 2차대전 기간 동안 공중위생국에서는 선모충병의 확산을 막고자 쓰레기가 주 밖으로 수송되는 것을 금지했다. 이로써 양돈업자들에게 유기물 찌꺼기를 팔기가 힘들어졌다.

1953~1955년에는 돼지 먹이기를 반대하는 분위기가 더욱 심해졌다. 수포성피진(vesicular exanthema)이라는 돼지수포병이 발병해 미국에서 40만 마리가 넘는 돼지가 도살당했기 때문이다. 이에 따라 공중위생국과 많은 주의 보건당국은 찌꺼기를 그대로 돼지에게 먹이는 일을 완전히 금지했다. 찌꺼기를 익히면 문제를 해결할 수 있었지만, 그건 비용이 많이 들었다. 따라서 1960년대에는 돼지에게 찌꺼기를 먹이는 일이 거의 사라졌고, 1970년대 초반에는 수거된 음식 찌꺼

기 가운데 4퍼센트만이 돼지 먹이로 쓰였다.[19]

　20세기 전반기에는 유기물 쓰레기 안에 숨겨진 가치를 지속적으로 인식하게 되면서, 퇴비화나 쓰레기 분쇄 따위의 실험적 처리 방법도 이용되었다. 유기물 쓰레기를 소각로나 매립지로 보내지 않고 비료로 만들자는 생각이었다. 1930년대에『지방자치 공중위생』은 미시건 주의 '발전된 산업도시' 랜싱에서 시 양돈장을 폐쇄하고 100만 달러짜리 하수-쓰레기 공동처리장을 세웠다고 보도했다. 콘크리트와 유리 블록으로 세워진 새 저층 공장은 자치지역의 유기물 쓰레기를 받아들였다. 해머밀 분쇄기(hammermill grinder, 광석이나 석탄을 파쇄하는 분쇄기—옮긴이) 두 대가 쓰레기를 분쇄한 뒤, 쇠파이프들을 통해 이를 방출해 '슬러지 찜통(sludge digester)'으로 보내면, 분쇄된 쓰레기는 찜통에서 비료가 된다.[20] 이와 거의 비슷한 시기에 볼티모어에서도 분뇨-찌꺼기 처리공장이 문을 열었다.[21] 이 방법은 쓰레기 매립보다 훨씬 많은 비용이 들었기에, 쓰레기 처리 시장에서 결코 큰 몫을 차지하지 못했다.

　자치도시의 퇴비화 방식은 2차대전 이전에 중도에서 사라진 처리 방법이었다. 쓰레기의 대규모 퇴비화는 이탈리아에서 주세피 베카리(Giuseppi Beccari) 박사가 개발했고 1914년 초 이탈리아 전역의 도시에서 이용되었다. 이 방식은 '발효' 또는 '베카리 법'으로 알려졌다. 이 퇴비화 방법이 미국에 선을 보인 것은 1923년 뉴욕 주 스카스데일에서였다. 퇴비화 절차는 다음과 같았다. "쓰레기 원료를 육면체 모양의 세포에 넣는데, 세포 안에는 깊이 60센티미터 간격으로 받침이나 격자판들이 설치되어 있다. …… 며칠 동안 세포를 채운 뒤 밀폐시킨다. 그러면 무기호흡을 하는 세균이 쓰레기를 분해하는 작업을 시작하며 쉽게 썩는 성분들을 용해시킨다." 한 달쯤 지나면 유기물 찌꺼기는 부식토로 변한다. 그것을 말리고 분쇄한 다음 "포장해 비료로 판다."[22]

베카리 퇴비화 설비는 그 뒤로 세 군데가 넘는 자치도시에 세워졌다. 그 방법은 미국 전역에 널리 퍼진 적은 없었지만 1950년대까지 꾸준히 이어졌다. 1950년대에 펜실베이니아 주 앨투나에서는 퇴비화 시설을 세워 성공적으로 운영했다.[23] 하지만 자치단체 퇴비화 시설은 다른 자본집약적 방법들과 마찬가지로 쓰레기 매립과 비용 경쟁을 하면서 점점 줄어들었다. 『지방자치 저널과 엔지니어(Municipal Journal and Engineer)』는 이미 이를 예견했다. "올바르게 처리된다면 저지대에서는 불쾌함을 주지 않는 한에서 음식물 찌꺼기와 쓰레기를 섞어 매립할 수도 있고 음식물 쓰레기만 매립할 수도 있다."[24] 1930년대에 매립은 양적으로 팽창할 준비가 되어 있었다.[25]

위생매립지

매립은 경제성이 있었으므로 쓰레기 전문가들이 더욱 깨끗하고 안전한 매립 방법을 만들어낼 동기는 충분했다. '노천'에 쓰레기를 투기하는 방식도 계속 이용되었지만, 20세기 초 몇십 년 동안 공학자들은 '흙에 고랑을 내어 쓰레기 묻기'와 '매장'을 비롯한 훨씬 정교한 기술을 개발했다. 이들은 무엇보다 유기물 쓰레기를 처리하는 방법으로 이용되었다. 이렇듯 다양한 방법을 통해 개발자들은 가정, 사무실, 길거리에서 단순히 쓰레기를 치우는 것 이상의 일을 하려 했다. 그것은 바로 퇴비화였다. 위생학자 허링과 그릴리가 설명했듯이, "음식 찌꺼기는 일단 땅에 묻히면 더는 해를 끼치지 않는다. 악취 없이 천천히 썩어가면서 식물에 필요한 영양소로 분해된다. 그러면 음식 찌꺼기를 주지 않았을 때보다 농사에 훨씬 도움이 되는 땅으로 변한다."[26] 그러나 이와 같은 처리 개념과 결별하면서 위생공학자들은 곧 모든 범주의 쓰레기를 한꺼번에 매립하는 방식을 만들어냈고, 이는 위생매립지의 직접적인 서곡이었다.[27]

미국 위생매립지에 영향을 미친 또 다른 요소는 '정교한 방법'이었다. 이 방법은 1차대전 직후에 영국에서 비용이 많이 드는 소각의 대안으로 개발되었다. 전문잡지 『엔지니어링 뉴스-레코드(Engineering News-Record)』에 따르면, "두께가 180센티미터를 넘지 않는 얇은 층으로" 폐기물을 묻되, 좁은 띠 모양을 이루도록 묻었다. 이렇게 생긴

좁은 띠 모양을 '손가락들'이라 불렀다. "흙으로 막힌 세포 안에서는 따로따로 생물학적 변화가 일어나게 된다."[28] 이 정교한 매립 방법의 변종이 오늘날 미국 어디에나 있는 위생매립지의 최초의 형태였다.

미국 최초의 위생매립지는 1934년 캘리포니아 주 샌와킨 골짜기에 있는 프레즈노 외곽, 거주자가 별로 없는 곳에 건설되었다. 이 프로젝트는 시의 공공사업 감독관인 진 빈센츠(Jean Vincenz)라는 엔지니어의 창작물이었다. 10년을 근무하면서 빈센츠는 프레즈노의 기반구조를 재형성했다. 그는 공항과 새로운 시 청사를 건설하고 시의 하수 시스템을 개선했다. 그리고 쓰레기를 다뤄본 경력이 전혀 없었지만 프레즈노에 최신 위생매립지를 세웠다. 이는 이전 방식과 결합되어 미국인들의 낭비를 다시 조장하는 데 크게 이바지하게 된다.[29] 당시 신문기사는 그 운영을 이렇게 보도했다.

위생매립지로 선정된 곳은 시계에서 11킬로미터 외곽에 있는 하수 처리장 부근에 있는 시유지다. 쓰레기 트럭이 쓰레기를 싣고 가는 평균 거리는 15킬로미터 정도다. 매립지에 버티고 있는 360° 회전 드래그라인(dragline, 토사나 암석을 긁어내는 기계―옮긴이)은 12미터짜리 팔과 0.5평방야드의 바구니를 갖고 있다. 이 기계는 (1)쓰레기를 부을 6미터 깊이의 도랑을 파고, (2)트럭이 싣고 온 쓰레기를 그 도랑에 쏟으며, (3)도랑을 채운 쓰레기에 30~60센티미터 두께로 흙을 덮는, 세 가지 일을 한다.[30]

드래그라인이 쓰레기를 다져넣고 흙을 덮어 쥐가 들어가는 걸 막고—새로운 '해충 이론'은 쥐를 질병 전파의 매개로 인식했다—악취를 최소화했다.[31] 꽉꽉 눌린 쓰레기 더미가 원래 지표면에서 150센티미터 높이로 솟아오르면 흙을 60센티미터 두께로 덮어씌운다. 이때 씌우는 흙은 옆 구덩이를 파면서 나오는 것이다. 드래그라인 운전자 한 사람만 있으면 이 모든 일을 해치울 수 있다.

노동 과정을 합리화하는 것이 위생매립지의 주요 요소였고, 이는 쓰레기 수거에도 영향을 미쳤다. 자치단체가 쓰레기 수거 방식을 현대화하면서, 일부는 수거 방식을 재평가하기 시작했다. 비용을 더욱 줄이기 위해 더 빠른 방법을 찾은 것이었다. 프레즈노 같은 도시는 말과 노새가 끌던 수레를 트랙터와 트럭으로 바꾸어 쓰레기를 수거했다.[32] '과학적 관리'와 '전문기술인'이라는 프레드릭 테일러(Fredrick Taylor)의 사상에 영향을 받아 노동 현장에서도 혁명이 일어났다.

다시 프레즈노가 앞장섰다. 『엔지니어링 뉴스-레코드』에 따르면, 빈센츠와 그의 공공사업국은 테일러 방식을 적용해 쓰레기 관리를 연구하고 세부 조정했다. "지속적이고 성실한 노력이 필요한" 큰 지역에서 노동자들의 수거 일과가 다시 짜였다.[33] 노동시간 중에 낭비하는 시간이 사라졌다. 빈센츠는 '저상(low-body)' 트럭을 새로 도입했다. 『엔지니어링 뉴스-레코드』에 따르면, 이 트럭은 "수거꾼이 첫 번째 쓰레기를 실을 때 무려 다섯 계단이나 올라야 하는 여느 쓰레기 트럭"처럼 노동집약적인 수거 방식을 근본적으로 바꾸어놓았다. "적재

중량 3톤 가운데 마지막 쓰레기를 실을 때도 길바닥에서 한 계단만"
올라도 되는 트럭이었기 때문이다. "이 덕택에 1인당 날마다 수거하
는 양이 크게 늘어났다."『엔지니어링 뉴스-레코드』는 효율성이 높아
진 것이 "우수한, 백인 노동력"이 프레즈노 매립지에 고용된 덕택이
라고 평가함으로써 그 (그리고 아마도 빈센츠의) 인종차별주의를 드러
냈다.[34]

재정비된 빈센츠의 시스템은 비용 대비 효율이 매우 높았다. 그의
부서 덕택에 프레즈노 세대주들은 위생매립지가 운영되고 처음 3년
동안 쓰레기 수거비를 3분의 1로 줄였다.[35] 이 저렴한 쓰레기 무덤과
매우 효율적인 수거 방법은 쓰레기 처리가 편리한 조립라인을 갖추고
최소한의 노동력과 저비용으로 운영되는 산업으로 탄생했음을 보여
주었다.[36]

땅을 덮다

위생매립지는 프레즈노에서는 완벽하게 실현되었지만, 다른 도시
들은 적절한 매립 방법을 개발하기 위해 노력하고 있었다. 쓰레기 매
립의 위험성은 줄곧 있었지만 아직까지 위생매립의 공식적인 시스템
이 갖추어지지 않았고, 많은 곳에서 화재와 해충이 늘 말썽을 일으켰

다. 땅을 쓰레기로 채우는 건 쓰레기 처리 방법으로 쓸모가 있었을 뿐 아니라, 『엔지니어링 뉴스-레코드』가 "지금까지 쓸모없었던 습지와 저지대"라고 표현한 곳을 개간할 수 있는 좋은 방법으로 나날이 인식되었다. 개간은 1930년대와 1940년대에 시작되었다. 엔지니어들은 미국 전역에서 소유주가 없던 땅을 쓰레기로 채워 부동산으로 만들어 냈다.[37] 위생매립지는 그렇게 낭비를 재구성했을 뿐 아니라 현대의 도시계획도 재구성했다.

1930년대에 뉴욕의 자메이카 만 같은 곳에서 쓰레기 매립의 이로움이 부각되었다. 자메이카 만은 습지대로 "산업단지나 휴양지로 개발될 수 없는" 곳이었다.[38] 시애틀은 '보기 흉한 늪'에 쓰레기를 매립해 4만여 평의 그린레이크 경기장을 건설했다.[39] 그리고 뉴올리언스는 쓰레기를 이용해 "오래되고 버려진 하수로와 저지대를 …… 아름다운 공원, 아이들을 위한 건강한 운동장과 말끔한 거리로 바꾸고자" 했다.[40] 이 시기에 하버드대학 위생공학과 교수 고든 페어(Gordon M. Fair)는 위생매립지의 가능성이 무한하다는 데 동의했다. "불사조처럼 재 속에서 도시가 새로 솟아오른다. 보기 흉하고 모기의 서식지이기도 한 매립지가 공원과 아름다운 건물이 들어선 곳으로 바뀔 수 있다."[41]

공식적인 낙관론이 퍼졌지만, 위생매립지라는 새로운 이름 아래 운영되는 하치장에는 실패와 재앙이 잠복해 있었다. 1930년대 후반에 도시계획 잡지 『아메리칸 시티』에 실린 것처럼, 오클랜드 만의 매립지에 화재가 일어나자 "말 그대로 몇천 마리의 쥐 떼가 연기를 피해 오클랜드 곳곳으로 도망쳤다." 화재가 일어난 지 얼마 지나지 않아 육군성은 '물가의 비위생적인 환경'을 이유로 오클랜드 항을 폐쇄했다.[42]

데이턴의 매립지는 해충의 창궐로 몸살을 앓았다. 『토목공학』 기사에 따르면, 부근의 건물들에 "회색 귀뚜라미, 수생곤충, 쥐며느리가 수없이 몰려들어 벽을 뒤덮었다. 그 벌레들은 건물 벽에 붙은 종이를 먹어치웠고, 한밤중에 멜론과 케이크를 통째로 먹어치웠다." 매립지에 기름을 끼얹고 불을 질러 해충을 박멸하려 해봤지만 성공하지 못했다. 그래서 매립지 관리자들은 매립한 쓰레기에 '정제하지 않은 원유'를 덮었다. 이 방법은 "조금 효과가 있었지만 인화점이 낮아서 화재가 자주 일어났고, 매립지의 화재는 쉽게 꺼지지 않았다."[43]

샌프란시스코에서는 1930년대에 매립 방식을 널리 이용했다. 수거꾼이 쓰레기를 수거해 6번가와 16번가에 있는 철도 적재구역에 부려놓았다. 거기서 따로 분리수거된 식당 음식 찌꺼기가 돼지 먹이로 팔렸고, 나머지 쓰레기는 화물차에 실려 몇 킬로미터 떨어진 샌프란시스코 만의 매립지로 보내졌다. 샌프란시스코 습지 매립지에서, 시의 폐기물은 썰물 때 샌프란시스코 만의 개펄 깊이 버려졌다.[44]

매립 방법을 이용해 엔지니어들은 이전에 사람들이 거주할 수 없던 샌프란시스코 남동쪽 습지에서 다달이 2천 평에 가까운 부동산을 만들어냈다.[45] 『토목공학』에 실렸듯이, 7년 뒤 시 공중위생국은 7만 평이 넘는 새 땅을 만들어냈다. 샌프란시스코는 이렇게 남쪽으로 750

미터나 반도를 연장했고, "동쪽으로 만 안쪽을 향해서는 너비 300여 미터를 연장했다. 매립에 사용된 쓰레기는 깊이가 약 15미터이고, 원래 개펄 표면 밑으로 들어간 깊이는 약 7.5미터로 추정된다."[46]

그러나 샌프란시스코의 쓰레기 매립지에도 문제가 생겼다. 『토목공학』은 이를 이렇게 설명했다. "새로운 매립지 끄트머리에 부딪히는 파도 때문에 그 부분이 부서지거나 가라앉아서 썩어가는 쓰레기가 겉으로 드러났다. 부서진 틈으로 유해한 가스가 새어나왔다."[47] 그렇지만 시 당국은 전문잡지와 해리슨 에디 주니어(Harrison P. Eddy, Jr.)를 비롯한 엔지니어들에게 높이 평가받았다. 그들의 비굴한 평가는 이렇다. "겨울철 썰물 때, 샌프란시스코 매립지 저지대에서 까만 액체가 새어나오는 게 보일 때가 있다. 이 침출수의 악취는 정말 참을 수가 없을 정도다. 하지만 다행히도 그 위치 덕택에 불쾌함을 퍼뜨리지 않는다. 침출수는 거의 곧장 만의 바닷물로 흘러나가기 때문이다."[48]

위생매립지는 1930년대 뉴욕에서도 널리 이용되었다. 습지에 판 구덩이는 각종 폐기물로 채워졌고, 흙이나 모래를 덮은 다음 구더기를 줄이기 위해 흔히 이용되던 크레오소트 용액을 뿌렸다. 뉴욕 최초의 현대적인 위생매립지는 라이커스 아일랜드에 위치했다. 1938년에는 수많은 쓰레기가 그리로 실려 갔다. 몇 해를 계속 매립하다 보니, 섬은 크기가 거의 두 곱이 되고 높이는 40미터가 넘었다.[49] 1930년대 말에, 뉴욕의 매립지 방식은 격렬한 비난에 부딪혔고, 일부 시설은 "원시적 방법으로 회귀"했다는 평가를 받았다.[50] 라이커스 아일랜드의 매립지는 빈센츠 같은 엔지니어들이 고안한, 체계적이고 위생적인 처리시설이 아니었다. 라이커스에서 열여덟 해를 근무한 위생국 직원 토머스 델리사(Thomas DeLisa)는 그곳이 매우 끔찍했다고 전한다.

> 쥐가 얼마나 들끓고 또 얼마나 큰지 위생국은 개를 들여다가 쥐를 없애려고 했다. …… 섬에는 개가 100마리 넘게 있었고, 시에서는 개에게 먹이를 준 적이 없었다. 개들은 쥐만 먹고 산 것이다. 하지만 쥐들은 몇 곱으로 불어났고, 어떤 건 고양이만큼 컸다. 100마리쯤 되는 쥐들이 밤에 매립지를 지나가는 모습을 보는 건 예사도 아니다. ……
>
> 가스는 …… 덮고 있는 흙을 뚫고 폭발하면서 불꽃을 내뿜었다. 여름에는 불이 나지 않는 날이 하루도 없었다. 불이 날 때 나는 악취는 상상을 못할 만큼 지독했다. …… 여름의 무더위가 이어지면, 땅은 작은 화산들이 이룬 바다처럼 보였다. 그리고 그 화산마다 연기와 불꽃이 피어올랐다.[51]

그동안 뉴욕의 과대망상적 공원 감독관 로버트 모지스는 쓰레기를 이용해 도시 전체에서 땅을 만들어내고 있었다. 모지스는 라이커스 아일랜드와 다른 시의 매립지에서 보내준 도시 쓰레기를 습지에 채움으로써 공원, 도로, 전시장, 공항 등의 시설을 지을 새 부동산을 개발했다. 이들 대부분은 '위생, 개간, 휴양'이라는 기치 아래 이루어졌다. 모지스는 1934년에만 쓰레기 매립 인력을 브루클린에 있는 열두 군데 지역과 퀸스의 열아홉 군데로 보냈다. 그리고 스테이튼 아일랜드(Staten Island)에서 33만 평을 메워 공원을 조성했다. 볼썽사납고 악취 나는 모지스의 매립에 반대한 인근 단체들은 시위를 벌여 계획 과정에서 자신들이 배제된 데 대한 분노를 표출했다. 그러나 그들은 끝내 모지스의 계획을 중단시키지 못했다.[52]

모지스의 쓰레기 매립 프로젝트로 건설된 곳은 벨트 파크웨이(Belt Parkway), 아이들와일드 공항(Idlewild Airport, 지금의 존 에프 케네디 공항), 오차드 비치(Orchard Beach), 허드슨 강가의 옴스테즈 리버사이드 파크(Olmstead's Riverside Park), 마린 파크(Marin Park)를 비롯해서 자메이카 만 북쪽 연안의 대부분이다. 모지스는 또 배런 아일랜드의 시 쓰레기 처리 허브 운영을 중단하고 섬 둘레의 습지를 쓰레기로 메운 뒤 본토와 연결했다. 이것이 뉴욕 시 최초의 시영 공항 플로이드 베넷 필드(Floyd Bennett Field)다. 1939년 세계박람회 개최지인 코로나 메도우스(Corona Meadows)도 쓰레기를 매립한 땅에 세워진 모지스의 작품이었다.[53] 당시 『엔지니어링 뉴스 레코드』에는 이런 기사가 실렸다. '박람회 주제는 '내일의 세계를 건설하며'라는 문구였다. 이는 박람회 역사 최초로 과거가 아니라 미래를 바라보는 슬로건이었다."[54] 분명히 미래는 쓰레기 위에 건설될 것이었다. 그리고 발터 벤야민(Walter Benjamin)이 "세계박람회는 상품 숭배를 위한 성지 순례지다"라고 한 것처럼, 이는 과거의 죽은 상품들을 기초로 미래

상품을 쌓아올린 자본주의의 기념탑이다.[55] 세계박람회와 그 토대는 다가올 대량 낭비의 징조였다.

전쟁 시기의 발전

2차대전 동안 위생매립지는 전시의 원자재 공급 부담, 미군 공병대의 전문성, 캘리포니아 주 센트럴 밸리의 타의 추종을 불허하는 기술관료 진 빈센츠의 영향력 덕택에 발전하고 표준화되었다. 대니얼 소로 시큘러(Daniel Thoreau Sicular)는 위생매립지 기원의 연구에서, 육군성 공병대 수리설비국 부국장이 되어 빈센츠가 1941년에 프레즈노를 떠났다고 했다. 그가 맡은 일은 미국 병영의 설비를 관리하는 것이었다. 자원을 보존하기 위해 군 당국에서는 소각로의 이용을 제한했고 미국의 군 지역 병영 아홉 곳에 위생매립지를 건설하라고 명령했다. 위생매립지를 개발한 업적이 있는 빈센츠가 위생매립지 건설과 운영 방법의 매뉴얼을 완성하라는 임무를 맡게 되었다. 그가 완성한 매뉴얼을 지침서로 삼아, 1944년까지 100군데가 넘는 병영에서는 쓰레기를 위생매립지에 잘 처리했다.[56]

1940년대 초반에 빈센츠와 다른 엔지니어들은 기후와 인구 규모 같은 변수에 따라서 위생매립지를 더욱 효율적으로 설계하는 방법과,

최대한 압축함으로써 공간을 최적으로 이용하는 방법을 배웠다. 매립지를 운영하는 데 필요한 노동력도 최소한으로 유지했다. 대규모 기지의 위생매립지도 딱 한 사람이 운영했다.[57] 공병대 엔지니어들은 불클램(bullclam)처럼 새롭고 기능이 뛰어난 장비로 실험했다. 이 장비들은 "쓰레기를 압축할 뿐 아니라 흙을 퍼서 덮을 수도 있었다." 당시 발명된 지 얼마 되지 않은 스킵로더(front-end skip loader), 스크레이퍼, 트랙터도 쓰레기 분야에 새로 등장한 장비였다. 이 기계들은 모두 쓰레기를 묻고 그 위를 고른 다음 흙을 덮고 풀씨를 뿌리는 일을 점점 쉽고 편리하게 해주었다.[58]

병영에서 시작된 위생매립지는 미국 전역에 스며들었다. 미국 공중위생국 같은 조직을 통해 그 기술이 퍼져나갔다. 1943년 공중위생국은 위생매립지를 전시 노동력과 자원 보존 수단으로 각 자치단체에 권장했다. 더욱 중요한 건 엔지니어들이었다. 이들은 전시에 미국 내 기지에서 근무한 뒤 교사 또는 지역 공공사업 부서로 돌아왔다. 위생매립지 건설과 관리를 교육받은 이 전문가들은 그들의 새로운 지식을 언제든 펼쳐놓을 수 있는 상점과 같았다. 시큘러—1980년 빈센츠를 인터뷰한—에 따르면, 전쟁이 끝난 뒤 이 엔지니어들은 "위생매립지의 이로움을 잘 알고 있을 뿐 아니라, 그에 대한 이론적·실제적 지식을 갖춘 상태로 예전에 하던 일로 돌아왔다. 많은 이들이 일종의 전쟁 유품처럼 위생매립지와 함께 일상에 복귀했다. 빈센츠는 이렇게 회상했다. '위생매립지의 기본 사상이 널리 퍼졌소. 참으로 놀라웠소!'"[59]

위생매립지는 전후에 미국 상업회의소(U.S. Chamber of Commerce)의 보건자문이사회 같은 조직의 지원을 받았다. 이들 조직은 위생매립지의 장점을 널리 알리고 자치단체에 위생매립지를 설치하도록 촉구했다.[60] 기업은 매립지 운영을 바란 듯하다.

2차대전 뒤에 비용이 적게 드는 매립지는 소각 방식을 압도했다. 1950년대에 소각로 운영비용은 톤당 2달러에서 6달러로 급상승했다. 하지만 위생매립지의 비용은 톤당 0.4~1.5달러로 소각로보다 훨씬 낮았다.[61] 1945년까지 거의 100군데의 도시에서 위생매립지를 건설했고, 15년 안에 1400군데 도시가 위생매립을 이용하게 되었다.[62] 환경 자문가 루이스 블럼버그(Louis Blumberg)와 도시계획학 교수 로버트 거틀립(Robert Gottlieb)이 쓴 『쓰레기와의 전쟁(War on Waste)』에 따르면, 전후 시기에 위생매립지는 "노천 투기나 소각과 관련된 보건상의 우려를 최소화하는 능력 덕택에 이미 다른 형태의 쓰레기 처리 방법보다 선호되었다. 위생매립은 테크놀러지가 수많은 사회 문제를 해결할 수 있다고 여겨지던 시대에 엔지니어링 전문가들을 이용했다."[63]

폐품 수거의 변화

나날이 팽창하던 제조업 분야는 경제 성장이라는 명목으로 불황기에조차 수선과 물자의 재사용을 권하지 않았다. 미국인이 내버리는 쓰레기 양이 산업적으로 점화된 상승세를 멈추지 않고, 수거와 처리가 나날이 자리를 잡아가자, 폐품 수거는 논쟁거리가 되고 더욱 철저히 감독되었다. 새로운 위생매립지에서 폐품 수집꾼은 골칫거리였다. 그들이 길을 방해하고 지저분하게 해놓고 비용을 끌어올렸기 때문이다. 수거꾼들은 매립지에서 폐품을 골라내도 좋다는 허가를 받았어도 사용할 수 있는 물자를 충분히 골라내지 못할 때가 있었다. 처리 과정에 압축이 포함되다 보니, 고쳐 쓸 수 없을 만큼 찌그러진 것이 많았던 것이다. 하지만 폐품 수거와 재사용은 완전히 사라지지 않았다.

기업과 그 대변인들은 오래전부터 수선과 재사용이 새로운 제품의 소비를 지연시키고, 이에 따라 과잉생산의 끔찍한 결과가 초래될까 봐 걱정했다. 1930년대에 『집과 정원(House & Garden)』의 편집자 리처드슨 라이트(Richardson Wright)는 이렇게 충고했다.

절약과 저축은 오늘날 시민권 가운데 가장 나쁜 것일지도 모른다. …… 부를 유지하기 위해 우리는 기계를 돌려야 한다. 기계가 돌아가야 사람들이 노동을 하고 임금을 받을 수 있기 때문이다. 선량한 시민은 낡은 것을 고쳐 쓰지 않고 새것을 산다. 찢어진 구두는 버려야 한다. 꿰매면 안 된다. 자동차가 말을 듣지 않으면 시의 하치장에 갖다 버려라. 새는 냄비, 고장 난 우산, 가지 않는 시계는 청소부에게 주어라. …… 번영을 유지하기 위해 우리는 기계를 돌려

야 한다. 우리는 그들의 거대한 생산품을 소비할 준비를 하고 있어야 한다.[64]

이런 정신에 직간접으로 영향을 받아, 발전된 쓰레기 처리 방법과 테크놀러지는 사실상 폐품 수거를 추방했다. 빈센츠 같은 운영자에게 폐품 수거는 첨단 매립과 양립할 수 없는 것이었다. "정말로 위생매립지를 운영하고자 한다면 폐품 수거를 양립시키기 어렵다고 믿는다."[65] 처음에 프레즈노 감독관은 폐품 상인과 협력하려고 했다. 폐품 상인은 시에 다달이 요금을 내고 폐기물을 걷어 갔다. 그러나 빈센츠에 따르면, 폐품 수거꾼은 "오래지 않아 병이 담긴 상자, 판지와 종이 무더기, 난로 울타리 따위로 매립지를 어질러놓았다. 나는 계약을 취소하자고 했다."[66] 빈센츠는 프레즈노 매립지에서 폐품 수거를 완전히 금지했다.

빈센츠에게는 기능적인 문제 말고도 미적인 문제가 중요했다. 새로운 위생매립지는 매우 자의식이 강한 공간이었다. 이름조차 위생적이지 않은가. 그보다 앞섰던 워링 대령처럼 빈센츠는 미적 질서의 중요성을 깨닫고 홍보를 통해 자신의 새로운 위생매립지를 광고했다. 그는 매립지에서 소각을 철저히 금지했고, 나무를 심고 정돈된 환경을 유지했다. 기자와 초등학생, 지역 공무원들을 초대해 잔디를 덮은 쓰레기 위에서 즐겁게 지내도록 했다.[67] 쓰레기를 밀봉함으로써 전염병, 유해한 악취, 바람에 날아다니는 쓰레기들이 완전히 사라졌다.

또한 매립지를 초록색으로 위장해 매립을 깨끗한 것으로, 폐품 수거는 지저분하고 따라서 금지되어야 할 것으로 보이게 했다.[68]

로스앤젤레스는 1930년대에 쓰레기 관리의 고삐를 죄었다. 모든 폐기물은 시의 재산이라고 천명하고, 허락 없이 거리에서 쓰레기를 운반하는 것을 불법이라고 규정한 완고한 법안을 새로 채택했다.[69] 이에 따라 개인의 폐품 수거는 사실상 불가능해졌다. 1934년 전문잡지 『아메리칸 시티』에 실린 내용처럼, 로스앤젤레스의 한 소각장 감독관들은 "열다섯 명의 폐품 수거꾼들에게 …… 예전에 하던 대로 종이, 넝마, 깡통 따위를 골라 가도록" 하지 않았다. 이에 따라 "폐품들의 위험과 흉하게 쌓여 있는 모습이 사라졌다."[70] 덜 엄격한 태도를 취했던 샌프란시스코는 시에서 쓰레기를 수거하러 돌아다니는 동안—그 시간에 맞춰—계약된 수거꾼들이 와서 폐품을 골라 가도록 허락했지만, 매립지에서는 폐품 수거를 허락하지 않았다.[71]

공중위생국은 폐품 수거를 탐탁지 않게 여겼지만, 프레즈노, 로스앤젤레스, 샌프란시스코에서와 같은 금지가 전형적인 것은 아니었다. 일부 자치단체는 매립지의 공간적 이용에 제약을 주지 않는 선에서 폐품 수거를 허용했고, 또 다른 곳은 대공황 때 수많은 사람들이 원했기 때문에 눈감아주었다. 개별 계약 형태든 제도화된 형태든, 폐품 수거는 미국 전역에서 2차대전 시기까지 계속 이어졌다.

1938년 어느 공무원은 이렇게 설명했다. "전형적인 미국 도시가 오늘날과 같은 위생매립지 방식을 채택할 수 있었다면, 오래지 않아 모든 지역에 쓰레기가 매립될 것이다."[72] 이 문제 때문에 일부 자치단체는 매립 공간을 절약하고자 독자적인 폐품 수거를 시작했다. 1930년대에 브루클린은 새 소각장에 분류공장을 세워 폐품을 걸러냈다. 이 덕택에 매립지로 실어 가야 할 재가 줄어들었다. 밀워키에서는 뉴딜 공공사업진흥국(New Deal Works Progress Administration, WPA) 지원금으로 폐품 수거 시설을 건설했다. 여기서 "수거 공장 운영비의 상당부분을 지불할 수 있을 만큼 팔 수 있는 폐물들이 걸러졌다. ……〔그리고〕가연성 물질도 충분히 걸러져 …… 시 건물 몇 채의 난방에 이용되었다." 이 덕택에 시에서 나오는 재가 반으로 줄었다.[73]

오늘날에도 그렇지만, 쓰레기는 경제의 건강함과 정확히 비례했다. 가진 것이 적을수록 사람들이 쓰레기로 여기는 것들도 적었다.[74] 대공황 때 미국 공공사업협회(American Public Works Association)는 자치단체에게 폐품 수거를 묵인하라고 권했다. "쓰레기에는 값어치 있는 물건과 자원이 들어 있으므로 자원을 재생해 생계를 이어갈 기회를 가난한 이들에게서 빼앗으면 안 된다. 어차피 쓰레기로 버려질 것들이니까."[75] 『엔지니어링 뉴스-레코드』에 따르면, 시애틀에서 "계약자는 폐품 수거를 할 수 없지만 개인들은 쓰레기에서 내다 팔 만한 물건을 골라낼 수 있다"[76]고 했다.

그동안 굿윌 인더스트리스(Goodwill Industries), 구세군, 세인트 빈센트 드 폴(Saint Vincent de Paul) 같은 단체는 새로운 폐품 수거를 제도화하는 데 이바지했다. 이전 세기에 종교 자선단체로 설립된 이들 단체는 1930년대까지 폐품 수거 시장에서 큰 부분을 차지하고 있었다. 그들은 넝마·종이·금속 수거 사업을 대규모로 운영했다. 그들은 중고품을 수선해 되팔기 위해 옷, 가구를 비롯해 사용하지 않거나 필요 없는 물건을 기부해 달라고 부탁했다. 이들 단체는 가난한 이들에게 저렴한 가격으로 물자를 공급했고, 중요하게는 극빈자들도 소비라는 사회관계에 참여하게 했다. 물건을 사는 이들은 노동력을 제공하거나 직접 돈을 내고 물건을 사야 했다. 무료로 주는 건 아무것도 없었다.[77]

또한 굿윌 인더스트리스 같은 단체는 중류계급이나 노동계급이 아직 쓸 만한 물건을 처분하는 걸 권장했다. 중고품 상점에 이런 물건을 마련해 두면 쓰레기도 받아들일 수 있는 것—더 나아가 훌륭한 것—으로 인식되기 때문이다. 이는 나날이 늘어가는 쓰레기가 가져오는 결과 같은, 대답하기 힘든 질문을 피할 수 있는 방법이기도 하다.[78] 그런 물건이 필요한 사람에게 돌아간다면 버리는 행위도 그리 나쁘지 않을 테니까.

2차대전은 몇십 년 동안 재사용의 마지막 큰 흐름을 불러일으켰다. 전시에 미국은 원자재가 몹시 부족했다. 이 문제를 다루기 위해 정부는 눈길을 사로잡는 광고 포스터로 폐물 수집운동을 펼쳤다. 포스터는 알루미늄, 고무, 식용유처럼 전시 생산에 사용될 물자를 모아 달라고 시민들에게 호소했다. 폐품 수거가 널리 계속되는 동안 표준화된 정화 방식도 뿌리를 내렸다. 역사학자 수잔 스트래서에 따르면,

"역설적이게도, 폐물을 소중히 여기면서 물자에 대한 전통적인 책무가 아니라 낭비라는 더욱 새로운 관습이 강화되었다."[79]

허용되고 제도화된 폐품 수집은 20세기 전반기에 전반적인 폐품 수집의 침체라는 맥락에서 일어났다. 되살아난 폐품들은 새로운 위생적 처리 방식과는 더 이상 맞지 않았다. 1950년대에는 폐기물의 혼합 배출이 미국 전역의 표준이 되었다. 주류 미국인들은 쓰레기 분리 배출을 그만두고 더 많이 버리기 시작했다. 전후의 열광적인 소비가 뿜어낸 쓰레기 홍수를 처리하는 데는 폐품 수거가 아니라 위생매립지가 알맞았다.

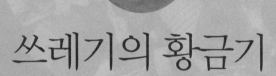

5장

쓰레기의 황금기

내일은 그 어느 때보다도 우리 삶이 '일회용'일 것이다.

『세일즈 매니지먼트 매거진(Sales Management Magazine)』, 1950

아마도 1950년대 미국처럼 겉으로 '깨끗한' 곳과 때는 다시없을 것이다. 가지런히 다듬은 나무 울타리와 유선형 자동차에서부터 아빠의 짧게 깎은 머리와 엄마의 우주시대 원뿔 모양 가슴까지, 세상은 완벽한 질서를 찾은 듯했다. 기계미가 풍기는 이 사회의 핵심은 쉽게 쓰고 금세 버리도록 만들어진 새로운 제품의 과잉이었다. 이 시기는 거대한 두 세계 진영에서 축적된 과학적 발전이 드디어 일반인의 삶을 전력으로 강타한 때였다. 종이접시, 폴리에스터, 패스트푸드, 일회용 기저귀, 즉석식품, 신형 냉장고, 세탁기, 하루가 다르게 진화하는 자동차 스타일의 시대였다. 또한 그 무엇보다도 포장의 시대였다. 상자, 쇼핑백, 셀로판 포장지, 일회용 맥주 캔 형태로, 밝고 깨끗하고 위생적인 포장술이 수없이 등장했다. 바야흐로 소비의 황금기가 도래해, 우리가 알다시피 가볍고 유독하고 어디에나 있는 현대의 쓰레기가 완전히 구체화되었다.

소비 비중이 커진 새로운 현실은 특히 2차대전 뒤의 호황이 일구어낸 것이었다. 호황은 생산 과정을 뿌리부터 변화시켰고, 소비를 장려하고 쓰레기 양을 엄청나게 증가시켰다. 포드주의—대규모 조립라인의 생산과 그에 따른 획일화된 대량소비, 그리고 둘을 허용하는 대중적 심리—가 등장하면서 쓰레기가 파도처럼 밀려왔다. 그것은 세 가지 뚜렷한 특징을 보였다. 첫째, 새로운 포드주의 경제는 가정에서 수거해 개별 중고품 상인이 고쳐서 파는 재활용품을 거의 사용하지 않았다. 그 대신 대형 물자상인들의 컨소시엄에서 폐물을 구매하게 되었다. 둘째, 새로운 형태의 쓰레기를 이용해 제품을 만들고 생산 과정에 투입했다. 이로써 노동시간을 줄이고 비용을 전가시켜 이윤을 늘릴 수 있었기 때문이다. 셋째, 새로운 경제 체제는 전례 없는 소비 수준을 만들어내고 또 필요로 했다. 그 주요한 결과가 바로 쓰레기였다.

효율성이 극대화된 전후 생산 시스템 아래 미국은 세계 부의 절반을 생산했다. 하지만 1950년대가 끝나갈 무렵, 시장은 점점 공급이 과잉되고 있었다. 이 시대에는 효율적인 생산을 넘어선 것이 있었다. 제품들은 생산되어야 했을 뿐 아니라—이 즈음에 생산은 쉬웠다—소비되어야 했다. 다시 말해 사라져야 했다. 2차대전이 끝나고 처음 10년 안에, 대부분의 소비자들은 그들에게 필요한 것을 이미 소유하고 있었다. 어떻게 해야 기업이 더 많이 팔 수 있었을까? 해답은 '노후화의 내재화'였다. 생산자들은 기술적인 노후화보다 빨리 노화되는 제품을 의도적으로 만들기 시작했다. 유례없는 생산 능률 덕택에 제품 값이 더욱 싸지면서 사람들은 고쳐 쓰기보다 새 제품을 사게 되었다.

놀라울 것도 없지만 쓰레기 양은 하늘 높은 줄 모르고 치솟았다. 1960년에 미국인 한 사람은 날마다 1킬로그램이 넘는 쓰레기를 버렸다.[1] 이 무게는 1920년의 쓰레기 세대가 버린 무게와 비슷하지만, 미국 전역의 쓰레기통에 담긴 내용물은 완전히 달랐다. 이전 세대의 쓰레기에서 75퍼센트를 차지했던 잿더미를 빼면, 전후 시대 쓰레기는 완전히 새로운 종류의 쓰레기였다.

더 싸다면

2차대전 기간에 기업과 노동자들은 공장 수준에서 능률 향상을 받아들여야 했다. 정부가 생산성을 높이라고 간섭했기 때문이다. 생산성을 높이면서 제조업자들은 생산 수준도 전에 없이 높였다. 합병이 이어지면서 생산수단이 소수의 손에 집중되고, 이에 따라 경제 규모는 더욱 커졌다. 대규모의, 더욱 일사불란하고 효율적인 노동 방식은 일분일초를 낭비하지 않는 것이었다. 이 덕분에 생산성이 증가해 이윤은 높아지고 상품 가격은 낮아졌다.[2] 이러한 변화는 더욱 큰 규모의 투입을 요구했으므로 소규모의 재활용품 공급선은 가정 쓰레기 같은 원천에서 분리되었다. 생산―그리고 소비―비용의 많은 부분을 새로운 방식으로 환경에 전가하게 된 것도 그런 효율적인 생산방식 덕택이었다.

새로운 대량생산 체제와 관계있는 쓰레기의 원천이 또 있다. 먼저, 포드주의는 대규모 재고자산에 의지했다. 이는 고용주들이 파업노동자들에게 맞서는 수단이기도 했다. 그러나 재고는 수요나 시장조건을 완벽히 충족시키기 어려웠다. 무언가가 잘못된다면―매출 급락이라는 변수 x, 공급 오판이라는 변수 y―많은 제품과 재료는 곧장 쓰레기가 되었다.

공장 설비가 새로워지면서 새로운 범주의 폐기물들이 나타났다. 치열한 경쟁 탓에 생산자들은 여전히 잘 돌아가는 낡은 기계를 교체하기도 했다.[3] 예를 들어, 앤드루 카네기는 자신의 US스틸 공장의 설비를 강박적으로 최신형으로 바꿈으로써 효율성을 꾸준히 높여갔다. 그는 이렇게 말했다. "우리는 출발하자마자 곧 추격당하게 되어 있다."[4]

이 때문에 산업생산 자체 내에서 새로운 종류의 쓰레기 마케팅이 생겨났다. 웨스턴 일렉트릭, 듀퐁, 제너럴 일렉트릭 같은 기업들은 회원제에 기반한 업종 동맹을 만들었다. 이들 조직은 못쓰게 된 설비, 조립라인 바닥에서 수거한 수많은 양모, 고무, 금속 부스러기의 관리를 도왔다. 그 가운데 두드러진 단체가 1913년에 창립된 전미 폐기물상인협회(National Association of Waste Materials Dealers, NAWMD)다. 오늘날 폐기물재활용협회(Institute of Scrap Recycling Industries)로 알려진 이 단체는 기업 소유권이 나날이 강화되면서 함께 발전했다.[5] 폐기물상인협회 같은 단체가 처리하는 쓰레기의 일부는 생산 과정으로 되돌려 보내졌고 나머지는 폐기되었다. 그러나 가정 쓰레기에 미친 가장 중요한 충격은 가정용 쓰레기가 공장으로 보내지던 길이 사라지고 있었다는 것이다. 이에 따라 소비자의 쓰레기가 재사용되는 일은 과거에 비해 거의 사라졌고, 2차대전 뒤에는 가정 쓰레기 대부분이 소각되거나 매립되었다.

포드주의로 발전한 기업의 합리화는 자본주의 발전의 자연스러운 산물만은 아니었다. 국가 정책이 의미 있는 방식으로 이 발전을 도왔기 때문에 오늘날의 대량 쓰레기 시스템이 형성된 것이다. 2차대전 동안 자원에 대한 요구가 증가함에 따라, 연방정부는 전시생산위원회(War Production Board, WPB) 같은 기관을 통해 생산에 개입했다. 진주만 직후에 원자재를 관리하고 전시제품 생산을 감독하기 시작한 것이다.[6] WPB는 전략적으로 고려해야 할 물자, 다시 말해 철강·종이·고무·나일론을 사용하는 생산자들을 제한하고, 일부 공장을 민간물자 생산에서 군수설비 생산으로 변경했다.[7] 이 같은 감독을 통해 WPB 같은 기구는 노동자와 소유주가 각 집단 내에서, 또 상호간에 협력하도록 했으며, 이 덕택에 공장에서는 전과 달리 능률이 높아졌다.

도시 지리학자 데이비드 하비(David Harvey)에 따르면, "노동자들은 조립라인 생산에 저항했고 자본가들은 중앙의 통제를 두려워했지만, 전시 동원은 대규모 계획과 노동의 완전한 합리화를 이끌어냈다. 철저하게 전시 체제로 운영되는 시대에 자본가나 노동자가 능률을 개선하는 합리화를 거부하기는 어려웠다."[8] 2차대전 동안 국가, 노동, 자본 사이에서 창조된 정치적 연금술이 전후 환경을 형성했다. 전후 환경은 "포드주의를 분명한 축적 체제로 완전히 성숙시켰다."[9]

능률적인 산업 생산은 쓰레기와 새로운 방식으로 관계 맺음을 뜻했다. 전후 포드주의 생산 체제에서 능률성은 '노동 과정의 과학적 관리'라는 테일러주의에서 큰 영향을 받았고, 과잉을 없애려는 모든 일과 관계가 있었다.[10] 그러나 이들 이론이 없애려고 했던 종류의 '쓰레기'는 쓰레기와 거의 관련이 없었다. 자본의 눈에 쓰레기란 생산 과정 중에 잃어버린 노동시간을 뜻했다. 다시 말해, 노동이 일궈낸 잉여가치가 이윤의 원천인 것이다. 이와 반대로, 환경에 악영향을 미치는 쓰레기는 거의 받아들여질 만한 것으로 다루어졌다. 원자재 채취 증대에서 비롯된 폐기물(이를테면 광재)과 공장 쓰레기(강에 버려지는 화학물질)부터 소비자들이 버리자마자 곧장 폐기되는 일회용품 생산에 이르기까지, 대량생산은 전례 없이 쓰레기를 양산했다. 부분적으로 포드주의 생산은 이들 비용을 자연에 전가함으로써 생산 가격—따라서 제품 가격—을 낮췄다.

새롭고, 발전되고, 신진대사가 활발한 생산 라인은 매우 성공적이었다. 2차대전 뒤 미국 시장에서나 해외시장에서나 산업이 총에서 버터로(총과 버터는 각각 안보와 경제를 상징한다.—옮긴이), 가정용 설비로 이동하면서, 1인당 생산의 성장률은 세 곱 이상 높아졌고, 1인당 수출 성장률은 여덟 곱으로 뛰었다.[11] 물론 쓰레기 양도 이에 비례해 불어났다.

새로운 길

2차대전 이후 산업이 재편되면서 소비습관과 소비문화도 이와 비슷하게 변화했고, 미국에서 중류계급이 성장했다. 그 심장부에서 포드주의는 자본, 노동, 그리고 국가 간에 비교적 평화와 협력 관계를 유지한 것이 특징이었다. 정부는 경제를 조정했고, 자본은 새로운 생산방식과 함께 더 높은 생산성을 토대로 더 높은 임금을 지불하는 데 동의했다. 노동자들은 일자리에서 그리고 사회 전체에서 정치권력 대신 소비중심주의를 받아들였다. 이 새로운 낭비 문화는, 비록 노동계급 전체는 아닐지라도 그 대부분이 수입이 늘고 복지가 향상된 데 바탕을 두고 있었다. 임금이 꾸준히 상승하고 제품 가격이 하락하면서 소비가 급등했고, 그 결과 쓰레기 또한 급증했다.

이 변화가 늘 한결같이 지속되어온 건 아니었다. 2차대전이 끝나고 나서 숨죽이고 있던 소비 욕구를 발산한 바로 그 미국인들은, 산업화가 이루어진 지 몇십 년이 지났지만 여전히 필요한 양만큼 덜어서 물건을 사고, 삼베자루로 옷을 만들고, 전기장치의 도움 없이 시동을 켜는 포드자동차 초기 모델을 탔다. 그들은 절약을 미덕으로 삼던 대공황과 전시 경제에서 막 벗어난 참이었다. 연방정부 가격관리국(Office of Price Administration)이 내건 슬로건, "필요 없다면 사지 맙시다!"나 "다 쓰세요, 끝까지 쓰세요, 쓰던 걸 쓰세요. 다 썼더라도 사지 마세요!"가 계속 귓가에 울리던 때였다.[12] 하지만 물자 부족에 시달리며 만족을 유예했던 세월이 지나고, 불룩해진 저금통장, 새로운 제품의 홍수, 싸디싼 가격, 전후 소비의 폭발적 증가의 시대가 왔다.[13]

1945~1950년 동안 소비는 총 60퍼센트가 증가했다.[14] 전후 4년 동안 미국인들은 자동차 2140만 대, 냉장고 2천만 개, 스토브 550만 개, 텔레비전 1160만 개를 구입했다. 그리고 해마다 100만 채의 새 주택으로 이사했다.[15]

열병 같은 전후 산업 생산물은 자본주의의 자연스러운 산물이 아니라 재배되고 배양된 것이었다. 대량소비와 그런 제품의 폐기를 부추기는 과정은 세심하게 고안되고 조종되었다. 전략적 관리 프로그램은 그 핵심 요소였다. 분명히 대중은 전후의 광적인 소비에 뜨겁게 참여할 준비가 되어 있었다. 그러나 국가가 나서서 대량소비를 조장하고 쓰레기 문화를 만들어내지 않았다면 상황은 달라졌을 것이다.

전후에 정부는 연방 고속도로(주택)관리청(Federal Highway(Housing) Administration, FHA) 대출, 제대군인원호법(GI Bill), 주간고속도로법(Interstate Highway Act) 같은 다채로운 형태로 보조정책을 폈다.[16] 이런 모든 재정적 후원 덕택에 새로운 미국적 삶의 양식이 성장했다. 한순간에 새 차와 교외의 집을 사고 쇼핑센터를 다닐 수 있게 되었을 뿐 아니라 그것이 합리적인 것이 되었다. 가격 하락과 실업률 저하까지 겹쳐 개인 소비는 유례없는 수준으로 높아졌다.

1959년 부통령 리처드 닉슨은 소비에트 수상 니키타 흐루시초프와의 그 유명한 '부엌 논쟁'에서, 미국의 4400만 가정이 적어도 차 한 대와 텔레비전 하나씩은 갖고 있으며, 대부분의 가정이 주택을 소유하고 있다고 자랑했다. 소비에트와 이데올로기 싸움을 벌이면서, 닉슨은 수많은 제품을 수많은 사람들에게 줄 수 있는 건 공산주의가 아니라 자본주의라고 주장했다. "미국에서 부자들만 그런 물건을 살 수 있다고요? 그렇다면 우리는 부자라는 정의에 미국의 수많은 임금노동자를 포함시켜야 할 것입니다."[17] 1940년대와 1950년대에 냉전이 동력을 얻으면서, 미국과 미국 기업은 민주주의를 구매의 자유와 동일시했다. 물질주의와 낭비가 애국적이고 온전한 것으로 여겨지는 분위기였다.

터질 듯이 가득 차다

미국 내에서나 해외시장에서나 이 모든 물건이 거실에, 부엌에, 차고에, 다락에 쌓이기 시작했다. 생산자들도 놀란 것처럼, 1950년대 말에 많은 미국 가정은 이미 자동차와 도시 근교의 주택을 소유하고 있었고 필요한 모든 걸 갖추고 있었다.[18] 더 나아가, 일본과 독일에서 생산의 기초가 회복되면서 미국 기업과 경쟁하기 시작했고 미국 시장은 점점 줄어들고 있었다. 포드주의 공장은 다른 것과는 완전히 다른 제품을 척척 만들어낼 수 있었다. 팔아야 할 새 제품을 만들어내는 건 문제가 아니었다. 전후 시기에 진짜로 중요한 문제는 사람들이 계속 사게 만드는 것이었다.

월스트리트의 투자가 폴 메이저(Paul Mazur)는 저서 『우리가 세운 기준(The Standards We Raise)』에서 이 문제를 설명했다. "대량생산의 조립라인에서 만들어진 제품은 그만큼 빠른 속도로 소비되어야 한다."[19] 1950년대 후반, 공급이 과잉된 시장은 잠재적으로 심각한 경제 후퇴를 낳고 있었다. 그대로 내버려둔다면 소비는 증가하는 생산을 따라잡을 수 없을 것이었다. 산업계는 이 재앙을 물리치기 위해 발빠르게 대처해야 했다.

한 가지 대책은 제품 '구성' 또는 '군'을 만들어내는 것이었다. 이는 소비를 확대하려는 20세기 초반의 개념이었다. 전후 생산자들의 특별한 욕망과 잘 어울리는 이것은 사람들의 입맛과 경제력에 맞는 다양한 제품을 선보이는 것이었다. 비누부터 냉장고, 라디오, 옷에 이르기까지 기존 제품들의 색상, 크기, 종류가 다양해졌고, 소비자들에게 그 가운데 하나 이상을 사라고 권장했다.[20] 냉장고 회사 서빌(Servel) 대표는 "집집마다 냉장고를 두 대씩" 놓을 때가 왔다고 소비자들에게 광고했다. 미국 세탁기제조업협회(American Home Laundry Manufacturers Association)의 어느 간부는 집집마다 세탁기 두 대와 건조기 두 개를 놓아야 한다고 했고, 미송합판협회(Douglas Fir Plywood Association)는 "세대마다 집이 두 채씩 있어야 한다"고 했다.[21]

그러나 자발적인 과대소비를 부추기는 이런 말들은 슬그머니 다가오는 위기를 경감하지 못했다. 유연한 자본의 이성은 이에 응해 오늘날까지 가장 악명 높은 시장 처방 가운데 하나를 내놓았다. 그것은 바로 '노후화의 내재화'였다. '사망' 예정일이 있는 제품을 설계함으로써 생산자들은 의도적으로 제품이 노후화하게 만들었다. 이 제품들은 유행이나 디자인의 변화, 기술 혁신, 또는 낮은 품질 때문에 금세 뒤떨어진 제품이 되었다. 유행에 뒤처지거나 고장 난 제품을 버리더라도 새로운 물건을 팔면 되므로 수요의 저하 문제를 해결할 수 있었다. 밴스 패커드(Vance Packard)가 1960년도 베스트셀러였던 저서 『쓰레기 생산자들(The Waste Makers)』에서 꼬집어 말한 것처럼, "잉여를 없애는 길이 잉여를 낳는 길이었다."[22]

19세기에 이미 마르크스는 새롭고 초효율적인 산업화된 생산이 소비를 금세 앞지를 것이라고 경고했다. "생산력의 증대와 발전에 기초한 잉여가치의 …… 생산은 새로운 소비의 창출을 필요로 한다."[23] 전후 미국으로 돌아가서, 광고대행사 대표 월터 톰슨(J. Walter Thompson)은 이 위험을 깨달았다. "우리는 이 생산물을 흡수하는 소비가 지연되지 않도록 해야 한다."[24]

노후화의 내재화는 새로운 개념이 아니었다. 그 뿌리는 20세기 전반기에 닿아 있었다.[25] 가정경제 저술가이자 마케팅 자문가 크리스틴 프레더릭(Christine Frederick)은 그가 '진보적인 노후화'라고 일컬은 것의 장점을 밝힌 선구자 가운데 한 사람이었다. 1920년대 후반에, 자유시장을 지지한 프레더릭은 이런 유형의 낭비가 필수불가결할 뿐 아니라 삶을 긍정하는 것이라고 설명했다. "날마다 쏟아져 나오는 저 수많은 재화와 서비스를 더 많이 구입함으로써, '진보적인 노후화'를 더 큰 만족을 얻기 위해 오르는 사다리로 삼는 것은 거의 모든 미국인의 욕망이다."[26]

2차대전 뒤에 생산자들은 서로 다른 유형의 노후화―기술적인 것이든 유행이든―를 보장해 시장의 수요를 다양하게 자극했다. 기술 혁신은 제품의 기능과 효율성을 개선할 수 있었지만, 생산자들은 그 기술 혁신을 이용해 더 빨리 소모되거나 새로운 모델이 나오는 바람에 하루아침에 유행에 뒤지는 제품을 만들었다. 기술적 노후화는 제너럴 일렉트릭에서 빨리 소모되어 더 자주 갈아야 하는 전구를 생산한 1939년에 이미 채택되었다.[27] 그러나 기술적 노후화가 실제로 자리 잡은 것은 전후 시대였다.

1950년대에 월풀의 엔지니어링 이사는 회사가 한 제품의 "디자인 수명 목표를 …… 경제 상황이나 그 밖의 조건 변화에 따라 자주 조정한다"[28]고 밝혔다. 이와 비슷하게 반도체 회사 페어차일드(Fairchild) 대표는 이렇게 설명했다. "어떤 구성요소를 가장 취약한 요소보다 더 튼튼하게 만드는 건 낭비다. 갑자기 여러 기능이 멈추는 제품이 이상적이다."[29] 한 점화장치 생산자가 1960년에 『월스트리트 저널』과 인터뷰한 내용은 이렇다. 자동차 생산자들은 "더 빨리 폐차장에 갈 수 있도록 자동차를 만들고 있다. …… 오늘날 새로운 자동차는 거리에 선보이는 바로 그 순간부터 그 모든 부품을 교체할 필요가 있다."[30]

유행에 뒤떨어지게 하는 것 또한 소비 증가를 강제하는 매우 효과적인 방법이다. 자동차 산업이 그 사례를 잘 보여주는 분야다. 『프린터스 잉크(Printers' Ink)』라는 광고 잡지는 1959년에 생산 능력이 시장의 흡수력보다 훨씬 크다는 기사를 실었다. "우리 자동차 공장은 마음만 먹었다면 올해 자동차 800만 대를 생산할 수 있었다." 잡지는 이렇게 설명했다. 그러나 디트로이트가 팔 수 있는 건 딱 그 반뿐이었다.[31] 자동차 산업은 시장을 만들어내야 했다. 그러려면 잘 굴러다니는 자동차를 버리라고 어떻게든 운전자들을 설득해야 했다. 그들은 미적 욕망의 심리학을 건드림으로써 목표를 이루었다.

1950년대 후반에 제너럴 모터스는 해마다 모든 자동차를 정밀검사하는 계획을 수립해 활력을 얻었다. 예전에는 비용이 많이 들어 엄두도 못 내던 일이었다. 경쟁이라는 물리력 때문에 다른 자동차 생산자들도 그 계획을 따라야 했다. 이와 동시에 포드는 '한때 여성 의류 디자이너'였던 조지 워커(George W. Walker)를 자동차 수석 디자이너로 고용했다. 포드의 중역은 새로운 전술을 이렇게 설명했다. "연도별 변화 사이클은 …… 경쟁 논리에 필수적이다. 자동차의 겉모습을 해마다 바꾸면 자동차 판매가 증가한다."[32]

1950년대에는 모든 종류의 생산자들이 노후화의 내재화를 전술로 삼았다. 그들은 소비자들로 하여금 땀 흘려 번 현금을 내놓게 할 뿐 아니라 그 어느 때보다 빠른 속도로 쓰던 물건을 내버리게 할 작정이었다. 사람들에게 자주 인용되는, 20세기 중반의 마케팅 자문가 빅터 리보우(Victor Lebow)는 그 중요한 논리를 이렇게 설명했다.

> 무척이나 생산적인 우리 경제는 우리에게 소비를 삶의 방식으로 삼으라고 요구한다. 물건을 사서 쓰는 것을 관습으로 삼고, 소비에서 영적 만족과 자아의 만족을 찾기를 요구한다. ……
> 물건은 점점 빠른 속도로 소모되고, 태워지고, 닳아지고, 교체되고, 버려져야 한다.[33]

도시 지리학자 리처드 워커(Richard Walker)는 노후화의 내재화를 이렇게 설명한다. "그것은 자본주의의 창조적 파괴의 또 다른 측면이다. 공장을 없애거나 시설을 해체하는 것만이 아니고, 그 생산물까지도 해체한다."[34] 욕망과 연계된 이 드러나지 않는 필요는 기술을 바탕에 둔 노후화와 함께 소비 수준을 높여 전후 경제 활황에 불을 지폈다.

일부 엔지니어, 생산자, 언론인들은 제품을 매우 빠르게 고장 나게 하거나 유행에 뒤떨어지게 만드는 데 대한 윤리 문제와 소비자의 잠재적 저항을 간파했다. 전문잡지 『디자인 뉴스(Design News)』는 미국 산업에 지배적인 생각을 반영한 불경스러운 대답으로 그 의문을 떨치려 했다. "이 생각이 나쁜 것인가? 우리는 그렇게 생각하지 않는다."[35]

그건 너무 쉬운 것

내재화된 노후화의 정점은 일회용 제품이었다. 이는 청결과 편리라는 매력적인 두 가지 가치를 내걸고 시장에 나타났다. 일회용 제품의 대량생산과 소비 덕틱에 쓰레기 배출도 완전히 새로운 시대에 들어섰다. 그전부터 일회용 제품이 사용되어 왔지만—예컨대 19세기의 일회용 제품으로, 윌리엄 페인터(William Painter)가 만든 코르크로 속을 댄 알루미늄 병뚜껑—딱 한 번 쓰고 버리는 제품들이 대중의 구매 비용에서 상당부분을 차지하게 된 것은 전후 시대에 들어와서였다. 이 일회용 제품 가운데서도 제품 포장재가 엄청나게 큰 부분을 차지했다. 내구성이 전혀 없는 이 기성품 가운데 일부는 버리기 전에 다시 쓸 수 있는 것도 있었지만, 결국 쓰레기 무덤으로 향할 운명인 물건들이 더욱 많아졌다.

버릴 수 있는 새 물건들은 그 많은 수만큼이나 사람들을 사로잡았다. 그 많은 것들은 분명히 사람들의 삶을 편리하게 해주었지만, 한번 쓰고 버리는 물건들은 새로운 범주의 쓰레기일 뿐이었다. 프록터 앤드 갬블에서는 1961년 처음으로 일회용 기저귀 팸퍼스 브랜드를 선보였다. 몇 해 뒤에는 플레이텍스에서 일회용 기저귀 드라이퍼를 팔기 시작했다. 당시 TV 광고는 그 기저귀를 쓰면 "아기를 데리고 여행하는 일이 훨씬 즐거워진다"[36]고 떠들었다. 20세기 초반에 일회용 면도기를 기존 면도기의 대용물로 소개한 질레트는 일회용 면도기 디자인을 꾸준히 발전시켰다. 그 덕택에 새로운 세대는 날마다 면도기를 쓰고 버렸다.[37] 당시 알루미늄 컴퍼니 오브 아메리카에서는 한 번 쓰고 버리는 프라이팬을 출시했다. 귀찮게 설거지할 필요 없이 쓰고 나서 그냥 버리면 되는 것이었다.[38]

대량 폐기는 일회용 포장재로 새로운 역사를 썼다. 점원을 둔 구멍가게들이 셀프서비스 슈퍼마켓 체인으로 바뀌면서 포장재는 "구매 결정 순간에 유일하게 생산자를 대변하는" 것이 되었다.[39] 포장은 이전에도 생산의 일부였지만, 이제는 소비자의 관심을 사로잡고 구매자에게 충성을 강요하는 중심이 되었다. 소비자들도 그에 맞게 반응했다. 깔끔해 보이는 포장은 분명 소비의 즐거움을 더해 주었다. 일회용 포장지와 포장용기는 마케팅 전략으로서 매우 성공적이었다. 1960년대에 기업들은 생산과 전통적인 광고에 소비하는 비용만큼을 포장에 소비했고, 이는 처음 있는 일이었다.[40]

전후 시대에, 일회용기는 일반 용기와 '다목적 용기', 이를테면 도시락통으로도 쓸 수 있는 양철 담배함 같은 용기를 밀어냈다.[41] 몇 해 지나지 않아서 스탠더드 패키징(Standard Packaging)은 일회용 우유병 마개를 만들던 체제에서 벗어나 엄청나게 많은 종류의 일회용품을 생산하는 체제로 바뀌었다. 일회용 쟁반, 상자, 가방, 접시, 대접, 부엌 용품, 그리고 '유연한 포장재'를 모두 만들었다. 이 회사는 1955년부터 1958년까지 매출이 거의 세 곱으로 불어났다. 회사 대표 칼 '햅' 챈들러(R. Carl 'Hap' Chandler)는 그 이유를 이렇게 설명했다. "우리가 만드는 제품은 모두 버려지는 것이기 때문이다."[42]

일회용 포장은 생산자들에게 이익의 증대를 뜻했다. 기업은 제품들을 더욱 적극적으로 광고했을 뿐 아니라, 중요하고도 새로운 수입원을 만들어낸 것이었다. 이 제품들—거의 제품으로 인식될 수 없는—은 빠르고 쉽게 버려지면서 더 많은 소비의 길을 터주었기 때문이다. 개별 구매자들은 증가된 포장비용을 지불했다. 포장비용은 제품 가격에 포함되어 있었으므로 구매자들이 쓰레기 관리비용을 댄 것이었다. 이 시나리오는 오늘날에도 유효하다. 예나 지금이나 포장비용은 기업의 회계장부가 아니라 소비자와 납세자의 통장잔고에서 드러난다.

1950년대 연간 포장비는 250억 달러였다. 각 미국 가정이 포장비에만 한 해에 500달러를 쓰고 있었다는 뜻이다. 이 비용에 자치단체의 쓰레기 처리비용이나 장기적인 환경비용은 포함되지 않는다.[43]

쓰레기 처리가 자치단체의 영역이 되면서, 노후화와 일회성은 관리할 수 있는 문제로 보였다. 쓰레기를 길가에 내놓으면 금세 치워가서 눈에 보이지 않게 되었다. 태평스럽게 쓰레기를 버리는 현대화의 특성은 "전통의 속박, 낡아빠진 설비와 사상에서 벗어나 더 큰 자유를 얻는 수단"[44]이었다. 수리, 재사용, 자연계의 보호에서 해방되어, 소비자들은 이제 자유롭게 버릴 수 있었다.

플라스틱

전후 시기의 낭비는 플라스틱에서 가장 완벽하게 실현되었다. 합성산업은 일회성을 추구하는 값싼 제품과 포장의 형태로 미국인의 일상에 스며들었다. 2차대전 뒤 이 중요한 시기에, 플라스틱 생산은 15퍼센트가 넘는 속도로 성장했다. 이는 철강산업 성장 속도의 네 곱에 가까웠다.[45] 1960년에 플라스틱은 알루미늄을 누르고 미국 최대 산업의 하나로 성장했다.[46] 생산자가 좋아했던 폴리머가 주로 인기가 있었다. 전문잡지 『모던 플라스틱스(Modern Plastics)』는, 이 값싼 원자재가 '인류에 의해 인류의 시방서(示方書)대로' 만들어진 것이기 때문에 자유로운 생산 흐름을 촉진할 수 있었다고 썼다.[47] 1930년대 중반에 시작된 플라스틱 시대는 매우 효율적이었다. 하루에 머리빗 350개를 만들던 바로 그 노동자가 같은 시간에 1만 개가 넘는 빗을 만들게 되었기 때문이다.[48] 그 뒤 몇십 년 동안, 관급 계약과 자금 지원에 힘입어 (특히 2차대전 동안) 합성수지 생산은 미국의 주요 산업으로 꽃피었고, 유독한 쓰레기도 팽창해 갔다.

19세기에 상아, 고무, 셀락(shellac, 니스의 원료—옮긴이) 같은 원자재의 대용품으로 발명된 플라스틱은 원래 제한되고 줄어가는 천연자원에 대한 대책으로 여겨졌다. 처음부터 합성수지는 산업 생산의 최대 걸림돌 가운데 하나—자연의 제약—로부터 생산자를 자유롭게 해주었다. 이런 점에서 폴리머는 공간적 장점을 갖고 있다. 생산자들은 더 이상 특정 원자재를 구하기 위해 지구를 헤매지 않아도 되었다. 이제 인공 대체물이 기업의 실험실에서 요리되어 나올 수 있기 때문이었다. 물론 플라스틱이 성공하게 된 열쇠는 플라스틱이 자유시장이 필요로 하는 유연성을 갖고 있다는 점이었다. 자본주의 체제에서는 무엇이든—과거에는 평범한 목초지가, 오늘날에는 심리치료가—상품으로 사고 팔릴 수 있다. 그리고 원하는 모양대로 무엇이든 당장 만들어낼 수 있는 플라스틱은 이런 경제 시스템에 완벽하게 어울렸다. 롤랑 바르트(Roland Barthes)가 말한 것처럼, "물질의 종류는 사라졌다. 오로지 한 가지 물질이 그 모든 것을 대체한다. 전 세계가 플라스틱이 될 수 있는 것이다."[49]

미국 정부의 재력과 산업 감독 덕택에, 플라스틱 산업은 2차대전 동안 성장해 2차대전이 끝나갈 무렵에 번창했다. 진주만 공습 몇 달 뒤, 거대조직인 플라스틱기업협회(Society of Plastics Industries, SPI)는 이사 윌리엄 크루스(William T. Cruse)를 워싱턴으로 보내 생산관리국(Office of Production Management, OPM)과 협력해 전일제로 근무하게 했다. 생산관리국은 전시에 원자재 부족에 대비해 기업을 보호하는 책임을 맡은 곳이었다.[50] 『모던 플라스틱스』의 편집자이자 셀룰로이드 사(Celluloid Corporation)의 전 영업책임자였던 크루스는 능력 있는 플라스틱 후원자였다. 기업의 인사가 수도를 밟은 지 한 해 만에 생산관리국의 현안 담당자는 이렇게 말했다. "급속히 발전하는 방어 프로그램은 우리 경제 시스템에도 영향을 미치고 있다. 우선적인 방어 목적을 위해 매우 중요한 특정 금속들이 보존되어야 한다. …… 다시 말해 플라스틱의 전반적인 연구가 그 어느 때보다도 중요해진 것이다."[51]

공장에서 그리고 거대 플라스틱 생산자들의 화학실험실에서 곧 혁명이 일어났다. 전투기 조종실, 조종석 창문, 박격포 도화선, 헬멧 안감, 보호안경, 비옷, 방수 텐트, 낙하산, 색색의 전선, 원자폭탄 부품을 만들어내는 데 이용되면서, 플라스틱은 모든 종류의 군사 장비에 스며들었다.[52] 화학업체 다우(Dow)는 비행기, 대포, 그 밖의 '민감한 군사 장비'에 새로운 사란 필름(Saran film, 연신수축필름—옮긴이)을 씌워 대서양을 횡단하는 동안 소금기 어린 바닷물 증기를 차단했다.[53]

국회에서 요구한 1944년 합성고무 생산목표 80만 톤을 맞추기 위해, 정부는 루이지애나에서부터 코네티컷에 있는 도시에 공장을 짓는 민간기업에 10억 달러를 보조했다. 목표 생산량은 금세 달성되었고, 합성고무를 제조하는 것이 '생' 천연고무를 만드는 것보다 훨씬 속도가 빠름이 입증되었다.[54] 합성산업은 대량생산의 성공담이 되었다.

다른 분야에서도 그랬듯이, 정부의 감독은 전례 없는 전산업적 협력을 이끌어냈다. 이에 따른 정보의 공유와 표준화로 생산자들은 더욱 정제된 제품과 완성된 생산 과정을 발전시켰다.[55] 이 시기 동안 화학자들은 정확한 분자 특성에 따라 플라스틱을 설계했다. 『하퍼스(Harper's)』에 따르면, 생산자는 "새 물질에 체현하고자 하는 특성들을 목록으로 정리했고, 이에 따라 그 물질을 주문 생산할 수 있었다. 이는 이전의 모든 역사에서 결코 할 수 없던 일이었다."[56] 공장에서 정교하게 조정되는, '주입몰딩' ─미리 만들어진 거푸집에 액체 플라스틱을 주입하는 것─이라 불리는 과정은 또 다른 주요 전환점이었다. 새 합성물질들과 함께, 발전된 주입몰딩 생산라인은 모든 생산자들의 꿈을 실현했다. '지속적인 대량생산'이 가능해진 것이었다.[57] 화학기업 몬산토의 사보 『몬산토 매거진(Monsanto Magazine)』은 주입몰딩 생산에 대해 이렇게 자랑했다. "일체형 생산라인이 제품을 토해내는 속도는 우리가 그걸 말로 설명하는 것보다 빠르다."[58] 정부의 투자가 큰 역할을 한 것이지만, 미국 플라스틱 생산은 1940~1945년에 세 곱으로 불어났다.[59]

어느 경영자는 이렇게 말했다. 전쟁 직후에, "사실 〔일상적인 소비자를 위해서는〕플라스틱으로 만들어진 게 아무것도 없었고, 결코 만들어질 수 없었다."[60] 전례 없는 생산 수준을 이끌어낸 전시 정부 계약이라는 온실에서 길러진 합성산업은 타파웨어, 포마이카 식탁, 파이버글라스(Fiberglas) 의자, 노거하이드(Naugahyde) 2인용 의자, 훌라후프, 일회용 볼펜(Bic pen), 폴리에스터 캐주얼 슈트, 고무찰흙(silly putty), 나일론 팬티스타킹을 쏟아내고 있었다. 전쟁이 끝나고 곧이어, 텍사스 주 포트워스의 어느 제조업자는 최초의 플라스틱 쓰레기통을 생산했다. 그때까지 주입몰딩식으로 만든 제품 가운데 가장 큰 용량은 80리터가 넘는 것이었다.[61]

그러나 시장에 공급이 과잉되면서 폴리머 산업은 소비를 확장하고 강화할 다른 방도를 찾아야 했다. 1956년 플라스틱기업협회 회의에서 한 연사는 폴리머 생산자인 청중들에게 한 가지 대책을 제시했다. "여러분의 미래는 쓰레기차에 있습니다!" 그는 참석자들에게 '저가, 다량, 실용성, 그리고 소모성'을 추구하라고 촉구했다.[62] 노후화의 내재화가 그날의 명령이었다. 소비자들이 더 많이 버릴수록 생산자는 더 많이 팔 수 있었다. 『모던 플라스틱스』는 같은 해 어느 논설에서 다음과 같이 설명했다. "번영하는 소비경제에서 일회성이라는 요소는 지속적인 소비량에 중요한 열쇠다."[63]

이제 일회용품을 생산하는 합성산업 회사가 무수히 많아졌다. 이들은 기저귀, 접시, 컵, 식사용 턱받이, 캐비닛 선반 깔개, 바람막이 덧

창문용 필름, 의료검사용 장갑들을 생산했다.[64] (많은 합성수지 생산자들의 본고장인) 매사추세츠 주 레민스터의 플라스틱 몰딩 회사 포스터 그랜트(Foster Grant)에서는 선글라스를 만들기 시작했다. 값이 싸고 스타일을 자주 바꿀 수 있어서, 쓰던 선글라스를 버리고 언제든 새롭게 멋을 내도록 소비자들을 유혹할 수 있었다.[65]

유행의 변화, 일회용 제품과 함께, 포장 또한 폴리머 소비를 증대시킬 더할 나위 없는 기회를 주었다. 합성산업은 새로운 일회용기를 만들어냈다. 전시에 부체(浮體)로 사용되던 스티로폼이 전후 일회용품 시장에 등장했다. 주로 커피 컵과 포장재가 많았는데, 나중에는 달걀 포장, 고기 접시, 테이크아웃 음식 용기가 출시되었다.[66] "전국에서 몇백 군데의 노점을 운영하던" 테이스티 프리즈(Tastee-Freez)는 일회용 스티렌 그릇에 아이스크림을 담아 팔기 시작했다.[67] 색상이 다채롭고 눈을 사로잡으며 압축할 수 있는 폴리에틸렌은 곧 인기 있는 포장재가 되었다.[68] 1950년대 중반에 어느 플라스틱 광고는 "온갖 병이 진열되어 있군요! 하지만 딱 한 병만 '나를 골라요!' 라고 말하네요!"[69] 라고 광고했다. 1960년대에 폴리에틸렌은 표백제 용기, 세제 용기부터 커피 캔과 쇼트닝 캔 마개, 선탠로션 튜브, 빵 봉지, 화장품 포장재, 맥주 여섯 개들이 고리까지, 모든 종류의 일회용품을 만드는 데 이용되었다.[70]

전후에 합성수지 생산자들은 새롭고 전에는 알려지지 않았던 플라스틱에 소비자들이 익숙해지게 만들고자 교육적인 노력을 기울였다.

사람들은 플라스틱에 자연스럽게 이끌린 게 아니었고, 본능적으로 플라스틱을 낭비한 것도 아니었다. 기업은 소비자들에게 플라스틱의 일회성을 주입해야 했다. 『모던 플라스틱스』 기사에 따르면, 1950년대 후반만 해도 사람들은 새로 나온 일회용 플라스틱 컵을 보관하면서 다시 쓰고 있었다. "대중이 플라스틱 컵을 그냥 버릴 수 있는 매우 편리한 용기라는 걸 받아들이는 건 시간문제일 뿐이다."[71]

소비자들이 합성제품을 소비하고 버리는 법을 배워야 했다는 건, 꾸준히 넓어져온 플라스틱 시장이 업계가 자주 주장하는 대로 단순히 편리를 추구하는 소비자의 요구에 부응한 결과가 아니었음을 드러낸다. 생산이 합성산업으로 바뀜에 따라 소비자가 다른 물질을 선택할 수 있는 기회는 줄어들었다.[72] 생산자가 플라스틱의 융통성, 저가, 개성적인 외관을 받아들이자, 유리, 종이, 그 밖의 천연물질로 만들어진 제품의 유용성이 줄어들기 시작했다. 플라스틱은 더 많은 이윤을 뜻했고 산업은 변화의 경제적 동기에 굴복했다. 이런 점에서 미국 소비자들은 생산 사슬을 구성하는 의사결정에서 아무런 발언권이 없었다. 1960년 생산된 전체 폴리머의 약 10퍼센트가 포장재로 쓰였다. 1966년에 그 수는 두 곱으로 불어났다. 1969년에는 플라스틱 가운데 4분의 1가량이 포장재로 만들어졌고, 그 양은 거의 그대로 쓰레기가 되었다.[73] 그러므로 슈퍼마켓에 장을 보러 가는 이들 가운데는 새롭고도 놀라운 물질을 반긴 이들도 있었겠지만, 플라스틱과 일회용품은 소비자의 요구와 상관없이 나날이 판매가 증가한 것이다.

조용한 설득

이 모든 소비와 낭비는 민주주의, 시장, 그리고 인간의 본성이 빚어낸 정상적인 산물이 아니었다. 그것은 길러져야 했다. 『프린터스 잉크』는 2차대전 전에 이렇게 지적했다. "기업의 미래는 제품뿐 아니라 소비자를 생산해 내는 능력에 달려 있다."[74] 이를 위해 기업은 광고를 통해 개인과 가정의 소비를 권장했고, 종종 '만들어진' 또는 '인공적인' 필요라고 불리는 것을 중시했다.[75] 광고비 지출은 1920년 10억 달러에서 1950년 45억 달러로 급상승했고, 1956년에는 여기서 두 곱으로 불어 100억 달러에 육박했다.[76]

이 가운데 많은 부분이 텔레비전이라는 새롭고 매혹적인 광고 매체에 표현되었다. 1950년에 레비타운(Levittown, 뉴욕 외곽에 건설된 계획 도시—옮긴이) 교외 주택의 거실 벽을 차지한 텔레비전은 기본적인 가정용품이 되고 있었다.[77] 1950년대 중반에는 3500만이 넘는 가정이 수상기 앞에 앉아 있었다.[78] TV 광고에 지출된 비용은 1950년 1억 7700만 달러에서 1955년에는 10억 달러 이상으로 껑충 뛰어올랐다.[79]

전후 광고는 개인을 겨냥한 마케팅의 산물이었다. 19세기 후반과 20세기 초반의 초기 광고는 제품의 생산 과정을 조명함으로써 구매자들에게 공장이 깨끗하고, 성분이 순수하며, 기업이 정직하다는 믿음을 주려고 했다.[80] 1920년대에 생산자들은 제품을 판매할 새로운 방법을 찾고 있었다. 많은 광고업자들은 인간의 심리학에 뿌리를 둔 새로운 형태의 소비 욕구를 만들어내기 시작했다. 광고는 소비자를 결함과 단점이 많은 존재로 그려냈다. 입 냄새나 체취가 나고, 옷 입는 감각이 떨어진다는 '문제'를 지적하면서 불안감을 조성했다.[81]

전후 시기에 적극적으로 도입되고, 욕망, 불안, 질투에 바탕을 둔 마케팅은 매우 효과적이었다. 이 전략은 새로운 소비계급을 탄생시켰다. 이들은 산업사회가 악의 뿌리라는 구조적 문제를 보지 않고, 산업이 생산해 낸 제품이 해결책이라고 이해했다.

엘리자베스와 스튜어트 유언(Elizabeth and Stuart Ewen)이 지적했듯이, 2차대전 훨씬 전부터 광고는 노동자를 자각하는 계급의 일부가 아니라 파편화된 '피고용인'으로 재구성했다. 이런 유형의 광고는 사회 지위와 인간의 가치를 소비 능력과 연관 지었다. 이를 통해 마케팅은 소비를 노동 과정과 분리시켰고, 시장에 편입된 개인을 노동자가 아니라 소비자로 정의했다. 이런 구조에서 개인의 역량은 동료 노동자들과의 단결된 행동이 아니라 구매 시점에서 표출되었다.[82] 이제 노동자는 힘을 잃고 무기력해 보였고, 소비자는 능력 있고 절제되어 보였다. 존 버거(John Berger)가 지적한 바와 같이, 이런 조건에서 개인은 "무기력하다는 느낌과 함께 질투하며 살게 된다. 질투는 거듭해서 백일몽을 꾸게 한다. …… 수동적인 노동자는 꿈속에서 적극적인 소비자가 된다. 노동하는 자아가 소비하는 자아를 질투한다."[83]

유언 부부에 따르면, "떠오르는 세계적인 시장에서, 소비주의는 관습적 관계를 대체하는 기본적인 사회관계다."[84] 시장의 모습에 따라 인류와 생태계와의 관계까지 바뀌었다. 소비자를 노동과 자연에서 분리된 존재로 정립함으로써 쓰레기 가득한 현실이 널리 받아들여지게 되었다.

낡은 것은 버리고

생산자들이 노후화의 내재화를 통해 소비를 확장시키고 있을 때, 쓰레기 처리는 그 결과인 쓰레기 홍수에 적응하기 위해 진화해야 했다. 초효율적이고 널리 이용되는 위생매립지 말고도 2차대전 뒤에는 다른 많은 쓰레기 처리 기술들이 발전했다. '스모카트론(Smokatron)'이라는 특별하게 고안된 자동차 소각로처럼 이색적인 설비가 등장했는데, 이 장치는 "한 시간에 두 대의 자동차를 처리할" 수 있었다. 이와 함께 기술 혁신이 잇따라서 첨단 쓰레기 압축트럭도 선보였다.[85] 전후 시대에는 집집마다 최신 쓰레기 처리기구를 갖추고 있었다. 이 최신 압축기들은 날로 커지는 쓰레기 더미에 대한 부담을 실제로나 미적으로나 심리적으로 줄여주었다.

대부분의 미국 가정에 전기와 가스가 설치되면서 가정에서 나오는 재 쓰레기는 양이 줄어들었다. 하지만 이 때문에 부엌 스토브에서 날마다 종이와 음식 찌꺼기를 태울 수 없게 되었다. 이에 따라 일부 가구에서는 싱크인 쓰레기 분쇄기를 설치했다. 부엌 하수구 밑에 설치해 물기 어린 음식 쓰레기를 분쇄하고 더러운 물은 지역의 하수처리 시스템으로 보내는 장치였다.

위스콘신의 건축가 존 햄스(John W. Hammes)가 발명한 최초의 부엌 쓰레기 분쇄기 '인싱크 이레이터(In-Sink Erator)'가 1937년 시장에 첫선을 보였다.[86] 뉴욕 시 같은 일부 지역 정부는 '완전분쇄기(dispos-all)'라고도 불린 이 설비들을 금지했다. 노화된 하수 시스템에 무리를 줄지도 모른다는 이유였다. 이와 비슷하게 일부 건물 소유주들은 낡은 배관을 보호하려고 싱크인 분쇄기를 외면했다.[87] 그렇지만 '완전분쇄기'는 많은 지역에서 쓰레기 처리기관의 환영을 받았다. 그 덕택에 수거해야 할 쓰레기 양이 적어지고 수송비용을 절감할 수 있었기 때문이다. 미국 공공사업협회의 추천으로, 1950년대에 200만이 넘는 가정에서 쓰레기 분쇄기를 설치했고, 일부 도시에서는 새로 짓는 주택에 이 설치를 완비할 것을 요구했다.[88]

소규모 소각로 또한 가정용 쓰레기에 많이 이용되었다. 소각 화덕은 집과 아파트, 가게, 소규모 회사, 병원, 그 밖의 단체 건물 안팎에서 쓸 수 있었다. 이는 "어떤 장소에서 생긴 쓰레기를 …… 거의 쓰레기가 생기자마자 태움으로써 그 괴로움과 해로움을 줄였다."[89] 그것은 방공호 논리가 가정에 남긴 흔적이었다.

전후 시대의 발전에서 하나 더 중요한 것은 쓰레기 압축 수거트럭이다. 오늘날까지도 널리 쓰이는 이 트럭은 특히 수거량을 늘림으로써 인건비를 줄이고자 고안되었다.[90] 위생매립지와 양립할 수 있는 기술인 압축트럭은 유압을 이용해 트럭 안쪽으로 쓰레기를 압축해 넣었다. 쓰레기를 압축하고 자동으로 싣는 새 트럭에는 일손이 덜 필요했다. 트럭 한 대가 더 많은 쓰레기를 수거해 올 수 있었고, 쓰레기 처리 과정에서 가장 비용이 많이 드는 부분을 단순화하고 속도를 높였다. 이미 압축된 쓰레기를 위생매립지로 보내는 일은 매우 쉬웠다.

이 모든 새로운 기술 탓에 폐품 수거는 더욱 줄어들었다. 가내 처리 방법이 생겼으므로 쓰레기는 더 이상 폐품 수거꾼의 손에 넘어갈 일이 없었다. 압축트럭 속에서 모든 게 압축되었으므로 중고품 거래인들조차 폐품을 수거하기가 더욱 어려워졌다. 비용절감 효과가 크고 효율적인 새 쓰레기 수거 방식과 잘 어울렸으므로, 1970년대 중반 즈음 압축트럭은 미국에서 운행하는 수거차량의 반 이상을 차지했다.[91] 쓰레기가 나오는 대로 바로 깨끗하게 치워주니 제품의 흐름이 더욱 빨라졌다. 그토록 편리한 기반구조 덕분에 쓰레기 치우는 일이 쉬워지자, 사람들의 낭비 성향은 정상으로 보였다.

6장

쓰레기와 환경보호주의

1970년 4월 22일, 유례없는 대중 봉기가 일어났다. 2천만 명의 미국인이 전국의 거리로, 공원으로, 학교 운동장으로 쏟아져 나와 새로운 정치 문제인 환경에 대한 관심을 표명했다. 상원의원 게일로드 넬슨(Gaylord Nelson)과 환경운동(Environmental Action) 같은 실천적 단체가 반전운동의 성공 사례와 토론회를 이용해 조직한 첫 번째 지구의 날(Earth day)은 획기적인 사건이었다. 겉으로는 지구에 사는 생명의 건강과 관련된 것이었지만, 그 뿌리는 낭비가 심한 미국의 생산 체제에 대한 최초의 대중적 저항이었다. 미국 전역의 도시에서 사람들은 산업사회의 환경 문제를 토론했고, 지역적 관심을 반영한 교육 및 정치 행사에 참여했다. 내무장관 월터 히클(Walter J. Hickel)의 추천으로, 지구의 날 행사는 어린이, 어머니, 농부, 성직자, 역사학자, 교사, 정치가, 히피들을 끌어들였다. 먼 거리를 유지하던 백악관의

닉슨 대통령조차 행사를 지지한다고 말했다.[1]

그날 연설에서 시카고 세븐(Chicago Seven, 1968년 시카고 민주당 전당대회장 앞에서 벌어진 대규모 시위의 주동자 일곱 명이 정부 전복 음모로 재판을 받은 사건—옮긴이)의 한 사람인 레니 데이비스(Rennie Davis)는 이렇게 선언했다. "공식적으로 환경오염에 반대한다. 우리의 계획은 단순하다. 애그뉴(Agnew, 당시 미국 부통령—옮긴이)를 체포하고 자본주의를 깨부수는 것이다. 오염 반대의 태도에 한 가지만 예외를 둔다. 우리 모두 마리화나에 불을 붙이고 취하자." 이보다 훨씬 온건한 이들도 저마다 생태적 위기를 진단했고, 많은 이들이 여느 때처럼 기업을 비난했다. 조합교회주의자인 채닝 필립스(Channing E. Phillips) 목사는 이렇게 말했다. "환경적 약탈은 우리의 국가적 삶이다. 그것이 지구의 제한된 자원을 책임 있게 돌보는 것보다 훨씬 이익이기 때문이다." 생물학자 월터 하워드(Walter S. Howard)는 군중들에게 이렇게 말했다. "풍족한 사회는 폐수가 흐르는 사회가 되었다. 미국에서 세계 인구의 6퍼센트가 세계 고형폐기물의 70퍼센트 이상을 만들어낸다."[2]

캘리포니아 산호세주립대학 학생들은 소비주의에 저항하는 뜻으로 2500달러짜리 최신형 자동차를 구입해 땅에 묻었다.[3] 한 새우잡이 어선은 사우스캐롤라이나 주 찰스턴을 출발해 워싱턴 D.C.로 향했다. 사우스캐롤라이나 해안에 건설 계획 중인 화학공장을 반대하는 주민 3만 5천 명이 서명한 청원서를 전달하려는 것이었다. 자동차 도시(Motor City, 미시간 주 디트로이트를 말한다.—옮긴이)에서는 여성들이 산업쓰레기를 디트로이트 강에 버리는 그레이트 레이크스 스틸 사(Great Lakes Steel Corporation) 앞에서 피켓을 들고 시위하며 지구의 날을 기념했다. 미주리 주 레이크 오자크(Lake Ozark)에서는 젊은이들이 US 루트 54(일리노이 주에서 텍사스 주까지 동서로 이어진 고속도로—옮긴이)를 따라가며 쓰레기를 주웠다. "길가에 쌓으니 높이 3미터가 넘는 쓰레기가 다섯 더미"였다. 입법 전선에서는 상원의원 넬슨이 시민들에게 환경적 개혁을 요구할 법적 권리를 부여하도록 헌법 개정을 제안했다.[4] 그리고 그날 다수 군중은 "줄이고, 다시 쓰고, 재활용하자!"는 새로운 주문을 외기 시작했다.

지구의 날은 환경보호주의를 일으킨 날이 아니었다. 오히려 그날은 현대적 생산의 위험성을 직간접으로 드러낸 여러 사건의 정점이었다. 그때까지의 모든 것이 옳지 않다는 게 증명되었다. 오래전부터 건강에 해롭고 보기에도 좋지 않다고 알려졌던 대기 오염은 어디서나 신문의 주요 뉴스였다. 1952년 런던에서는 유독한 공장의 연기가 기온 역전 때문에 갇히면서 그 지역을 덮어버렸고 이 때문에 4천 명이 넘는 사람이 사망했다. 10년 뒤 뉴욕 시에서도 이와 비슷한 기상 문제로 사람들이 스모그에 갇혀 죽는 사건이 두 번이나 일어나 600명에 이르는 사람들이 사망했다.[5] 또 다른 전선에서는 1962년 레이첼 카슨(Rachel Carson)의 책 『침묵의 봄(Silent Spring)』이 널리 쓰이던 살충제 DDT의 놀라운 결과를 시적인 언어로 서술했다. 베스트셀러가 된 이 책은 이전에는 이 사실을 알지 못했던 대중의 저항에 불을 지폈고, 몬산토와 그 밖의 화학업계는 작가에 맞서 광고 공세를 펼쳤다.[6] 1960년대에는 대중들이 댐 공사와 오래된 숲의 벌목에 반대하는 투쟁을 벌였고, 연방 정부는 1964년 자연보호구역법(Wilderness Act)을 제정하기에 이르렀다. 새로운 '생태 운동'이 등장한 것이다.[7]

단지 환경 문제 때문에 점점 더 많은 이들이 문제를 있는 그대로 자각하게 된 것은 아니었다. 1960년대 대항문화는 관습적인 생활방식과 무의미한 소비주의를 멀리했다. 대항문화를 지지하는 많은 이들이 돈이 들지 않는 삶의 방식을 선택했고, 풍요로운 사회의 폐기물을 주워 쓰며 살았다. 1960년대 후반에 미국 도시들은 폭동에 휩싸였다. 1968년 전 지구적인 정치적 봉기는 전후 시대의 자기만족적 허울을 벗겨냈다. 첫 번째 지구의 날보다 조금 앞서서 아폴로 8호가 달 탐사를 떠났다. 처음으로 우주에서 지구 행성을 찍은 사진들이 나왔다. 뜻밖에도 사람들은 이 사진에서 자원이 한정된 지구의 모습을 보았다. 이 덕택에 자연의 풍요로움에 한계가 있다는 자각이 높아졌고, 이 자각은 '조망 효과(overview effect)'라고 불리게 되었다.

생태 문제가 널리 알려지자 닉슨은 1970년 국정연설에서 그 주제를 다뤄야 한다는 압박을 느꼈다. "1970년대는 반드시 공기, 물, 우리가 살아가는 환경의 깨끗함을 되찾음으로써 미국인이 과거에 진 빚을 갚은 시대가 되어야만 합니다. 말 그대로 지금 아니면 기회가 없습니다."[8] 미국 대통령의 그런 극단적인 표현은 시대가 확실히 변하고 있다는 걸 의미할 뿐이었다.

싹트고 있던 환경운동은 대중과 산업 간의 간극이 넓어지고 있음을 드러냈다. 대중은 나날이 자연의 제한을 자각했고, 산업 분야는 생태적 대가가 어떻든 끊임없이 생산의 증대에 집착했다. 대부분의 생산자가 정의했듯이 쓰레기는 생산의 속도를 늦추는 것이었다. 첫 번째 지구의 날에 거리를 메운 수많은 이들에게, 쓰레기는 불모지로 변한 숲이고, 오염된 물이며, 숨 막히는 하늘이자 끝없는 쓰레기 더미였다.

전후 시대의 번영이 비싼 대가를 치르고 이루어졌음을 이해하는 사람들이 많아졌다. 사람들은 효율적인 생산, 엄청난 성장 속도, 높은 이윤과 쏟아져 나오는 제품들로 알 수 있는 뚜렷한 성공이 어떤 체제에서 비롯된 것이며, 그 체제는 자연 생태계에 미치는 자신의 영향을 무시하고 있음을 깨달았다. 테일러주의, 포드주의, 그리고 떠오르고 있는 후기 산업사회 형태의 생산 모두가 환경 비용을 무시했다. 환경 보호주의자들은 이 계산서를 곧 지불해야 할 때가 오고 있음을 알았다.

1970년대까지, 미국 정부는 기업이 생태계와 인류 건강을 외면하는 일을 막기 위해 한 일이 거의 없었다. 사실 국가는 기업이 천연자원을 완전히 고갈시키도록 아낌없이 지원해 주었다. '뒷면'에서는 쓰레기—다 쓴 전기용품, 유행에 뒤떨어진 물건들, 일회용기들—를 공공의 책무로 다루었고, 자치단체 관련기관은 쓰레기 처리 기술과 프로그램을 감독하고 재정을 지원했다. '앞면'에서는 원자재 채취와 수송을 위한 법규정을 축소하고 다양한 보조금 정책을 둠으로써 자연 생태계를 파괴하는 생산방식을 지원했다.

그러나 거스를 수 없는 시대의 정치적·문화적 변화는 연방 개혁의 물결을 일으켰다. 일부 개혁은 소심하고 부적절해 보이지만, 그 개혁은 오늘날까지도 국가가 천연자원의 이용을 규제하는 가장 적극적인 시도였다. 1970년, 닉슨이 지켜보는 가운데 의회는 청정대기법과 자원재생법을 비롯해 철저한 환경보호법을 통과시켰다. 그해 연방 정책 입안자들은 환경보호기구를 창설해 "환경의 위해 요소를 예방하거나 뿌리 뽑는"[9] 권한을 맡겼다. 1972년 '청정대기법(Clean Water Act)'이 발효되었고, 1976년에는 '자원보존 및 재생법(Resource Conservation and Recovery Act, RCRA)'이 통과되었다. 이에 따라 EPA는 매립지 기준 규정을 감독하게 되었다. 이는 "유해 폐기물 처리 규제에 연방정부가 최초로 개입"[10]한 일이었다.

워싱턴 D.C.에 압력을 행사하던 시에라 클럽(Sierra Club)과 그 밖의 역사가 오랜 환경보호단체들은 더욱 새롭고 역동적인 단체를 함께 결성했다. 지구의 벗(Friends of the Earth), 환경운동, 환경정책센터(Environmental Policy Center), 지방자치연구소(Institute for Local Self Reliance), 천연자원시민협회(Citizens' Committee on Natural Resources)가 이런 단체였다.[11] 랄프 네이더(Ralph Nader)의 공익연구단체(Public Interest Research Group)와 천연자원보호협회(Natural Resources Defense Council)도 1970년대 초반에 설립되었다. 더 새로워진 단체들은 환경오염에 대한 대중적 관심을 밑바탕으로 생겨났지만, 생태주의에 기반한 단체들은 자연보호론자들이 결성한 것으로 20

세기 초반에 이미 서로 연대했다. 전통적인 환경보호론자들의 유산은 국유림이었고, 젊은 활동가들의 의제는 인류의 건강과 자연계를 보호하기 위해 체제를 개혁하는 것이었다. 1970년대에 이들 가운데 많은 단체가 포장 규제 같은 문제를 두고 정치인들과 수완 좋고 부유한 로비 단체, 이를테면 전미생산자협회(National Association of Manufacturer)와 정면으로 맞섰다. 이들은 '병 법안(bottle bill)'과 '캔 금지법(ban the can)' 같은 법안을 제출했다. 이들 법안은 매립 조건에서부터 특정 형태의 포장 금지까지 규정하고 있었다. 이에 따라 환경보호론자들과 거대기업 간에 격렬한 입법 전쟁이 이어졌다.

재활용 용기는 사라져가고

음료수 용기는 1970년대 중반에 가장 빠르게 늘어난 고형폐기물이었다.[12] 1959~1972년 동안 소비된 맥주와 탄산음료 양은 1인당 33퍼센트가 증가했고, 소비된 용기 수는 221퍼센트가 증가했다.[13] 생산과 폐기에 대한 최소한의 규제로, 거의 사용되지 않은 병과 캔도 곧장 쓰레기 더미로 실려 갔다. 1976년에 포장재는 무게로 측정했을 때 혼자 34퍼센트를 차지함으로써 자치단체 고형폐기물 가운데 최대 범주였다.[14] 환경보호론자들이 갑자기 포장재에 주목하게 된 이유가 있던 것이다. 1970년대 이전에 대부분의 음료 생산자들은 두꺼운 유리병에 음료를 담아 팔았다. 이 병들은 씻기만 하면 스무 번도 넘게 다시 쓸 수 있었다.[15] 그러나 탄산음료의 재사용 용기 이용률은 1958년 98퍼센트에서 1972년 39퍼센트로 급락했다. 같은 해, 맥주 용기의 82퍼센트가 '일회용'이었다.[16] 새로운 쓰레기 시대가 열린 것이다.

오늘날과 마찬가지로, 기업은 일회용으로 변화한 것이 편리를 추구하는 소비자의 요구에 부응한 것이라고 주장했다. 일회용이 나오자, 빈 병을 회수하는 귀찮고 시간이 소모되는 여행은 뒤떨어진 것이 되었다. 현실에서 이러한 변화는 다음 세 가지 주요한 동력의 결과였다. 음료 생산자와 용기 생산자는 일회용기 사용이 새롭고도 잠재적으로 거대한 사업임을 깨달았다. 또 독특한 포장은 진일보한 마케팅에 알맞았다. 마지막은 어쩌면 가장 중요한 것으로, 일회용기는 음료 산업 합병의 열쇠였다.

처음으로 일회용 캔과 병이 사용된 것은 1930년대였지만, 일회용품은 2차대전 뒤까지 여러 가지 이유로 시장에서 큰 부분을 차지하지 못했다. 가장 두드러진 이유는 두 가지였다. 생산자들이 아직 일회용품의 잠재적 이득을 완전히 이해하지 못했고, 금속과 유리에 대한 전시의 제약이 일회용품의 대량생산을 가로막았던 것이다. 전쟁이 끝나자 모든 게 바뀌었다. 점점 늘어가는 시장의 개척이 가열되면서, 음료 및 용기 업계의 대표들은 다른 분야의 대표들과 마찬가지로 쓰레기로 부자가 되는 열차에 뛰어올랐다.

일회용품으로 얻을 수 있는 잠재적 이득은 매우 컸다. 일회용기는 딱 한 번 쓰고 나면 버리는 것이다. 다시 쓸 수 있는 병 하나는, 스무 개에서 마흔 개의 일회용기와 맞먹었다. 전문잡지 『모던 패키징(Modern Packaging)』은 1961년에 이렇게 썼다. "재활용할 수 없는 제품이 성장할 여지가 커 보인다."[17]

용기 생산자들에게 일회용품이 이로움을 준 건 분명했다. 더 많은 그릇이 버려진다는 건 새로운 소비가 늘어난다는 뜻이었기 때문이다. 일회용품은 마케팅에도 이익이었다. 새로운 일회용기에 맥주와 탄산음료를 담아 팔면서, 음료 회사들은 (당시 모든 생산자와 마찬가지로) 물건이 빼곡히 들어찬 슈퍼마켓의 셀프서비스 진열대에서 소비자의 관심을 사로잡고, 경쟁회사의 제품과 자신의 제품을 차별화할 수 있었다. 그것이 바로 업계에서 말하는 '비가격 제품 홍보'(가격 이외의 면을 제품 홍보에 이용하는 것—옮긴이)다. 음료 회사들은 이제 경쟁사를 이기기 위해 낮은 가격 대신에 눈에 띄는 포장을 이용할 수 있게 되었다.[18] 버릴 수 있는 새 포장지는 시장 점유율을 높이는 데 이바지했고, 제품 가격은 똑같거나 더 높아졌다.

이런 발전 말고도, 일회용 포장은 2차대전 이후 음료 산업의 근본적인 재편성에 중요한 역할을 했다. 일회용 캔과 유리병이 다시 사용할 수 있는 병을 대체함으로써 주요 음료기업이 맥주와 탄산음료 시장을 더욱 쉽게 장악할 수 있었다. 당시 다른 분야도 마찬가지였지만, 음료업계는 나날이 집중화되고 효율성이 높아졌다. 1974년에, 펜실베이니아 주의 탄산음료 제조업자 피터 초콜라(Peter Chokola)는 재사용 용기가 "한 탄산음료 회사가 장악하는 시장의 범위를 자연스럽게 제한"했다고 설명했다. 재활용 용기를 사용하는 시스템은 배송 트럭을 구속했다. 빈 병을 싣고 음료 공장으로 돌아와야 하기 때문에 먼 거리를 갈 수 없었다. "따라서 음료 시장을 개척하려면 지역에 뿌리를 둔 수많은 중소 규모의 탄산음료 공장이 꼭 필요했다"고 초콜라는 말했다. 일회용기로 바꾸면서 코카콜라와 펩시 같은 대형 음료회사가 소규모 회사를 압도하기 시작했다. 초콜라는 이렇게 설명했다. "탄산음료 산업의 독점화를 이룰 수 있었던 건 일회용기 덕택이었다."[19]

음료수병 재사용 시스템이 사라짐에 따라 지역의 수많은 음료업자가 문을 닫기 시작했다. 1947년 미국에는 탄산음료 회사가 5200개 있었지만, 1970년에는 1600개만이 남아 있었다. 맥주 산업의 집중화는 더욱 극단적이었다. 1950년에는 맥주 양조장이 400군데가 넘었지만, 열여섯 해 안에 100여 군데로 줄어들었고 1974년에는 64군데만이 명맥을 유지했다. EPA에 제출된 한 보고서는 이렇게 서술했다. 맥주 산업의 독점화는 "일회용기의 도입으로 촉진되고 가능해졌다."[20]

이런 생산의 변화와 함께, 소비 형태와 쓰레기 형태도 바뀌었다. 성장하는 전국의 맥주 산업이 지역 기업을 압도하고 도시 근교의 문화가 퍼져나가면서, 집에 사 갖고 가서 마시게 만든 여섯 개들이 팩이 술집의 나무통에 든 생맥주를 대체했다.[21] 게다가 일회용기는 막 생겨나고 있던 식료품점 체인에 알맞았다. 일회용기는 추가 노동력을 필요로 하지 않았고 재활용 용기에 필요하던 값비싼 보관 장소도 필요 없었기 때문이다. 이 변화는 쓰레기가 엄청나게 변화함을 뜻했다. 일회용기를 사용하게 된 음료시장 관련기업들은 비용을 소비자에게, 자치단체 쓰레기 수거 처리 당국에, 그리고 환경에 전가하는 포드주의 관습을 심화 발전시켰다. 『안티트러스트 회보(Antitrust Bulletin)』의 1975년 기사는 이를 "사적 비용에서 사회 비용으로의 이동"이라고 표현했다.[22] 이 변화─독점화, 증가된 포장재 소비, 그리고 비용의 전가─들은 모두 더 높은 이윤을 보장했다.

지구생물권의 자각

포장과 폐기에 대한 감독이 심화되면서 주류 관습에 의문을 던지는 이들이 많아졌다. 첫 번째 지구의 날 전부터 대항문화가 번성했고, 반소비주의 불꽃은 뜻밖에도 미국 자유시장의 심장부에서부터 타올랐다. 소비의 축소, 자발적인 재활용 프로그램, 개인의 폐품 수거와 재사용 노력들은 지구를 책임감 있게 관리하고, 끊임없는 노동과 채무의 덫을 피하게 한다는 점에서 중요한 것이었다.

미국 전역에서 머리가 긴 소외자(dropout)들은 슈퍼마켓 쓰레기통을 뒤져 공짜 음식을 먹었고, 재활용 가게에서 중고 옷을 사 입었다.

반정부 지하운동도 전국적인 자원 네트워크 형성을 도왔고, 대안적 삶의 방식을 권고했다.[23] 애비 호프먼(Abbie Hoffman)의 『이 책을 훔쳐라(Steal This Book)』는 무료로 생활용품을 구하는 방법을 소개했다.

> 집을 개조하는 집주인들이 스토브, 식탁, 전등, 냉장고, 카펫을 내버린다. 거의 모든 도시에는 대형 폐기물을 내다 버리는 날이 정해져 있다. 공중위생국에 전화를 걸어서 자신이 그 비싼 물건들을 내버리는 마을에 살고 있다고 말하고 수거일이 언젠지 알아내라. 밤 늦게 길거리를 돌아다니면 헐값에 좋은 물건을 살 수 있다. 대형 백화점 뒤편에 가면, 전시품, 쇼윈도 진열품, 조금 손상된 가구 들이 버려져 있다.[24]

히피와 보헤미안은 빵을 굽고, 흙으로 그릇을 만들고, 가구를 짜고, 옷을 짓고, 도시의 텃밭에서 먹을거리를 기르고, 필요한 것들을 공동주택에 갖추었다. 신념을 지니고 '땅으로 돌아가' 전기나 수도 없이 사는 이들이 많아졌다. 샌프란시스코의 레인보우 그로서리(Rainbow Grocery)와 워싱턴 D.C.의 스톤 수프(Stone Soup) 같은 협동조합 식품점에서는 겹겹이 포장된 음식을 팔지 않고 큰 통에 식품을 담아놓고 팔았으며 고객들에게 장바구니를 가져오게 했다.[25] 이처럼 대항문화인들과 거기에 영향을 미친 이들은 소비를 줄이고 일상생활에서 사용하는 물건을 만들고 고쳐 썼다. 이들은 미국 산업생산자들이 만들어놓은 환경에 저항하는 세력을 키워갔다.

이즈음 생태주의로 무장한 활동가들이 지역에서 종이, 캔, 병 재활용을 시작했다. 미국 전역에서 폐물을 수집했던 2차대전의 자원 절약 이후로는 미국에서 재활용 운동이 크게 벌어진 적이 없었다. 위스콘신 주 매디슨은 전후에 도로에서 재활용품(신문)을 수거한 최초의 자치단체였다. 1968년에 시작된 이 일은 대중의 지지를 받아 여섯 해 뒤에는 130군데가 넘는 자치도시로 퍼져나갔다. 도시들은 도로에서 저마다 다른 수거 시스템을 운영했다. 첫 번째 지구의 날 이전 몇 달 동안에 3천 개의 지역 재활용 프로그램이 시작되었다.[26]

활동가들—많은 이들이 여성—이 이 초기 재활용 운동을 주도했다. 처음에는 부엌과 차고에서 시작되었지만, 나중에는 지역의 수거센터로 확장되었다.[27] 역사학자 루이스 블룸버그와 로버트 거틀립에 따르면, 그 프로그램들은 "고형폐기물 관리의 대안을 만들려는 방법이었을 뿐 아니라 '일회용' 시장에 대한 일종의 문화적 거부로 시작되었다."[28] 이 재활용품 수거센터 가운데 많은 곳이 정보센터로 바뀌어, 그때까지 대부분 알려지지 않았던, 생산과 소비가 환경에 미치는 영향들을 알려주었다.

생태주의 선구자들이 만들어낸 쓰레기를 줄이는 방법은 많은 주류 제도의 관심을 끌었다. 예를 들어 EPA는 이들의 실천에서 착안해 '원천축소(source reduction)'라는 방법을 고안했다. 1970년대 중반에 EPA 고형폐기물관리국의 에일린 클로센(Eileen Claussen)은 이 개념을 이렇게 설명했다. "대부분의 쓰레기 관리 방법은 쓰레기 처리 방법만 다루고 쓰레기가 발생하는 시점에서 발생하는 환경적 위험을 생각하지 못했다. 하지만 원천축소는 원자재 채취 시점부터 최종 폐기 단계까지 환경적 위험을 줄일 것이다."[29]

한층 전체론적인 이 방법론이 '3R'을 계층적 구조로 바라보았다는 것이 중요하다. 먼저 소비를 줄이고(reduce), 이미 만들어진 제품은 되도록 오랫동안 다시 쓰고(reuse), 마지막 방법으로 재활용(recycle)하는 것이다. 1974년 환경운동(Environmental Action)의 고형폐기물 담당자 패트리샤 테일러(Patricia Taylor)는 이렇게 설명했다. "이상적인 건, 모든 쓰레기 축소 방법을 다 사용하고 난 뒤에 자원재생[재활용] 방법을 쓰는 것이다. 납세자들은 자원재생 시설에 재정을 지원해서는 안 된다. 자원재생 시설은 처음부터 만들어질 필요가 없었던 물자를 처리하는 곳이기 때문이다."[30]

단지 증상만이 아니라 그 원인을 알게 된 히피들, 활동가들, 그 밖의 관심 있는 시민들이 재사용 확대와 제품의 내구성 증대를 요구하기 시작했다. 이들은 쓰레기가 만들어지기 전에 생산 측면에서 물자와 에너지 소모를 줄이려 했다. 일회용품 시장과 대결하고 내재화된 노후화의 합법성에 맞서겠다는 뜻이었다. 1970년대 에너지와 오일 쇼크가 심각해짐에 따라, 환경보호론자들은 재사용품이 일회용품보다 합리적이라고 주장했다. 원유 공급이 부족해지면서, 1975년에 최초로 폴리에틸렌 수지(PET) 탄산음료수병이 등장했다. 석유화학 물질로 만든 (그리고 듀퐁 사 직원이면서 유명한 화가 집안 출신인 대니얼 와이어스[Daniel C. Wyeth]가 발명한) 이 용기는 대량생산 시스템의 위선과 비합리적 낭비성을 증폭했다.[31]

녹색 위장술

오랜 시간 동안 대중에게 파괴적인 산업사회 방식을 일깨워온 건 무엇이었는가? 이 풀리지 않았던 의문의 해답은 부분적으로는 지난 스무 해 동안 생산자가 끊임없이 해온 노력, 다시 말해 엄청나게 많은 쓰레기가 가져오는 결과를 은폐하고, 그 생산에 대한 저항을 피하려 했던 바로 그 노력에서 비롯되었다.

기업이 쓰레기 문제를 적극적으로 다루려 했던 여러 방법 가운데 최초의 것은 1953년 일회용품 금지에서 시작되었다. 싹트고 있던 환경보호주의 운동이 아니라 불만을 품은 낙농업자들의 요구가 발단이 되어, 버몬트 주 의회는 주 전역에서 일회용기의 판매를 금지했다. 신문은 이렇게 보도했다. "의회에서 거의 3분의 1을 차지하는 농부들의 불만이 커지고 있다. 가끔 마른풀 더미에 떨어져 있던 일회용기를 암소가 먹이랑 함께 먹고 죽는 경우가 있다는 것이다."[32] 당장의 생계가 걸린 낙농-정치인들은 가축이 일회용 유리병을 먹고 죽는 걸 막는 법

을 통과시켰다.[33]

이로부터 몇 달 지나지 않아 포장업계는 재정이 풍부한 비영리단체 '미국을 아름답게(Keep America Beautiful, KAB)'를 결성했다. 이는 앞으로 등장할, 녹색단체로 세탁하고 나타난 많은 기업 첨병 가운데 첫 번째였다. KAB 설립자들은 일회용 캔을 만들어낸 아메리칸 캔(American Can)과 일회용 병을 만들어낸 오웬스-일리노이 글래스(Owens-Illinois Glass)라는 거대기업이었다. 그들은 코카콜라, 딕시 컵(Dixie Cup), 리치필드 오일(Richfield Oil, 나중에 애틀랜틱 리치필드가 됨), 그리고 전미생산자협회 같은 스무 개가 넘는 거대기업과 협력했다. KAB는 회원과 지도자와 이해관계를 이들 기업과 공유했다.[34] 오늘날에도 중요한 비중을 차지하고 있는 KAB는 막대한 돈을 쏟아부어 미국 전역에서 미디어를 이용한 캠페인을 벌였다. 이들 캠페인은 나날이 늘어가는 쓰레기가 개인의 나쁜 습관에서 비롯된다고 대중을 교육했고, 기업 규제와 먼 입법을 중시했다.

나중에 레이디 버드 존슨(Lady Bird Johnson, 미국 36대 대통령 존슨의 부인—옮긴이)이 창설을 도운 미화단체들을 본보기 삼아, KAB는 남몰래 지역사회단체 및 교회조직, 공공교육제도와 모든 수준의 정부조직과 손잡고 십자군을 결성했다.[35] 그 첫해에 KAB는 교육적인 내용이 담긴 팸플릿과 안내서를 인쇄해 학교에 배포했다. 전미교육협회(National Education Association)와 손잡고 "훌륭한 시민의식의 일부로서 올바른 사회예절을 지속적으로 교육"하려는 것이었다.[36] 몇 해

지나지 않아서 KAB는 미국 전역에서 쓰레기 반대 캠페인을 벌였다. 캠페인은 서른두 주에서 "진행 중이거나 예정되어" 있었으며, 참가 인원이 7천만 명이 넘었다. 이 프로그램은 네 개의 연방부서와 쉰 개의 전국 공익단체의 적극적인 지원을 받았다.[37] KAB의 성공은 일찌감치 이루어졌다.

KAB는 아무 데나 쓰레기를 버리는 개인을 처벌하는 법안을 환영했다. 『뉴욕타임스』에 따르면, 이들은 "벌금형, 상습범은 징역형, 그리고 일관된 법의 엄격한 적용"[38]을 비롯해 지역 또는 주 법안의 더욱 강력한 집행을 지지했다. 이런 해결책은 KAB 지도부를 만족시켰다. 그런 법안 덕택에 대중들은 기업을 불편하게 만들 수 있는 일들, 이를테면 생산을 규제하거나, 캔·병·음료 회사로 하여금 이윤이 훨씬 덜 남는 재활용 용기를 사용하게 하는 일에 관심을 두지 않게 되었기 때문이다.

그들의 노력은 보람이 있었다. 1957년 버몬트 법은 철회되었다. 대중의 압력이 거의 사라지자 주 의회는 병 금지법을 갱신하지 못했다. 미국 전역에서 포장재의 억제가 사라지자, KAB와 KAB가 이바지하고 있는 이익집단이 세상을 지배했다.[39] 조직의 전략 가운데 주목할 것은 그 위대한 문화적 발명품, 바로 쓰레기(litter, 공공장소에 불법적으로 버려졌다는 의미가 포함되어 있다.—옮긴이)였다.[40] 이 범주의 폐기물은 전에도 있었다. 하지만 KAB는 그 정치적·문화적 의미를 완전히 변화시킴으로써 쓰레기 논쟁의 용어를 바꾸어놓았다. KAB는 사람들이 환경적으로 자각하면서 기업의 어마어마하고 유해한 자연 파괴를 인식할까 봐 두려웠다. 그들은 생태학적 재앙은 지저분한 쓰레기에 해당되는 얘기일 뿐이고, 실제 악인은 '쓰레기를 버리는 사람'으로 인식되길 바랐다. 이런 정책 아래 조직은 일회성과 노후화를 옹호할 수 있었다. 문제는 쓰레기가 늘어나는 것이 아니라고 그들은 설명했다. 문제는 쓰레기를 올바르게 버리지 않는 무례한 사람들이었다.

KAB의 정신은 그들이 제작한 〈아름다운 유산(Heritage of Splendor)〉에 집약되어 나타난다. 이는 1963년에 제작된 '교육' 영화로, 로널드 레이건이 내레이션을 맡았다. "숲과 광물 같은 유형자원에 책임을 져야 할 우리가 이 중요한 자원을 여가에 어떻게 이용하는가? 우리는 집을 떠나 휴가를 간다. 책임으로부터 벗어나 휴일을 보낸다. 우리는 쓰레기를 버린다. …… 쓸모를 다한 물건은 쓰레기가 된다. 사람들이 생각 없이 버리자마자 쓰레기가 된다."[41]

개인을 비난하는 핵심 전술―아메리칸 캔의 중역이 주장한 것처럼, "포장재는 쓰레기를 만들지 않는다. 사람들이 쓰레기를 만드는 것이다."―은 늘어가는 쓰레기의 실제 원인을 숨겼다.[42] KAB는 대량생산과 대량소비가 환경에 미치는 영향에 관해 혼란을 심어놓는 길을 닦았다. 오늘날 녹색으로 세탁하는 기업계에서 가장 좋아하는 방법이 이것이다. 기업이 책임 있게 자연자원을 다루고 있다고 대중들이 믿는다면, 자유시장 시스템에서 이루어지는 생산이 지속가능한 것이라고 생각한다면, 그리고 쓰레기를 처리할 수 없게 되었을 때에 비난받아야 할 대상이 소비자임을 평범한 소비자들이 받아들인다면—오웰리언(Orwellian, 조지 오웰의 소설에 나오는 사회처럼 획일적이고 통제된 사회—옮긴이)식 의사 결정—법은 시행되지 않을 것이고, 정부는 개입하지 않을 것이며, 생산은 기업의 뜻대로 계속될 수 있다. 이렇듯 정교한 여론의 조작은 PR의 아버지 에드워드 버네이스(Edward Bernays)가 '동의의 조작(the engineering of consent)'[43]이라고 부른 것의 고전적인 본보기다.

KAB는 기업이 더 잘 받아들여지게 하려면 쓰레기에 대한 사람들의 인식을 바꾸어야 한다는 걸 알았다. 이 일반적인 동력을 철학자 레이먼드 제우스(Raymond Geuss)가 설명했다. "회피와 혐오의 대응 방식은 인간 생물학의 기본 사실에 뿌리를 두는 듯하며 모든 인류 사회에 존재하는 듯하다. 그러나 그 특정 형태는 문화적으로 형성되며 오랜 훈련 과정을 통해서만 습득된다."[44] KAB은 지구를 파괴하는 기업의 역할을 숨기고 그들의 만행을 완전히 지워버렸다. 그리고 개인들이 저마다 자연 파괴의 책임을 져야 한다는 메시지를 집요하게 주입했다. 그리고 유능한 PR 전문가들이 있는 KAB는 이 모든 '이상한 다과회(Mad Tea Party, 『이상한 나라의 앨리스』의 한 장. 앨리스와 다른 등장인물들의 이상한 논리가 이어진다.—옮긴이)' 논리가 매우 이성적이고 정상적인 것처럼 보이게 했다.[45]

능력 있는 홍보가들의 경험이 쌓이면서, KAB는 노련한 반환경주의자가 되어 1970년대를 향했다. 그들은 능숙하게 형세를 뒤바꿔놓았다. 1971년 두 번째 지구의 날에 KAB는 그 상징적인 텔레비전 광고들 가운데 최초의 광고를 방송했다. 사슴가죽을 걸친 늙은 할리우드 배우 아이언 아이스 코디(Iron Eyes Cody, 인디언계 영화배우―옮긴이)가 등장하는 광고였다. 이전 시대에 KAB는, 전문잡지『모던 패키징』이 '대단한 도전'이 될 것이라고 예견했던, 포장업계를 규제하지 않고 쓰레기를 줄이겠다는 방침 앞에서 도망쳤지만, 이제는 진지하게 주짓수(jiujitsu, 격투기 무술의 일종―옮긴이)를 훈련하고 있었다.[46]

그 감동적인 광고는 젊은 세대든 늙은 세대든 미국인들의 죄책감을 건드렸다. 포장재와 캔이 흩어져 있는 강물에서 노를 저으며, 연기를 내뿜는 공장이 희미하게 보이는 풍경을 지나쳐 코디는 쓰레기가 흩어져 있는 강둑에 카누를 댄다. 차들이 가득한 고속도로 옆으로 걸어온 전형적인 아메리카 원주민의 신발에 무책임한 금발의 사람이 차창 밖으로 던진 패스트푸드 봉지가 떨어진다. 그러자 코디는 카메라를 똑바로 바라보면서 눈물을 한 방울 흘린다. 배경에 흐르는 음악은 감동적이었고, 겹쳐지는 목소리는 엄숙했다. "한때 이 나라에 깃들었던 자연의 아름다움을 언제까지나 깊이 사랑하는 사람들이 있습니다. 하지만 그렇지 않은 사람도 있습니다. 사람들이 환경을 오염시키기 시작했습니다. 사람들이 그것을 멈출 수 있습니다."

TV 광고에 공장 굴뚝과 교통이 혼잡한 고속도로가 등장한 건 KAB의 메시지가 바뀌었음을 뜻했다. 생태운동과 맞닥뜨리면서 그들은 쓰레기가 모든 악의 근본이라는 관점을 더욱 정교하게 제시하고 있었다. 그 합법성을 유지하기 위해 KAB는 대기오염과 수질오염 같은 문제들을 시인해야 했다. 이사회는 이에 반발했다.[47] 그러나 이 상업 광고나 그 뒤로 비슷하게 지저분한 곳에서 가슴을 울리는 시나리오에 코디를 등장시킨 광고들 모두 KAB의 오랜 메시지와 달라진 건 없었다. 환경오염의 책임은 개인에게 있는 것이었다. 환경의 황폐함은 개인들이 이기적인 태도로 자연을 존중하지 않기 때문에 벌어진 쓰디쓴 결과였다.

이겨야 하는 싸움

1970년대에 미국 전역에서 논의된 법안은 일회용품 사용에 대한 철저한 금지, 포장재에 대한 대중적 감시, 일회용품에 대한 규제, 자치단체 재활용의 실천을 두루 다루었다. 이에 맞서기 위해 포상업계와 생산자는 끈덕지게 로비와 입법 활동을 벌였고, 여론을 그들의 의지대로 조작하기 위해 대중매체를 이용한 캠페인을 펼쳤다.[48]

이런 활동은 두말할 것도 없이 짧지만 격렬했던 1959~1960년 플라스틱 업계의 투쟁의 영향을 받은 것이었다. 당시 그들은 폴리에틸렌 필름에 대한 규제 철폐를 위해 싸웠다. 질식에 의한 아동 사망과 성인의 자살이 잇따르자 신문과 정치인들은 "비닐봉지를 금지하라!"[49]

고 외치게 되었다. 이에 지지 않으려는 플라스틱기업협회(SPI)는 세력을 규합해 전국적인 교육 캠페인을 시작했다. 교활한 BBDO 광고사(Batten, Barton, Durstine & Osborn)가 이에 협력해, 투명한 비닐봉지는 올바르게 사용하면 본래 좋은 것이라고 광고했다. 이 전투에서 SPI는 경력이 많은 자문가 제롬 헤크먼(Jerome Heckman)과 손을 잡았다. 그는 1년에 6만 5천 킬로미터를 돌아다니면서 폴리에틸렌 규제를 추진하는 법안을 포기하라고 연방, 주, 카운티, 그리고 지역 기관을 설득했다.[50] 포장업계는 모든 수준의 정부에서 규제 조치를 철폐하게끔 하기 위해 막대한 돈을 쏟아 부었고, 이는 기본 활동으로 자리 잡았다.

포장재를 둘러싼 다음 주요 전투는 오리건 주에서 일어났다. 오리건 주에서는 1972년 미국에서 최초로 보증금법(deposit law)을 승인했다. 일회용품을 직접적으로 금지하는 대신, 모든 맥주 및 음료수병과 캔에 보증금 5센트를 부과해 용기를 반환하면서 환불받게 한 제도였다. 이 법은 위로 잡아당겨 따는 캔 마개도 금지함으로써 표준적인 음료수 캔을 모두 불법화시켰다.[51] 음료 생산자와 용기 생산자는 법안의 정치적 지지를 억누르기 위해 적극적으로 로비를 벌였다. 그들은 환경적 영향이 심각하지 않고, 법의 적용이 현실과 맞지 않으며, 전반적으로 경기 침체를 초래할 것이라고 주장했다. KAB에 영향력이 큰 아메리칸 캔은 오리건 법안에 소송을 제기했다. 소송은 주 대법원까지 갔으나 법안을 막지는 못했다.[52]

법 시행 1년 뒤에 감사관들이 오리건 보증금법을 감사해 보니, 법안의 시행은 두말할 나위 없이 성공적이었다. 길가의 쓰레기는 부피가 35퍼센트 줄었고, 재사용과 재활용이 증가하면서 3억 8500만 개의 음료수병이 덜 사용되었다. 오리건의 5만 가정을 난방할 수 있을 만큼의 에너지가 절약되었고 일자리가 늘어났으며 물가가 안정되었다. 초기에는 잠깐 맥주 소비가 떨어졌지만 시장은 곧 여느 성장속도를 되찾았다. 대중은 법안을 지지해 찬성률이 91퍼센트였다.[53]

몇 달 뒤, 버몬트 주 의회는 비슷한 법을 시행했다. 이 법안 또한 기업의 저항에 맞서 존속되었다. 그러나 음료와 포장 생산자들은 수거 및 재사용 시스템을 궁지에 몰아넣기 위해 팔을 걷어붙이고 다른 묘안을 짜냈다. 어느 버몬트 주민은 이렇게 말했다.

> 우리 음료 용기는 종류, 크기, 색상이 몹시 다양하고, 환불 규정 안내문의 위치도 저마다 달라서 사람들에게 혼란을 준다. 그 혼란은 의도적인 것이다.(모든 탄산음료 캔에는 보이지도 않게 밑에 붙어 있다. 맥주 캔에는 위에 표시가 되어 있지만 아주 작게, 따는 꼭지에 붙어 있을 때가 많다. "보증금 없음, 환불 안 함"이라는 표지는 병 옆에 붙어 있는 경우가 많은데, 환불한다는 내용은 밑바닥에 붙어 있을 때가 많다.)[54]

버몬트 법은 존속했다. 버몬트와 오리건의 지침을 본보기 삼아

EPA는 다섯 해 동안 불법 투기 쓰레기, 전반적인 쓰레기 생산, 에너지 소비, 가격과 일자리에 미치는 영향을 연구했다. 이 결과 오리건에서 이미 밝혀졌던 바와 비슷한 결과를 얻었다.[55] 따라서 아메리칸 캔의 중역이자 KAB의 지도자이기도 한 윌리엄 메이(William May)가 말했듯이, 새롭고 편리한 용기를 만들라는 소비자의 압력 때문에 용기 생산자들이 "이러지도 저러지도 못하고 중간에 끼여 있다"[56]는 기업의 주장을 믿기란 더욱 어려워졌다.

미네소타에서는 주 의회가 1973년 포장심사법(Packaging Review Act)을 통과시킨 뒤 힘든 법적 싸움이 벌어졌다. 법안의 정책 설명은 이렇다. "고형폐기물 자원의 재활용은 물질자원과 에너지 자원을 보존하는 방법이다. 그러나 재활용이나 폐기가 필요한 물자의 양을 줄이는 것 또한 사회 이익에 부합한다." 명백히 소비 억제를 지지하는 법안은 낭비가 심한 포장을 효과적으로 규제하기 위해 대중의 감독 권한을 규정했다. 용기 생산자들은 PR 광고를 통해 이를 공격했다. 그 조치가 헌법에 위배되고 다른 주와의 교역을 간섭한다며 소송을 제기했다. 주의 대법원은 법안을 지지했지만 실행 수단을 제거함으로써 법이 실패하도록 했다.[57]

다음은 캘리포니아였다. 1974년 캘리포니아 주 의회가 보증금 법안을 제출하면서 논쟁이 시작되었다. 이번에는 KAB가 직접 개입했다. 여론 형성과 교육에 적극적인 KAB는 비영리단체이므로 법안에 대해 이러쿵저러쿵 발언하면 안 되었다. 하지만 단체에 소속된 포장

기업들로부터 강한 압력을 받은 KAB는 슬쩍 법적인 충고를 흘리고 대표 로저 파워스(Roger Powers)를 새크라멘토로 보내 법안 반대를 증언하도록 했다. 청문회에서 파워스는 이렇게 말했다. "이 단편적인 법안을 갖고 경솔한 조치를 취하지 말고, 전체적인 그림을 살펴보라고 촉구하고 싶습니다. …… 그런 태도를 지니면 제안된 '병 법안'은 해답이 아님을 알게 될 것입니다."[58] 캘리포니아 법은 시행되지 못했다.

여덟 해 뒤, 캘리포니아 시민들은 '건의안 11(Proposition 11)'이라는 또 다른 규제 법안을 제시했다. 이 법안은 모든 맥주 및 음료수 병과 캔에 5센트의 보증금을 물리는 것이었다. 법안에 대한 기업의 공격적 저항은 중상모략과 거짓말이라는 새로운 전략까지 내보이기에 이르렀다. 언론은 "오점으로 얼룩진 한 해"였다고 표현했다.

투표를 한 주 앞두고, 건의안 11 반대세력은 캘리포니아 방송에 TV 광고를 쏟아냈다. 오리건에서 '평범한 소비자들'이 시행 2년이 지난 보증금법을 강하게 비판하는 내용을 인터뷰한 광고였다. 한 남자는 다른 주의 맥주를 사려면 까다로운 절차를 밟아야 한다고 불평했다. 그러나 광고에 등장한 사람들은 기업 내부자로서 캘리포니아에서 시행이 결정되지 않은 법안을 막기 위해 일하는 이들이었음이 밝혀졌다. 이 반대자들은 EPA 보고서가 그들을 지지하는 것처럼 위조했고, 정치인들의 지지를 받고 있다고 거짓 주장했다. 그리고 병 법안이 기존의 재활용 프로그램을 손상시키고, 실업을 유발하며, 물가를 높이고, 건강 문제를 일으킬 것이라고 주장했다(마지막 주장은 특히 이

상했다).[59] 투표가 시작되면서 생태계를 개선하는 수준까지 쓰레기를 줄이자는 것이 대중들의 넓은 지지를 받았지만, 건의안 11은 표결에서 지고 말았다.[60]

1976년 모든 미국 주 의회와 수많은 시 의회, 카운티 의회―모두 1200군데 이상―에서는 저마다 포장규제 법안을 제안했다.[61] 1977년 환경저술가 피터 하닉(Peter Harnik)은 이런 글을 썼다. "맥주 양조업자, 병과 캔 생산자, 그리고 탄산음료 기업들은 법안이 투표에 상정되지 못하게 하거나 표결에서 패배하도록 하기 위해 각 의회에 로비 팀을 보냈다."[62] 1970년대 중반에 뉴욕 빌트모어 호텔에서 열린 KAB 이사회 회의에서, 윌리엄 메이는 보증금 법안 제안자들이 '공산주의자들'이라고 비난했고, 예정된 모든 병 법안 표결에 맞서 전면적으로 대응하자고 주장했다.[63]

1976년 포장법을 시행한 주 세 곳, 카운티 다섯 곳, 도시 네 곳 가운데 대부분이 기업이 제기한 소송을 당했다.[64] 용기업계와 음료회사들은 포장법이 불공정하게 거래를 제약한다고 주장했다. 1970년대 말에는 메인, 미시건, 아이오와, 사우스다코타, 코네티컷, 델라웨어 주만이 오리건, 버몬트에 합세해 음료 용기 규제를 채택 운영하고 있었다.[65] 대부분의 주에서 맥주와 탄산음료 용기만을 규제했고, 거센 기업의 반발 탓에 알코올음료, 와인, 주스 용기는 새 법안의 적용을 받지 않았다.

1970년대에 생산자들은 연방 수준에서 다시 실업과 경제 침체라는 교활한 연막작전을 펴서 전국적인 포장 규제를 철폐하려 했다. 이미 대통령 자문위원회에서 전국적인 병 법안의 통과를 권고한 뒤였는데도 말이다. 자문위원회는 이 법안의 통과로 하루에 휘발유 1900만 리터에 이르는 에너지가 절감될 것이라고 보았다.[66] EPA와 연방 에너지운영기구(Federal Energy Administration, FEA)의 보고서는 이런 결과를 반영한다. 전국에서 용기를 재사용하면 하루에 원유 10만 배럴이 절약되며, 고용이 증대되고 음료수 가격이 30퍼센트 낮아진다는 것이었다.[67] 이 수치는 1970년대 재정 위기와 에너지 위기에 중요한 의미였다. FEA는 사회의 관심도 높다는 걸 알았다. 미국인의 73퍼센트가 강제적인 보증금법을 지지했다.[68]

이러한 조건에서 당시 펩시콜라 대표 도널드 켄덜(Donald Kendall)은 EPA 대표이자 연방 보증금 법안의 노골적인 지지자인 러셀 트레인(Russell Train)에게 서한을 보내 압력을 가했다. "전국적인 음료수 용기 보증금 법안을 지지하는 당신의 태도는 인플레이션에 전쟁을 선포한 대통령의 뜻과 실업에 대한 우려에 완전히 위배됩니다. ……당신의 입장은 자유로운 음료 용기 선택으로 표현되는 사람들의 자유의지를 무시하고 배반하는 것입니다." 켄덜은 복사본을 닉슨과 그의 최측근 도널드 럼스펠드에게 보냈다.[69] 1980년대에 음료 기업은 이미 재사용 용기를 대부분 추방했다. 평범한 소비자들은 진실로 무엇을 원했든 일회용기 가운데서 선택하는 자유를 누려야 했고, 쓰레기는 점점 더 늘어났다.

닭장 속의 여우

　기업의 수장들은 포장 규제를 철폐하기 위해 현란한 속임수를 쓰기도 했다. 노동을 환경운동과 격리시키는 것이 그들의 주요 활동이었다. 통찰력 있는 PR 전문가와 막대한 전쟁자금을 지닌 기업은 환경에 좋은 것이 노동에는 나쁘다고 세계에 알렸다. 이 주장은 오늘날까지도 이어져온다(세계화 운동이 그것을 폭로하기 시작했지만). 공통된 후렴구―소비가 감소하면 반드시 생산이 감소하고 이에 따라 실업이 증가한다는―는 생산자들의 참된 걱정이 이윤 저하라는 사실을 은폐했다. 고용 저하 주장은 분명히 그릇된 것이었다. 오리건 보증금법 하에서 일자리가 증가했고, 그 뒤 EPA의 조사도 그와 일치했기 때문이다.

　이전 시대에 기업의 집중화를 통해 수많은 일자리를 없애버렸던 바로 그 기업들이 환경법을 비난하고 있었다. 환경법이 소수를 위해 경제를 망치는 것이며, 평범한 미국인이 타고난 권리로 요구하는, 높은 생활수준을 침해한다는 것이었다. 이러한 말재간도 중요한 현실을 은폐하기는 마찬가지였다. 현실은, 매립이나 소각을 통해 상품이 사라질 때 노동도 사라지는 것이다. 마르크스는 이렇게 썼다. "노동자들은 자신의 삶을 객체에 투입한다. 그러면 그의 삶은 더 이상 자신의 것이 아니라 객체의 것이 된다."[70] 이것이 사실이라면, 우리 현 제도에서 노동자의 삶은 그가 만드는 제품의 것일 뿐 아니라, 쓰레기 무덤의 것이기도 하다. 생산된 재화가 쓰레기가 될 때, 재화를 만드는 데

들어간 노동 또한 쓰레기가 된다.

이런 점에서, 쓰레기는 자연물에 그치는 게 아니라 제품의 순환과 이윤 창출을 위해 바쳐진 인간의 노동이다. 또는 우리가 마르크스의 유명한 공식을 수정할 수 있다면, M-C-M′에서 빠진 문자는 쓰레기 (garbage)의 G다.[71] 노동연구가 존 마셜(John Marshall)은 노동, 이윤, 쓰레기 간의 이 연관을 다음과 같이 설명한다.

> 매립에 관해 중요하게 기억해야 할 것은 그것들이 자본주의의 불행한 부산물이 아니라는 점이다. 그것들은 사실 자본주의의 성공을 나타낸다. 이윤이 얼마나 창출되었는가는 우리가 매립지에 버리는 쓰레기의 양으로 알 수 있다.
>
> 또 우리는 이 제품들을 생산하는 데 들어간 노동의 양을 생각해야 한다. 원래 마모되는 속도보다 빠르게 닳아 없어지도록 특별히 만들어진 이 제품들을 생산하는 데 들어간 시간을 생각해야 한다. 그 시간에 우리는 다른 무엇을 할 수 있었을까? 그 시간을 투자해서 다른 어떤 생산적이고 과학적이며 독창적인 활동을 할 수 있었을까? 우리는 다른 어떤 대안적인 사회를 건설할 수 있었을까?[72]

강력할 수도 있는 노동과 생태운동의 동맹을 의도적으로 침식하는 것은 자본의 이익에 부합했다. 실질적인 문제가 무엇인지에 대해 혼란을 가중시킴으로써 기업은 대중적인 규제 법안의 실패를 이끌어냈고, 대량생산의 확대에 필요한 천연자원의 자유로운 이용권을 얻었다. 기업은 보증금법도 최소한으로 운영되게 했다. 오늘날 미국에서 캔과 병에 대해 강제로 보증금을 부과하는 주는 열한 개뿐이다.

입법 및 법률 전선에서 싸우면서 포장 및 관련 기업은 PR이라는 간담이 서늘할 만큼 강력한 권력을 휘둘렀다. PR 전문가 하워드 체이스(W. Howard Chase)는 "'동의의 조작'이란 자신의 의지로든 의지에 반해서든 타인을 굴복시키기 위해 설득과 대화의 모든 방법을 사용해 이미 결정된 결론을 이끌어내는 것이다. 그 결론에 이르는 것이 대중의 이익에 부합하느냐 아니냐는 아무런 관계가 없다"고 에드워드 버네이스의 핵심 사상을 설명했다.[73] 산업 생산과 자원 채취는 이처럼 대중의 참여를 배제하고 이루어졌다. 그 기본 논리는 민주주의에 굳건히 뿌리를 내린 인류와 환경의 건강함이 아니라 이윤 증대와 시장의 확대였다.

7장

재활용

미국 전역에서 쓰레기 매립에 드는 평균 비용은 1950～1980년대 초까지는 일정했으나 1984～1988년에 갑자기 두 곱으로 뛰었다.[1] 미니애폴리스 같은 도시에서는 톤당 5달러에서 30달러로 여섯 곱으로 불어났다.[2] 비용의 급상승 뒤에는 10년 묵은 '자원보존 및 재생법'의 새로운 시행이라는 주요 동력이 숨어 있었다. 이 법은 매립지의 안전 기준을 요구하는 조항— '부제 D(Subtitle D)'라고도 하는—이 들어 있는, 쓰레기 처리시설을 감독하려는 연방정부 최초의 시도였다.

전후 시대부터 1980년대에 이르기까지 대다수 매립지에서는 유해 물질을 광범위하게 받아들였지만, 유독성 침출수와 유해가스의 관리 시스템은 부족했다. 매립지들은 20세기 초반에 진 빈센츠가 개발한 위생매립 방법을 이용했지만, 시간이 흐르면서 흙을 오염시키고 지하수를 더럽히고 공기에 공해 물질을 배출했다. 1980년대 말에, 이전에 세워진 매립지 가운데 많은 시설이 유독한 것으로 판명되었다. 슈퍼펀드(Superfund, 공해방지 사업에 투입된 대규모 자금—옮긴이) 매립지 가운데 반이 이에 속했고, 빈센츠의 프레즈노 위생매립지도 포함되었다.[3] 정치 의지의 변화 덕택에 마침내 시행된 부제 D의 목적은 노후 시설의 정비나 폐업을 유도하는 것이었다.[4]

부제 D의 시행은 놀라운 결과를 낳았다. 당시 미국 쓰레기의 90퍼센트가 매립되었는데 매립지의 94퍼센트는 기준에 미치지 못했다.[5] 따라서 미국 매립지 몇백 군데가 문을 닫았다. 1980년대에 매립지 가운데 3분의 2가 사라진 것이었다.[6] 이와 함께 쓰레기 배출량이 폭증했는데, 1960~1980년 동안 미국의 고형폐기물은 네 곱으로 불어났다.[7]

새로운 도시 근교의 사법부가 관할지역의 토지 이용에 권한을 행사할 수 있게 된 것은 매립지 운영에 압력으로 작용하고 있었다. 이전 시대에 처리장이 더 필요했던 자치단체들은 도시 외곽으로 나가 매립하기만 하면 되었다. 이제 도시 관리들은 근처에 매립지 건설을 막는 근교의 지방정부를 상대해야 했고, 이 때문에 더 먼 곳에 가서 쓰레기를 처리해야 했다. 인구가 집중된 도시 중심부에서 아주 먼 매립지를 찾으니 많은 자치단체와 쓰레기 처리업체의 쓰레기 수송비용이 치솟았다. 다시 말해 새로운 매립지를 지을 수 있는 땅을 찾기가 어려워졌고, 이는 이미 시작된 쓰레기 처리의 어려움을 더욱 악화시켰다. 자치단체들은 다른 해결책을 빨리 찾아내야 했다.

기업과 정부 내부의 친쓰레기 진영과, 놀라울지도 모르겠지만 일부 입장이 선명한 전국적 환경조직은 바로 준비가 되어 있는 소각로를 옹호했다. 친기업 정책으로 꾸준히 이동하기 시작한 EPA도 쓰레기 위기의 해답으로 소각로를 지지했다. 보수적인 환경단체와 EPA는 소각로가 노천 소각이나 감독을 벗어난 투기보다 진일보한 방법이라고 판단했다. 1980년대에 그들은 쓰레기 소각이 안전하고 적절하며 '입증된' 처리 방법이라고 주장했다. 그리고 쓰레기가 재가 되어 부피가 줄기 때문에 소각이 매립지 공간 확보의 어려움을 덜어준다는 것이었다. 지미 카터 대통령 재임 기간에 에너지국(Department of Energy, DOE)의 소각로 보조금 지원 계획에 힘입어, 소각은 쓰레기 처리 시장을 장악할 것처럼 보였다.

그러나 쓰레기업계가 예상치 못했던 일이 일어났다. 1980년대 말과 1990년대 초반에 연기를 내뿜는 소각장에 대한 풀뿌리 저항이 소각공장의 확산을 저지한 것이다. 미국 전역에서 생태 및 사회정의 문제를 두루 다루는 다양한 지역단체들이 자치단체에 압력을 넣어 쓰레기 소각을 금지하고 재활용을 우선하는 대중적 환경보호주의의 새 시대로 나아가도록 촉구했다. 1975년에는 단 열 개뿐이었던 미국의 자치단체 재활용 프로그램은 1980년대 말에는 5천 개를 넘어섰다.[8]

대중의 압력이 높아지자, 쓰레기 회사와 공공기관 및 제조업 분야에 있는 협력자들은 어쩔 수 없이 재활용을 받아들였다. 방법은 여러 가지가 있었기 때문에 재처리(reprocessing)가 기업에게도 반드시 최악의 시나리오는 아니었다. 결국 재활용은 기존의 생산 과정에 거의 혼란을 주지 않았다. 더욱 근본적인 조치―(배출량 규제를 통한) 소비 감소나 재사용의 의무화 같은―가 훨씬 위협적이었다. 재활용은 이미 만들어진 뒤에 쓰레기를 처리하는 방법이었다. 그리고 재활용은 그 자체의 제조 과정을 요구함으로써 지속적인 생산을 보장하는 기술적 해법이었다.

대중들에게 널리 지지를 받은 재활용은 분명 소각이나 매립보다 환경적으로 훨씬 건강한 것이지만 여러 제약이 있다. 제대로 분류된 모든 폐기물이 실제로 새 제품으로 재생되는 건 아니다. 분리수거된 많은 물자가 곧바로 소각로나 매립장으로 가서 처분되는 경우가 많다. 이는 무엇보다 시장이 부족하기 때문이다. 2000년 현재, 미국의 재활용 비율은 놀라우리만치 낮았다. 알루미늄은 54퍼센트, 유리는 26퍼센트, 종이 40퍼센트, 그리고 플라스틱은 겨우 5퍼센트였다.[9]

재활용은 사실 상당한 이익을 제공하는 것이지만, 문화적인 잣대로 볼 때 더욱 강력한 개혁을 대중이 외면하게 한다. 재활용은 소비 증대를 정상으로 받아들이게 하며, 쓰레기를 버리는 행위에서조차 환경적으로 책임을 지고 있다고 착각하게 한다. 빈 병, 한 번 쓴 종이, 시리얼 박스를 전용 수거함에 버리면서도 그렇게 많은 쓰레기가 있다는 것에 죄책감을 느끼지 않아도 된다. 재활용은 또한 제조업이 지구 환경을 책임 있게 돌보는 주체로 스스로 재정립하게 하는 수단으로, 기업의 녹색 세탁에 새 국면을 열어주었다.

그러나 많은 단점이 있다고 해도 재활용은 소각이나 매립보다 자원을 훨씬 효율적으로 이용하는 방법이다. 재활용은 환경에 대한 대중의 양심을 더욱 자극해 왔고, 산업적 생산과 생태적 건강, 그리고 인류의 건강이 어떤 연관이 있는지 대중이 깨닫게 해주었다.

태우고 또 태우고

부제 D 이외에도, 매립지에서 최소한의 안전 기준을 규정한 연방 정부의 조치, EPA 고형폐기물 정책의 극적인 변화, 그리고 엄청난 연방 보조금 덕택에 소각로가 부활했다.

1978년 에너지 위기에 대응하기 위해, 카터 행정부는 공공사업규제정책법(Public Utilities Regulatory Policies Act, PURPA)을 채택했다. 여러 조항들 이외에도, 이 법은 '에너지 독립'을 창출한다는 구실로 소각로를 운영하는 기업에 풍부한 보조금과 기회를 제공했다. 쓰레기를 소각하는 새 공장들이 연소 과정에서 발생하는 에너지를 전기로 바꾸겠다고 약속했기 때문에, 이들은 공공사업규제정책법에 의거하여 다양한 보조금을 받을 자격이 있었다. 그러나 이 정책도 처음부터 에너지 소비를 줄일 수 있는 실제적인 도전과는 거리가 멀었다.

소각로가 되찾은 인기의 많은 부분은 그것이 표방하는 목표에서 비롯되었다. (문제가 되고 나날이 인기를 잃어가는 핵발전소 건설에서 벗어

나 자본과 전문성의 새로운 투입 방향을 찾고 있는 기업이 지은) 최신의 소
각로는 연소에서 발생하는 에너지로 전력을 생산한 19세기 후반 방
식을 이어왔다. 지지자들은 이 과정을 '쓰레기에서 에너지로' 또는
'자원 재생'이라 일컬었다. 이들 공장은 소각 과정에서 발생하는 열
과 증기를 포획했지만, 생산된 에너지 양은 처음부터 덜 낭비가 되었
더라면 보존되었을 양의 작은 부분에 지나지 않았다. (물자의 재사용과
소비 감소를 통해) 만들어지지 않은 쓰레기 1톤당 절약될 수 있는 에너
지는 같은 양의 쓰레기를 소각하면서 만든 전력의 두 곱이다.[10]

초창기와 달리, 1970년대 후반에 EPA에는 친쓰레기 정책을 비판
하지 않는 친기업 인사들이 포진해 있었다. EPA는 에너지국과 협력
해 EPA가 선택한 처리 기술로 공식 지명된 소각을 권장했다. 공공사
업규제정책법 하에서 EPA와 에너지국이 규정을 수정하고 기업과 함
께 소각로 건설을 촉진한 것은 더욱 놀랍다. 이를 위해 보조금, 저리
의 대출, 대출 보증, 차익 매매, 자치단체 채권, 가격 유지 같은 정책
을 마련했다. 또 소각로에서 생산된 전기의 재판매를 보장하고 재를
비유해물질로 재분류했다.[11]

이런 분위기에서 소각로 건설은 매우 활발해졌다. 1980년 건설 예
정이거나 건설 중인 쓰레기 소각공장의 수는 60군데 정도였다. 5년
뒤 그 수는 세 곱이 넘게 불어났고, 그로부터 2년 뒤에는 300군데가
넘는 곳이 가동 중이거나 가동 예정이었다. EPA는 소각이 "놀라운 속
도로 성장할 것이며 …… 그 속도는 자치단체의 쓰레기 증가 속도보

다 훨씬 빠를 것"이라고 예견했다.[12]

불꽃 속에 사라지다

　새 공장들이 소각로를 가동하자마자 대량 소각에 대한 대중의 분노가 연기를 피워올리기 시작했다. 환경보호주의를 대중의 양심으로 받아들이는 세상에서, 쓰레기 소각로는 새롭고 더욱 날카롭게 벼려진 사회 저항이라는 브랜드를 만들어냈다. EPA는 고형폐기물 관리를 현대화하고 확대하려는 노력에서 소각로 같은 '새로운 시설에 대한 대중의 반대'가 '중요한 문제'라고 이미 1970년대 후반에 정확하게 지적했다.[13] 소각장 건설이 제안된 곳 근처에 사는 주민들에게, 교통량의 증가와 디젤 연소, 소각장의 재와 연기로 인한 오염의 증가는 결코 무시할 수 없는 문제였다. 일반 가정용 쓰레기를 태우는 소각로에서 다이옥신 같은 매우 유독한 화학물질들이 배출된다는 증거가 많아지고 있었다. 소각되는 쓰레기에서 비롯되는 건강의 위험을 정확히 알고 있는 지역 주민들이 미국 전역에서 일어나 매우 다양한 동맹을 맺어 소각장을 반대했다.

　1980년대 초에 뉴욕 시는 소각장 여덟 군데 건설을 제안하고 만만찮은 저항에 부딪힌 최초의 자치단체가 되었다. 첫 번째 소각장은 노동계급 주거지인 윌리엄스버그의 브루클린 네이비야드(Brooklyn Navy Yard)에 지을 예정이었다. 처음에 지역 주민들은 큰 트럭들이 다니게 된다는 이유로 공장을 반대했다. 하지만 롱아일랜드의 헴스테드(Hemstead) 소각장 같은 곳에서 다이옥신을 위험 수준까지 배출한다고 밝혀진 뒤로, 주민들은 더 가려지고 더 심각한 위험이 도사리고 있음을 알아챘다.[14]

오랜 세월의 인종 분리를 극복하고, 윌리엄스버그의 유태인들과 라틴아메리카 사람들은 인근 포트그린(Fort Green)의 아프리카계 미국인들과 힘을 합쳐 네이비야드 소각로를 중단시키기 위해 '환경을 위한 주민동맹(Community Alliance for the Environment)'을 결성했다. 배리 커머너(Barry Commoner)의 자연생태계센터(Center for the Biology of Natural Systems)의 전문적 지원, 그리고 공익연구단체와 천연자원보호협회를 비롯한 여러 환경단체들의 후원으로 소각장과 대기오염의 과학을 낱낱이 알아가면서, 윌리엄스버그 주민들은 건립되려는 쓰레기 소각장의 안전한 배출 수준을 획득하고자 길고도 극적인 싸움을 벌였다.[15]

1980년대에 다이옥신에 대해 더 많은 것이 밝혀졌다. 고엽제 유해 성분으로 가장 널리 알려진 다이옥신은 산업 생산의 뜻하지 않은 부산물이지만, 날마다 쓰레기를 소각할 때 배출되는 물질이기도 하다. 네이비야드 소각로를 조사하면서, 커머너의 자연생태계센터는 당시 다른 과학자들도 발견한 것을 알아냈다. 플라스틱, 식용 소금, 표백

종이처럼 염소화합물을 함유한 물질이 목재처럼 탄소를 함유한 유기 물질과 함께 태워지면 새로운 화학반응이 일어나 다이옥신이 상당히 증가한다는 것이었다. 소각은 유독한 화학성분을 없애는 게 아니라 실제로 더 많은 다이옥신을 만들어냈다. 1980년대 말에 일부 다이옥신은 알려진 것 가운데 가장 독성이 강한 분자에 속하는 것으로 드러났다. 다이옥신은 암을 일으키고, 출산율을 감소시키며, 태아 성장에 영향을 미치고, 피부암을 일으키며, 면역 체계를 저하시키고, 전염성 질병에 쉽게 감염되게 만든다. 다이옥신이 매우 유독하다고 여겨지는 이유는 오랜 시간 동안 체내에 쌓이면 건강에 다양한 악영향을 미치고, 아주 소량으로도 해를 끼칠 수 있기 때문이다.[16]

소각산업은 필터를 사용해 다이옥신 배출을 억제하겠다며 커져가는 관심을 무마하려 했다. 이것이 바로 '세척기'다. 세척기는 배기가스를 냉각시키고 석회를 첨가한 뒤, 섬유 필터를 거치는 과정이다. 여기서 다이옥신의 90~95퍼센트를 걸러낼 수 있다고 한다. 하지만 커머너에 따르면, 다이옥신을 없애겠다는 약속은 속임수였다. "그런 방식으로 굴뚝에서 배출되는 다이옥신의 양을 줄인다면, 그것은 다이옥신을 없앤 것이 아니라 세척기와 필터가 걸러낸 분진에 전가했을 뿐이다. 분진이 여과세척장치에서 떨어져 나온다면 다이옥신의 대부분이 환경에 침투되는 것이다." 매립된 다이옥신은 지하수에 스며들고 흙을 오염시키기 쉽다. 또 1980년대에는 납, 카드뮴, 수은 같은 중금속이 소각로 재에서 발견되었으며 독성이 있다고 밝혀졌다.[17]

뉴욕 공중위생국은 최첨단 기술로도 다이옥신이 충분히 관리될 수 있다고 끝내 입증하지 못했다. 몇 해 동안 집중적으로 압력을 가한 지역 주민들은 네이비야드 소각로를 막는 데 성공했다. 1990년대 중반에 소각로 건설 예산이 삭감되었다. 뉴욕의 여러 독립구에서도 분쟁이 이어졌고, 주민들은 쓰레기 소각장을 건설하려는 시의 계획에 맞서 싸웠다. 뉴욕의 그림판에는 여덟 개 가운데 아무것도 그려지지 않았다. 조직적이고 헌신적인 지역 주민의 반대 덕택이었다.[18] 그동안 서해안 지역에서는 비슷한 싸움이 불붙고 있었다.

1985년, 주의 주요 쓰레기 처리 자문기관인 캘리포니아 폐기물관리국(California Waste Management Board)은 1997년이면 캘리포니아에 매립 공간이 없을 것이라고 경고했다. 그리고 그 해법으로 소각로의 이용을 늘려야 한다고 권고했다. 재활용에 주어진 역할은 최소한이었고, 쓰레기 감소와 재사용 전략은 완전히 배제되었다. 기업에서 생산 수준에 간섭하지 말라는 압력을 넣었기 때문이다.[19]

1980년대 중반에 캘리포니아는 소각장 서른네 곳을 지을 계획이었고, 로스앤젤레스에만 세 곳이 계획되었다. '로스앤젤레스 에너지재생 프로젝트(Los Angeles City Energy Recovery Project, LANCER)'라 알려진 소각장 삼형제는 시장 탐 브래들리(Tom Bradley)를 비롯해 지역 정치인들의 폭넓은 지지를 받았다. 소각장의 규모는 거대했다. 세 곳의 용량은 합쳐서 로스앤젤레스의 쓰레기 70퍼센트를 태울 수 있었다. LANCER 가운데 첫 번째 소각장이 가난한 노동계급 라틴아메리카인과 아프리카계 미국인이 거주하는 사우스센트럴(South Central)에 건설될 계획이었다.

위생국의 안전 보장(위생국에서는 시설이 매우 청정하므로 지역 주민들이 소각장 잔디밭에서 결혼식을 올릴 수 있을 거라고 약속했다)을 믿지 못한 주민들은 '로스앤젤레스 사우스센트럴을 생각하는 시민들(Concerned Citizens of South Central Los Angeles, CCSCLA)'을 결성해 막강한 세력이 된다. 윌리엄스버그에서와 같이, 사우스센트럴 주민들은 소각장에서 배출하는 다이옥신과 유독성 중금속이 건강에 미치는 영향을 걱정했다.

CCSCLA는 주민조직과 전문가조직이 인상적으로 결합해 동맹을 결성했다. 이 단체는 로스앤젤레스 각 지역의 시민단체, 주택소유자단체, '느린 성장'을 추구하는 환경단체들과 긴밀히 협력했다. 세 곳 가운데 한 곳이 지어질 예정이던 부촌 웨스트사이드도 손을 잡았다. 얼마 지나지 않아 CCSCLA는 몇 군데 시의원들, UCLA 도시계획과 학생들, 그린피스를 비롯한 지역 및 전국적 환경단체들을 같은 편으로 끌어들였다.[20]

소각 지지자들은 반대파가 다양하고 무시할 수 없는 세력이 되리라 곤 꿈도 꾸지 않았고 방심했다. 결국 처지가 바뀐 시장과 지역 공무원들은 1987년 프로젝트 전체를 철회했다. 소각 반대 운동을 받아들이고, 몇몇 L.A. 시의원들은 시에서 재활용을 추진하기 시작했다.[21]

LANCER처럼 눈에 띄는 프로젝트가 철회됨으로써 소각장은 타격을 입었다. 이 분야에서 가장 영향력 있는 기업들이 첨단 운영을 감독하고 있었으므로, LANCER는 새로운 기수가 된 터였다. 프로젝트가 취소되면서 소각산업은 그 중심부를 강타당한 것이었다.[22]

1985~1989년에 샌디에이고, 시애틀, 보스턴, 캔자스시티, 필라델피아 같은 도시에 예정되어 있던 쓰레기 소각장 마흔 군데가 중단되었다. 필라델피아는 재활용을 의무화한 반(反)소각 고형폐기물 관리계획을 채택하기에 이르렀다.[23] 소각로 재정 마련을 위해 이전에 채권 발행을 권장했던 한 투자회사는 "앞으로 몇 해 동안 대중의 반대는 이 산업에 가장 큰 걸림돌이 될 것이다. 다이옥신 배출과 중금속 농도가 높은 재 찌꺼기에 대한 관심이 이 사업의 성패에 핵심 고리다"[24]라고 경고했다. 『월스트리트 저널』은 1988년 소각사업의 문제점을 보도했다. "지난 18개월 동안 프로젝트에 투입될 예정이던 30억 달러가 넘는 지원금이 취소되었고, 소각로에 대한 요구도 점점 줄어 거의 사라졌다."[25] 1992년, 미국 쓰레기의 10퍼센트만이 소각로로 보내졌다. 80퍼센트는 기준에 미치지 못하면서도 나날이 배를 채워가는 매립지로 향했다.[26]

소각업계는 이 유능한 지역사회의 반대에 님비(NIMBY, '우리 집 뒷마당에는 안 된다'는 'not in my backyard'의 줄임말)라는 꼬리표를 붙였다. 그러나 다른 어디에서건 근시안적으로 소각시설을 옹호하지 않고 소각장을 반대하는 활동에 참여하는 사람들이 많아졌다. 이 풀뿌리 조직 가운데 많은 단체가 더 넓은 전망을 지닌 지역 및 전국 네트워크로 성장했다. 증가하는 소비사회의 쓰레기, 사회경제적 불의까지 유독하게 여기는 이 새로운 환경보호주의는 계급·인종·노동 문제까지 아우르게 되었다.

수많은 지역사회에서 몇 해에 걸쳐 서로 다른 환경 투쟁을 벌여왔다. 하지만 여러 계기를 통해 이 활동가들이 자각하는 전국적 (그리고 전 지구적) 운동으로 성장한 것은 1980년대 말과 1990년대 초의 일이었다. 기독교회연합 인종정의위원회(United Church of Christ's Commission for Racial Justice)의 1987년의 보고서 「미국의 유독폐기물과 인종(Toxic Wastes and Race in the United States)」은 한 지역의 인종 구성이 폐기물 처리지역 지정을 예측할 수 있는 가장 신뢰도 높은 유일한 요소라고 보았다. 이 보고서는 더 큰 형태의 인종차별을 확증했고 미국 전역의 지역단체에 널리 읽혔다. 다음의 이정표는 1991년 수많은 풀뿌리 단체가 참여한 전미 유색인종환경지도자회의(National People of Color Environmental Leadership Summit)였다. 고향인 뉴멕시코의 앨버커키에서 유독 폐기물 매립에 맞서 오랜 세월 싸워온 리처드 무어(Richard Moore)는 싹트고 있는 운동의 원대한 목표에 주목했다. "'우리 집 뒷마당에는 안 된다'는 경향이 있다. 유색인종환경지도자회의에서 우리가 분명히 말해야 할 것은 '누구의 뒷마당에도 안 된다'는 것이다."[27]

카터 행정부는 소각장을 추진하기 위해 많은 일을 했다. 하지만 카디건을 입은 대통령(1977년, 미국 대통령 지미 카터는 TV에 카디건 차림으로 나와서 옷을 겹쳐 입고 난방기구 사용을 줄여 석유를 아끼자고 호소했다.—옮긴이)이 더 이상 백악관의 온도조절장치를 맡지 않게 되면서, 로널드 레이건은 소각장 지지자들에게 어쩌면 예상 밖의 타격을 입혔다. 그는 소각산업에 지원하던 정부 보조금을 삭감했다. 그는 자유시장에서 운영되는 훌륭한 기업처럼, 쓰레기 소각업체도 스스로 살아남아야 한다고 믿었다. 공개시장에서 경쟁하게 되고, 환경적 인종차별에 맞서 싸우는 단체들의 만만찮은 저항에 직면한 소각은 궁지에 몰렸다. 이에 따라 쓰레기 소각은 쓰레기 처리시장에서 큰 몫을 차지하지 못하고 적어도 잠시 동안은 뒤로 물러났다.

재활용은 만병통치약

소각이 금지되고, 의무적인 보증금법과 원천축소 같은 정책이 기업에 의해 가로막히면서, 1980년대와 1990년내 초에 재활용은 르네상스를 맞았다. 미국 전역에서 취학아동들은 마카로니를 풀로 붙이면서 '재활용의 순환고리를 연결하는' 장점을 배웠다. 도시 근교의 주부들은 부엌에 통을 몇 개 더 마련해 종이, 캔, 병을 따로 모았다. 지역 활동가들과 단체가 활발히 활동했다. 그들은 자치단체가 재활용을 실험하고 실천하기 시작하자 재활용에 새로운 관심을 쏟았다.

1980년대에는 코네티컷, 뉴저지, 뉴욕, 로드아일랜드, 메릴랜드에서 길거리 재활용 시스템—의무인 경우가 많았다—이 채택되었고, 미국의 많은 도시와 카운티에서도 저마다의 방법대로 시스템을 운영했다.[28] 최초의 길거리 쓰레기 수거 시스템 가운데 하나가 위스콘신 주 피치버그에서 시작되었다. 피치버그는 매디슨의 근교였다. 피치버그 시 의회는 미국 최대의 쓰레기 회사 웨이스트 매니지먼트를 내쫓고 훨씬 종합적인 재활용 프로그램을 만들어낸 다른 회사를 받아들였다. 피치버그의 새 계획은 캘리포니아 주 산호세의 혁신적인 시스템을 기초로 했다. 밝은 색깔의 플라스틱 통을 주민들에게 나눠주어 재활용품을 분리수거하게 하는 것이다. 19세기 위생학자 워링 대령의 '원천 분리'와 다르지 않았다. 피치버그의 의무적 프로그램은 운영 초기 몇 달 만에 66퍼센트의 참여율을 나타냄으로써 재활용의 인기를 드러냈다. 많은 물자가 매립지로 가지 않으면서도 소각이 필요 없다는 증거였다.[29]

뉴욕의 이스트햄프턴은 1989년 매립지 용량이 다하자 철저한 재활용 계획을 수립했다. 커머너의 자연생태계센터가 설계한 시범 프로그램은 아주 새로운 방식이었다. 재활용 참가 주민들은 색깔이 각각 다른 통 네 개를 받았다. 하나는 퇴비용(음식물과 더러운 종이), 두 번째는 캔과 병, 세 번째 통은 더럽지 않은 종이와 판지, 마지막 통은 재활용이 되지 않는 폐기물을 버리는 통이었다. 그 결과 이스트햄프턴의 쓰레기 가운데 13퍼센트만이 버려져야 할 것이고 나머지 87퍼센트는 재활용할 수 있었다. 이스트햄프턴의 재활용 프로그램은 건설이 계획된 소각로에서 처리할 수 있는 만큼의 쓰레기를 처리하면서 비용은 35퍼센트가 적게 들었다. 시 위원회는 곧 재활용 계획을 승인했다.[30]

1993년, 첫 번째 지구의 날로부터 거의 사반세기가 지난 뒤, EPA는 미국 내 재활용이 무게를 기준으로 7퍼센트에서 거의 22퍼센트로 세 곱절로 늘어났다고 보고했다.[31] 더 많은 도시에서 자발적이고 의무적인 재활용 방법을 시행하고 있었고, 재활용을 기꺼이 일상의 과정으로 받아들이는 미국인들도 많아지고 있었다.

위험 관리

이런 변화를 두고 기업의 책임자들에게 녹색의 변화가 일어난 것이라고 생각할 수도 있다. 음료 생산자들은 병과 캔에 재활용의 상징인 '세모꼴로 돌아가는 화살표'를 열성적으로 새기고, 더욱 계몽적이고 생태적인 방식으로 으스대며 광고하기 시작했다. 하지만 수많은 경영진은 사실 어색하고 불편했다. 오랜 세월 익숙해진 분방한 소비 행동이 암초에 부딪힌 것이었다. 기업은 쓰레기를 버릴 곳이 마땅치 않아지고, 환경의 퇴보에 대해 대중의 각성이 높아진 바로 그 현실의 위기 때문에 원치 않는 변화를 해야 했다.

이 긴장은 1980년대에 가장 파급력이 컸던 쓰레기 반대운동 가운데 하나인 '맥도널드 유해폐기물 캠페인(McToxics Campaign)'에서 절정에 이르렀다. 이 캠페인은 러브 운하 사건(Love Canal accident, 미국 후커케미컬 사가 뉴욕 주 러브 운하에 유해폐기물을 매립해 일어난 환경 재난 사건으로, 인근 주민들에게 유산, 장애아 출산 등의 심각한 문제를 일으켰다.—옮긴이)의 희생자들이 조직한 풀뿌리 단체인 '유해폐기물 시민 센터(Citizens Clearinghouse for Hazardous Waste)'에서 시작했다. 이들은 맥도널드의 스티로폼 '도시락 모양' 포장을 불필요하고 유해한 폐기물로 규정했다. 1980년대 말, EPA 연구에 따르면 모든 플라스틱 용기의 99퍼센트 이상이 딱 한 번 쓰이고 버려졌다. 미국인들은 해마다 플라스틱 1천만 톤을 버리고 있었고, 이는 부피로 볼 때 모든 쓰레기의 25퍼센트를 차지하는 어마어마한 양이었다.[32]

전국적인 캠페인에 참가한 이들은 피켓 시위와 불매운동을 벌였고, 각 지역에서 스티로폼 패스트푸드 용기를 금지시키려 했다. 미국 전역에서 맥도널드 이사들에게 쓰고 난 용기를 '반송'했다. 미국 최대 유일의 발포 폴리스티렌 용기 소비자에게 산더미 같은 쓰레기를 보낸 것이었다.[33] CFCs(프레온 가스. 냉매제나 발포제로 쓰인다.—옮긴이)가 오존층을 파괴한다는 뉴스가 날마다 이어지면서, 맥도널드 유해폐기물 캠페인과 지구의 벗이 주도하는 활동들은 규제법 제정의 원동력을 제공했다. 메인 주와 버몬트 주, 캘리포니아 주 버클리, 뉴욕의 서퍽 카운티는 패스트푸드 스티로폼 용기를 금지하려 했고, 특히 CFCs로 만들어진 제품을 제한하려 했다. 1988년 스물한 개의 다른 주에서도 비슷한 규제를 논의하고 있었다.[34]

맥도날드는 매장 내 미니 소각로를 설치해 다 쓴 포장재를 현장에서 소각하겠다고 제안했고, 스티로폼은 '원래 공기'여서 매립지 '흙에 산소를 공급'하므로 괜찮다고 변명했다. 하지만 3년간의 격렬한 싸움 뒤, 거대 패스트푸드 기업은 1990년 스티로폼 사용을 포기했다.[35] 도미노 효과가 일어나 미국 전역의 패스트푸드점에서 발포 플라스틱 용기를 포기했다. 하지만 어쩌면 더욱 중요한 것은, 매우 가시적이고 대중적인 캠페인을 통해 미국 소비자들이 생산에 대한 그들의 영향력을 다르게 생각하게 되었다는 것이다. CFCs로 만든 포장용기의 사용을 거부하면서, 맥도널드 유해폐기물 캠페인은 사람들이 더 이상 수동적으로 쓰레기와 유해물질을 받아들이지 않을 뿐 아니라 생산 과정 자체를 변화시킬 수 있음을 드러냈다.

기업의 입장은 방어적이었다. 그리고 더 물러설 곳이 없어졌다. 매립 공간이 줄어들고 새 소각로는 건설되지 않았다. 해양 투기는 오래 전에 금지되었고, 대중들은 환경에 대한 각성이 날로 높아졌다. 쓰레기 위기의 해법은 점점 줄어들고 있었다. 앞을 내다본 생산자들은 특정 물질과 가공 공정의 금지, 생산 통제, 제품 내구성에 관한 최소한도의 기준, 자원 채취의 높은 비용이라는 여러 조건들이 참으로 끔찍하게 느껴졌을 것이다.

이런 규제의 사막에서 재활용은 다른 선택권이 갖추고 있지 못한 것을 주는 오아시스였다. 원천축소나 재사용과 달리, 한 번 쓴 물자를 재처리를 통해 새로운 용기와 포장재로 만들면 소비 수준을 줄이지 않으면서 기존의 생산 과정에도 거의 충격을 주지 않을 것이었다. 다시 말해 생산자들은 지난 세월 동안 해왔던 대로 일회용 제품을 많이 만들어 팔 수 있었다. 아메리칸 캔의 이사 윌리엄 메이는 이미 몇 해 전 수많은 일회용 포장재 사용으로 쓰레기 파도가 몰아칠 수 있음을 이야기했다. "우리는 국가 전체에서 해결책의 상당부분이 테크놀러지에 있음을 알아야 한다. …… 우리는 어떠한 생산성의 감소도 반대한다."[36] 기업의 눈에, 재활용은 사소한 악이었다.

1980년대에 산업의 일부 부문과 환경보호론자들의 주도로 재활용이 널리 퍼지면서, 생산자들이 모두 불편한 상황에 놓인 것만은 아니었다. 포장업계에서 재활용 마크—아메리카 컨테이너(Container Corporation of America)에서는 첫 번째 지구의 날로부터 몇 달 뒤에 마크 디자인을 의뢰했는데, 회사의 재처리 제품을 광고하고 그 로고를 공적 영역에 사용해 다른 이들도 채택하게 하기 위해서였다—를 만들어냈을 뿐 아니라 제조업자들 또한 현대적 재활용 절차를 개척했다.[37] 1970년대에는 재처리를 독자적으로 실험한 생산자들이 있었다. 미래 재활용 기준에 대한 운영 방법을 결정하고, 그때까지 대체로 정의되지 않았던 '재활용'의 대중적 개념을 형성하는 데 생태운동보다 앞서 나가려 했던 것이다.

이런 시도 가운데 최초의 것으로 전미 자원재생센터(National Center for Resource Recovery, NCRR)가 1973년 뉴올리언스에 문을 열었다. 이 비영리 연구단체는 1969년 '미국을 아름답게(KAB)'가 설립했고, 용기 관련 기업에서 재정 지원을 받았다.[38] NCRR은 시와 계약을 맺어 재활용 처리를 맡았지만, 그 처리 규모가 미리 정해져 있었고 폐기물을 어떻게든 축소하는 것을 배제하는 계약이었다.[39] 더 정교한 시범 프로그램이 1976년 밀워키에서 베일을 벗었다. 이 프로젝트는 KAB의 세력가인 아메리칸 캔에서 주도한 것이었다. 이들이 세운 첨단 시설은 '아메리콜로지(Americology, America와 '생태학'을 뜻하는 ecology의 합성어―옮긴이)'라 불렸다. 그때까지 아메리칸 캔은 캔 공장, 제지 공장, 포장 및 음식물 서비스 재료 공장을 소유하고 있는 거대 복합기업이자 주요 일회용품 생산자로 성장해 왔다.

자치단체 수거인들은 시와 계약을 맺고 여러 가지가 섞여 있는 쓰레기를 아메리콜로지의 '반짝반짝 빛나는 새 공장' 바닥으로 날라 왔다. 여기서 '감독관'과 첨단 기계가 폐기물들을 '재생 가능한 범주'로 구분했다. 아메리칸 캔의 전 중역인 저드 앨릭젠더(Judd Alexander)는 저서 『쓰레기를 변호함(In Defense of Garbage)』에서, 아메리콜로지의 기술은 오늘날 사용되는 기술과 거의 똑같았다고 썼다. 그들은 '공기 분류기'를 썼다. 공기를 뿜어내 무거운 폐기물과 가벼운 폐기물을 분리하는 것이다. 그리고 '전류 분리기'가 전기 자극을 통해 알루미늄을 분리해 냈다. 진동하는 막을 거치면서 유리, 도기, 돌, 흙, 동전, '그리고 가끔은 총알과 탄피'들이 걸러졌다. 아메리칸 캔은 "부유법

(flotation system)으로 유리를 분리한 다음, 광학 리더로 유리병을 색깔별로 분류"[40]한다는 꿈같은 계획도 세워놓았다.

이렇듯 자동화가 이루어지고 재활용 금속 시장도 풍부했지만, 아메리콜로지는 경제적 어려움 때문에 얼마 안 가 문을 닫았다. 공장의 재정 문제는 처리된 쓰레기를 석탄의 대체물로 지역 전력 공장에 판매한다는 계획이 실패한 데서 비롯되었다. 전력 회사는 쓰레기보다 석탄이 더 효율적이고 더 깨끗하게 탄다는 것을 곧 알게 되었다. 아메리콜로지 건물은 나중에 적환장이 되어, 밀워키의 쓰레기가 매립지로 가기 전에 이곳에서 처리과정을 거쳤다.[41]

1970년대 환경보호주의 전성기에, 많은 미국 기업들은 시대 흐름이 자신들과 역행하는 것을 두려워했다. 그들은 주와 지역, 전국의 정치인들에게 재활용에 유리한 정책을 펴달라고 로비했다. 이를 방파제 삼아 축소와 재사용을 의무화하는 더욱 엄격한 수단의 채택을 막으려 했던 것이다. 당시 저술에서 환경운동(Environmental Action)의 패트리샤 테일러는 이렇게 썼다. 쓰레기 생산을 줄이려는 노력과 대조적으로, 재활용은 "쓰레기 생산을 제도화하는 매우 위협적인 잠재력을"[42] 갖고 있다고. 그녀의 판단은 옳았다. 재활용은 생산, 소비와 쓰레기의 높은 수준을 유지하고 더욱 심화시켰다. 이는 전투태세를 갖춘 생산자에게 유리한 점이었다. 이와 같은 시기에 NCRR은 관료들에게 심하게 추파를 던졌고, 심지어 대표들을 보내 당시 닉슨의 참모였던 도널드 럼스펠드를 만나게 했다.[43] 1980년대에 재활용이 필연이 되었을 때는, 산업 부문은 이미 중요한 정치 기반을 닦아놓은 뒤였다.

누구나 녹색

더욱 엄격한 생산 규제를 가까스로 피한 전 업종의 생산자들은 PR과 마케팅 기회의 소중함을 깨닫기 시작했다. PR과 마케팅을 통해 그들은 재활용에서 녹색 브랜드로 이미지를 변신할 수 있었다. 스스로를 환경주의자로 자각하는 미국인들이 늘어나는 마당에 거대기업이라고 그렇게 못할 이유가 있을까? 나중에 밝혀지지만, 재활용은 기업을 두 측면에서 도왔다. 더욱 급진적인 요구에 대중이 관심을 갖지 못하도록 했고, 새로운 소비 기반과 연결시키는 도구를 제공했다. 이런 역할이 가장 돋보였던 곳은 플라스틱 포장 분야였다.

1988년에 일어난 녹색세탁의 일화가 있다. 교활한 기업단체 플라스틱기업협회(SPI)는 당시 생태운동이 받아들인, 돌아가는 화살표 마크에 손을 댔다. 보수적인 SPI는 마크 가운데 숫자를 집어넣어 이미지를 살짝 바꾸었다. 숫자는 플라스틱 종류를 1번에서 9번까지 분류한 것이었다. SPI는 금지, 보증금법, 의무적인 재활용 기준 따위의 규제 대신에 이용할 수 있는 '분류 체계'라며 이 이미지를 주 정부에 권장했다. 기업의 후원을 받는 '플라스틱 및 포장재 환경협회(Council on Plastics and Packaging in the Environment)'는 1988년의 뉴스레터에서, 일부 주 의회가 "더욱 엄격한 법규정의 대안으로" 분류 체계를 받아들였다고 설명했다. 당시 미국인들이 음식과 음료 값으로 지불하는 10달러에는 거의 1달러가 포장비로 포함되어 있었다. 그 거대한 시장에서, 급속하게 성장하는 플라스틱 산업은 규제를 피하기 위해 할 수 있는 모든 걸 했다.[44]

주에서 플라스틱 분류 시스템을 받아들이자, 합성수지 포장재에는 그 등급에 맞게 표시가 첨부되었다. 중요한 것은 재활용 상징도 첨부되었다는 것이었다. 재활용에 대해 특정한 설명을 하지 않은 채, 플라스틱 포장업계는 세모꼴의 상징을 통해 투표권이 있는 소비자들을 오해하게 했다. 다시 말해 이런 용기는 재활용할 수 있고, 어쩌면 이미 재처리되어 만들어진 제품일지도 모른다고 오해하게 한 것이다. 하지만 두 경우 모두 사실과 달랐다.

분류 숫자는 광범위한 의미에서 다양한 종류의 플라스틱을 나타내지만, 같은 범주 내에서 매우 중요한 차이가 많았기 때문에(그리고 지금도 많기 때문에) 그 시스템의 효율성은 의문이었다(그리고 지금도 의문이다). 중요한 것은, 이 등급이 생산자들에게 진실로 쓸모 있는 분류체계가 아니었다는 사실이다. 합성수지 생산자들은 폐기된 플라스틱을 분류할 때 그 분류 번호와 상관없이 플라스틱이 만들어진 방법에 따르기 때문이다.[45] 따라서 SPI의 분류법은 실제 의미 있는 프로그램이 아닌 속 빈 강정이었다. 또한 1990년대 초에 일부 재활용센터에서는 이 표시들이 환경적 목표를 훼손하고, 실제로 재활용되는 것이 무엇인지에 대해 대중에게 혼란을 주며, 이들 쓰레기를 처리해야 하는 지역 시설에 비용을 상승시킨다고 비판했다.[46]

1993년, 환경보호기금(Environmental Defense Fund)은 의미 없는 재활용 번호를 놓고 플라스틱 생산자들을 강하게 비판했다. 재활용 비율이 "증가된 새 플라스틱 생산을 따라잡을 엄두도 내지 못하는 수준"[47]이라는 것이었다. 4년 뒤 새 플라스틱 생산과 합성수지 재활용 비율은 거의 5대 1이었다.[48] 그러나 폴리머 업계의 교활한 녹색 마케팅 탓에 대부분의 미국인들은 반대로 믿었던 것이다.

기업의 녹색세탁 다음 단계에서, 플라스틱 업계는 다시 막강한 SPI의 도움을 받아 미국 플라스틱협회(American Plastics Council, APC)를 설립했다. KAB처럼 기업의 후원을 받는 조직(기업과 함께 회원과 지도자를 구성하는)인 APC는 재활용의 장점, 물론 플라스틱 재활용의 장점을 선전하는 교육과 PR 캠페인을 벌였다. 그들은 플라스틱의 25퍼센트를 재활용하는 것이 목표라고 허세를 부리면서, 합성수지의 완전한 장점을 알리는 데 1992~1996년에 4천만 달러를 썼다. 녹색 외피에 윤을 내면서, APC는 안 보이는 곳에서 합성수지 생산자들에 대한 법적 규제를 막으려 했다. 『플라스틱스 엔지니어링』의 수석 편집자는 APC가 '포장 규제법의 초안부터 가로막을 확실한 방법'[49]을 찾으려 했다고 말했다. 1990년대 중반에 소위 '친-재활용' 단체APC와

SPI는 서른두 개 주에서 약 180개의 명령 및 법률안의 통과를 적극적으로 반대했다. 그리고 법적 구속력이 없어지자, APC는 1996년에 25 퍼센트라는 재활용 목표를 슬그머니 포기했다.[50]

이런 녹색세탁은 모두 여론 조작에 엄청난 돈을 쏟아 부으며 이룬 것이었다. 마르크스는 이렇게 말했다.

> 나는 추하다. 하지만 나는 여자들 가운데서 최고의 미녀를 살 수 있는 능력이 있다. 그러므로 나는 추하지 않다. 추하다는 사실—그 부정적인 여파—이 돈에 의해 사라지는 것이다. …… 나는 악하고 부정직하며 파렴치하고 어리석다. 하지만 돈이 존경받는다. 따라서 그 돈의 소유자도 존경받는다. 돈은 최고로 좋은 것이다. 따라서 그 소유자도 좋다.[51]

돈이 나쁜 사람을 좋은 사람으로 만들 수 있다면, 어리석은 이를 똑똑한 이로 만들 수 있다면, 그것은 생태적으로 위험한 것을 녹색으로 바꿀 수 있다.

1990년대가 끝나갈 무렵, 세모꼴 화살표와 "재활용해 주세요"라는 인쇄 문구가 모든 종류의 병, 단지, 캔, 봉지, 포장지를 장식했다. 마치 어머니 자연이 그렇게 꾸며준 듯했다. 이 모든 친재활용 PR의 사회적·정치적 영향은 이전 세월의 쓰레기 반대 운동처럼 컸다. 기업의 행위가 어떠하든, 재활용이라는 수사학은 개인의 행동이 쓰레기 문제의 핵심이라고 가르치면서, 사회적 논의가 생산 규제에는 미치지 못하도록 했다.

재활용의 현실

재활용의 열병이 퍼져가면서, 재활용이 환경의 퇴보를 되돌리는 데 일조하고 있다고 믿는 미국인들이 많아졌다. 하지만 사실은 그렇게 단순하지 않았다. 1980년대 말에 재처리 과정은 비효율적이고, 환경을 오염시키고, 비용이 많이 들었다. 지난 스무 해 동안 재활용 비율은 상당히 높아졌지만, 1990년대 중반에 다시 낮아지기 시작하면서 쓰레기로 버려지는 비율이 꾸준히 높아졌다.[52] 재활용이 폐기물의 생산을 최소화하지 못한 것이 큰 이유였다. 오히려 이 최종 쓰레기 관리 전략은 낭비가 심한 대량생산과 대량소비를 내버려두었고 심지어 조장했다. 사람들은 이제 그들이 버린 쓰레기가 무해하다고 믿기 시작했다. 오늘날에는 투표하는 사람보다 재활용하는 미국인이 더 많을 것이다. 하지만 매립지와 소각로로 보내지는 쓰레기는 전보다 훨씬 많아졌다.[53] 폐기물을 곧바로 소각하거나 매립하는 것보다야 훨씬 낫지만 재활용은 심각한 결함을 지니고 있다.

재활용 트럭에 실려 가는 물자들이 모두 재처리되는 것이 아니기 때문이다. 버려진 신문과 서류 가운데 거의 반이 매립되거나 소각된다. 유리와 플라스틱 탄산음료병과 우유병의 3분의 2가 재활용되지 않고 버려진다.[54] 재처리된 폐기물은 곧장 '하강 사이클'이란 장애물에 부딪힌다. 일부 금속을 제외한 모든 물질은 재처리 과정에서 분자의 완전성을 잃기 때문에 쓸 수 없게 된다. 예를 들어, 재처리될 때마다 종이의 긴 섬유질은 끊어져서 더 짧아지고 서로 뭉치는 성질이 없어진다. 다시 녹인 유리는 재처리가 거듭될 때마다 기능과 내구성이 떨어진다. 재활용 가능성이 가장 낮은 포장재인 플라스틱은 다시 만들 때마다 그 고유한 유연성이 사라진다. 합성제품은 혼성에 매우 민감해서, 종류가 조금만 다른 수지가 섞여도, 이를테면 우유병에 세탁세제 병뚜껑 하나가 섞여도 재료를 모두 버려야 한다.(같은 종류의 플라스틱, 예를 들면 오염물질이 섞이지 않는 PET의 하강 사이클 속도가 조금 더 느리다.) 또 약해진 플라스틱을 쓸모 있는 물질로 만들려면 순수 수지(virgin resin)를 많이 혼합해야 한다. 하강 사이클 탓에 재활용은 본디부터 기술적 제약을 안고 있다.[55]

많은 '재활용품'이 딱 한 번만 재처리된다. 미국에서 가장 보편적인 플라스틱 재처리 과정에서는 재생 수지(recovered resin)를 사용해 새 제품을 만들어낸다. 이들 새 제품은, 플리스(fleece, 가볍고 따뜻한 합성섬유의 일종—옮긴이), 자동차 범퍼, 합성목재처럼 대개 재활용할 수 없다. 이 재생품들은 다 쓰고 나면 소각되거나 매립되어야 한다. 다 쓴 물병이 스웨트셔츠로 만들어진다는 말은 놀랍게 들릴 수 있지

만, 이 제품의 수명은 유한하다. 이렇듯 재활용의 '세모꼴 화살표를 순환'시키기란 어렵다.[56]

재활용이 그 밖의 쓰레기 줄이기 방법, 이를테면 재사용이나 소비 감소와 다른 점은 에너지 집약적이라는 점이다.[57] 거의 다 쓴 제품을 새롭게 만드는 일은 엄청나게 많은 천연자원을 소비하는 일이다. 이에 비해 다시 쓸 수 있는 병을 씻고 살균해서 내용물을 다시 채우는 데는 그보다 자원이 덜 소모된다. 오늘날 라틴아메리카, 아시아, 유럽에서는 이런 재사용이 흔하다. 재활용은 물자를 관리하고 수송하는 데도 에너지가 들어간다. 미국 플라스틱 재활용품의 적어도 20~30퍼센트가 다른 나라, 대부분 아시아로 수출된다.[58] 한 번 쓴 탄산음료병이나 우유병의 대부분이 배에 실려 태평양을 건너가는 것이다. 태평양 저편에서 분류되고, 다시 녹여져 재활용될 수 없는 제품으로 태어난다. 그린피스에서 일곱 나라를 조사한 결과, 해외로 실려 가는 플라스틱 폐기물의 50퍼센트가 부적절한 물질과 혼합되어 재활용될 수 없었다고 한다. 이들은 설비를 제대로 갖추지 않고, 관리되지 않는 곳에 폐기되었다.[59]

재활용에서 해로운 물질에 오염되기도 한다. 다 쓴 종이의 잉크를 빼는 공장은 환경에 유독물질을 배출하기로 악명이 높다. 손꼽히는 제지회사 포트 제임스(Fort James Corp.)는 위스콘신 주의 그린 베이(Green Bay)에서 재활용 시설을 운영한다. 이 시설은 주에서 두 번째로 큰 개별 오염원이다. 알루미늄 재처리 또한 자연을 파괴한다고 알려져 있다. 다시 녹이는 과정에서 알루미늄 찌꺼기—화학적 폐기물이지만 연방 규정에서 제외되었다—가 나오는데, 이것이 노천에 투기되어 흙을 오염시키고 지하수에 스며드는 일이 많다.[60]

이 힘든 재처리 과정을 겪은 뒤에도 장애물이 아직 더 남아 있다. 바로 시장이다. 재생된 물품을 파는 일은 예상치 못한 수요와 가격의 방해를 받곤 한다. 재활용품이 아닌 것에 비해 값이 싸야 하기 때문이다. 재생 물자를 이용하는 것은 매우 효율적이지만, 왜곡된 경제상황 때문에 더 비싸 보인다. 재활용은 오랜 세월 국가의 지원을 받아서 기반구조를 건설했고 아직도 연방정부와 국가로부터 세제 특전, 에너지 보조금, 도로 건설 같은 직간접적인 지원을 받아 해마다 몇십억 달러씩 벌고 있는 채취 산업(농업, 공업, 어업 등을 말한다.—옮긴이)과 경쟁해야 한다.[61] 의미 있는 재활용 관련법이 없는 상태에서 생산자들은 제품 생산에 재생 물자를 쓰지 않는다. 시장에서 새 제품의 값이 싸다면, 사실 대부분 그러한데, 생산자들은 재생 물자를 구매할 의무가 없다.[62] 비용을 전가하는 기업 보조금 정책은 버려지는 모든 제품의 쓰레기 관리비용을 납세자들이 대는 것이다. 미국은 자치단체 쓰레기의 수거와 폐기에 연간 430억 달러가 넘는 돈을 쓰고 있다. 그런데 자치단체 쓰레기 가운데 76퍼센트가 공산품이다.[63]

지속적으로 다른 합병증을 일으키면서, 재활용은 폐기처분보다 우월해야 한다는 위협에 시달려왔다. 거듭 말하거니와 이 분야의 경기장은 평탄하지 않다. 재활용 프로그램은 자력으로 운영되거나 이윤을 창출해야 했지만, 고형폐기물 부서에서는 매우 다른 기준에 따라 어쨌거나 전적으로 예산이 지원되었다. 재활용이 수익을 창출하지 못하는 경우, 민간 쓰레기 회사나 자치단체 정부와 계약이 파기되곤 한다.

아이러니하게도 많은 재활용 운영기관이, 재처리가 아니라 쓰레기 폐기로 돈을 버는 쓰레기 처리회사의 감독을 받는다. 어느 보고서는 매립지에서 얻은 웨이스트 매니지먼트 사의 이익이 재활용에서 얻은 이익의 열 곱이었다고 밝혔다.[64] 쓰레기 회사의 임원에게 자문을 하고 나서, 투자은행 모건스탠리 딘위터(Morgan Stanley Dean Witter & Co.)는 이렇게 결론지었다. "재활용은 매립지로 가야 할 산더미 같은 쓰레기를 훔치기 때문에 오래전부터 고형폐기물 기업의 적이었다."[65] 이런 조건에서 경쟁해야 하는 폐기물 상인은 싫어도 쓰레기 회사를 드나들곤 한다. 노스캐롤라이나에 있는 재활용 자문회사 더럼(Durham)의 소유주 데이비드 커크패트릭(David Kirkpatrick)은 이 이중고를 이렇게 설명했다. "이상한 시스템이다. 재활용과 쓰레기 줄이기로 더 좋은 일을 하면서도 수입이 줄어드니까."[66]

1990년대 중반에 재정 위기를 맞은 워싱턴 D.C.는 몇 번이나 자치단체 재활용을 중지시켰다. 뉴욕 시도 2001년부터 두 해 동안 그랬다. 두 도시에서 지역의 공무원들은 예산을 절약하기 위해 재활용을 보류해야 한다고 주장했다.(그리고 두 도시에서 모두 거센 대중의 압력이 재활용 시스템을 복구시켰다.) 그러나 제조업이나 쓰레기 처리기업이 지난 세기에 받아온 주 보조금의 일부를 재활용이 받는다면, 현실은 달라질 것이다. 재활용이 공개시장에서 경쟁할 수 없기 때문에 부적격 이라는, 자주 되풀이되는 이상한 주장이야말로 의심스러운 것이다.

다시 생각하는 재활용

약점도 많지만 재활용에는 참된 장점이 있다. 소각이나 매립으로 보내는 것보다 물자를 재처리하는 것이 훨씬 낫다는 것이다. 환경보 호기금이 밝혔듯이, "재활용을 통해 보존되는 에너지는 미국의 매립 지에 쓰레기를 버리는 평균 비용의 다섯 곱의 가치를 지닌다."[67] 재 활용은 처녀자원으로 제품을 생산하는 것보다 훨씬 효율적이기도 하 다. 풀뿌리 재활용 네트워크(GrassRoots Recycling Network)에 따르 면, 재생된 물자로 만든 알루미늄 캔은 생산할 때에 비해 에너지가 96 퍼센트나 적게 든다. 현금으로 만들어낸 PET 용기(탄산음료)와 HDPE 용기(우유)는 재생 수지로 만든 용기의 네 곱에서 여덟 곱의 전력을 쓴다. 재활용이 주는 또 다른 이로움도 놀라울 정도다. 갓 잘 라낸 나무의 펄프로 만든 종이와 비교해, 재생 펄프는 물이 58퍼센트 적게 들고 대기오염 물질을 74퍼센트나 덜 만들어낸다.[68]

재처리를 통해 재생된 물자를 널리 사용하면 그 영향이 널리 미친 다. 대부분의 쓰레기는 생산 과정에서 만들어지기 때문이다. 가정, 지역의 기업, 학교 같은 기관에서 나오는 폐기물을 비롯해 자치단체 쓰레기는 폐기물 70톤당 1톤도 차지하지 않는다. 그 나머지 대부분이 제조, 채굴, 농업, 원유 및 가스 탐사에서 만들어진다. 따라서 처녀자원의 채취를 줄이는 것이 쓰레기의 상당부분을 줄이는 길이다.[69]

재활용에는 많은 이로움이 있지만, 풀뿌리 운동 지지자, 환경보호론자, 사회정의 활동가들이 게을러지면 재활용은 멈출 것이다. 더 깊은 구조 변화가 있어야 진실로 쓰레기 위기에 대응할 수 있다. 재활용은 해롭고 필요 없는 쓰레기에 맞서는 환경운동의 투쟁에서 마지막 방어선이다. 재활용이 중단되거나 금지된다면, 자치단체는 모든 쓰레기를 소각하거나 매립할 수밖에 없다. 생산과 소비를 줄이는 것, 그리고 물자를 재사용—재활용에 보태서—하는 것만이 쓰레기를 상당히 줄일 수 있는 길이고 먼 앞날을 내다보는 해결책이다.

8장

쓰레기 시장

"이디로 가겠다고? 누구를 만난다고? 아무도 당신의 쓰레기를 치우지 않을걸!" 바레티(Barretti) 수거회사의 매니저가 송화구에 대고 소리를 지르더니 수화기를 쾅 내려놓았다. 이것이 악명 높은 마피아의 쓰레기 카르텔이 장악한 뉴욕 시 고객 서비스의 현실이었다. 수거료에 불만이 있거나 수거업체를 바꾸고자 하는 고객들은 많은 곤란을 겪었다. 소란을 피우는 고객은 욕설을 듣기 일쑤였고, 수거꾼이 찾아오기도 했다. 어느 쪽이건 모두 즐거운 경험이 아니었다. "이봐, 그렇게 살살 말하지 말고 더 세게 으름장을 놓으라니까?" 바레티 행동대원의 말은 상황을 극명히 설명해 주었다.[1]

1950년대 중반, 지역 공무원들이 상업 쓰레기 수거를 민간 수거업체에 넘긴 뒤로, 뉴욕 시 쓰레기 사업은 마피아가 이끄는 카르텔이 장악해 왔다.(가정용 쓰레기는 시 정부의 공중위생국에서 계속 수거했다.)

이런 체제에서, 대부분의 상점, 레스토랑, 사무실, 대형 아파트 건물은 바레티 고객들이 겪어야 하는 운명 속에 신음했다. 폭력배들이 쓰레기를 책임지고 있었고, 아무도 그들을 말릴 수 없을 것처럼 보였다. 뉴욕의 쓰레기 수거업체 가운데 일부는 바레티처럼 직접적으로 마피아와 연결되어 있었지만 나머지는 그렇지 않았다. 하지만 뉴욕 시 거리에서 수거트럭을 운행하려면 카르텔과 손을 잡아야 했다. 멤버가되는 대가로 고객들과 짭짤한 수입을 보장받았다. 다시 말해 카르텔은 가격을 낮추는 시장의 힘과 겨루며 손잡은 업체를 보호해 준 것이다. 카르텔이 고객들에게 바가지를 씌운 금액은 해마다 몇억 달러에이를 것으로 추산된다.

이 모든 것이 1990년대에 갑자기 끝났다. 마피아의 뉴욕 시 쓰레기 독점도 사라졌다. 카르텔이 사망하게 된 배경은 폭력조직 활동에대한 경찰의 단속과, 더 중요하게는 쓰레기 산업의 재편이었다. 쓰레기 처리는 더 이상 자치단체에서 수행하거나 다양한 소규모 수거업체와 계약을 맺고 행하는 서비스에 그치지 않았다. 1970년대와 1980년대에 소수의 혁신적 쓰레기 회사들로 시작된 다국적 쓰레기 기업이쓰레기 분야를 장악하게 된 것이다.

쓰레기의 기업화 초기에 등장한 두 주인공은 웨이스트 매니지먼트사(WMI)와 브라우닝-페리스 인더스트리스(Browning-Ferris Industries, BFI)였다. 그들은 기업을 합병하는 데 앞장서서, 선벨트(Sunbelt, 미국 남부의 따뜻한 지역—옮긴이) 도시들의 작은 회사들을 사들였다. 그리고 북쪽으로 진출해 해외시장으로 나아갔다.[2] 제국을 건설하면서 WMI와 BFI는 어둡고 악취 나는 폐기물의 세계를 천문학적인 수입원과 뉴욕증권거래소로, 그리고 뿌리부터 재편된 쓰레기 처리 과정으로 이끌었다.[3] 쓰레기 복합기업은 몇 가지 가장 중요한 변화들을 일궈냈다. 쓰레기 시장을 소수의 대기업이 장악하게 했고, 위생매립지를 권장했으며, 쓰레기를 수출한 것이었다. 이 모든 변화는 쓰레기 업계에서 마피아가 축출된 1990년대에 뉴욕 시에서 빠르게 일어났다.

기업이 앞장선 덕택에, 매립은 쇠퇴기를 지나고 1990년대에 부활했다. 매립은 가장 이익이 많이 남는 쓰레기 처리 방법이었기에 기업이 모른 체할 수 없었다. 어마어마한 자금으로, 그들은 오래된 매립지를 구입해 최신 시설로 정비할 수 있었다. 이 매립지들은 안전 기준을 의무화한 법안인 부제 D 하에서 문을 닫거나 폐쇄가 예정되어 있던 곳이었다. 1993년, EPA는 부제 D를 더욱 강화한 연방 규정을 통과시켰다. 새 법은 미래의 모든 매립지가 라이너, 침출수와 가스 수거 시스템, 감독 시스템을 설치해 지하수와 대기 오염을 예방하도록 규정했다. 아이러니하게도 이 새 보호조치는 대부분의 공공시설과 소규모 지역 회사의 비용을 증가시켜 시장에서 밀려나게 했다. 거대 쓰레기 회사가 추구하는 합병과 꼭 맞아 떨어지는 동력이었다.[4]

복합기업들은 펜실베이니아, 버지니아, 오하이오, 미시건 같은 주에서 문 닫은 하치장을 사들여 시설을 정비하고 새로운 처리장으로 문을 열기 시작했다. 쓰레기 기업들은 여기에 '초대형 매립지'를 새로 건설했다. 요구되는 모든 모니터 장치를 갖춘 첨단 매립지였다. 거의 10년 동안 총 매립지 수는 줄어들고 있었지만 실제 쓰레기 매립 용량은 크게 늘었다. 과거의 매립지가 하루에 쓰레기 몇십 톤에서 몇백 톤을 수용할 수 있었다면, 새로운 기업형 매립지는 하루에 몇천 톤을 처리할 수 있었다.

이 거대한 처리장을 경제적으로 운영하려면, 거대기업은 그들이 받아들일 수 있는 최대한의 쓰레기를 받아들여야 했다. 덜 받아들이면 이윤을 극대화할 수 없었다. 따라서 쓰레기 조직은 새로운 지역으로 쓰레기를 수출하기 시작했다. 복합기업들은 러스트벨트(Rustbelt, 미국 북동부 철강·자동차 산업 중심지로 이제는 사양화되었다.—옮긴이)로 가서 경제적 발전을 갈망하는 지역의 문을 두드렸다. 지방정부는 얼마 안 되는 매립 요금을 받고 다른 자치단체의 쓰레기를 받으려고 했다. 거대 쓰레기 기업은 이제 도시에서 시골로 쓰레기를 실어 나르기 시작했다. 그리고 처녀지, 폐광, 문 닫은 공업단지를 어마어마한 쓰레기 더미로 가득 채웠다.

오늘날 쓰레기 수출은 세계 규모로 이루어진다. 세계 제일의 쓰레기 생산국인 미국에서 버린 쓰레기가 눈 깜짝할 새에 지구 남반구에서 버려진다. 쓰레기 수출은 해외의 값싼 노동력과 미국 내 엄격한 환경 규제의 결과다. 미국에서 쓰레기 처리가 금지되거나 너무 비용이 많이 든다면, 기업은 해외로, 그것도 싼 가격에 쓰레기를 보내기만 하면 된다. 후기 산업사회 경제에서 재화는 개발도상국에서 생산될 뿐 아니라 거기서 폐기되는 일이 많아지고 있다. 실제로 땅에 쌓여 있는 쓰레기 더미와 멀어지는 서구 소비자들에게 쓰레기 처리의 환경적 악영향은 더더욱 눈에 보이지 않게 된다.

쓰레기, 합병

쓰레기 조직은 개인이 소유한 중간 정도의 운송회사로 시작해서 다른 소규모 회사를 흡수하면서 점점 키져갔다. 그러나 WMI와 BFI는 쓰레기를 국가 차원에서 다루고 주식을 제공해 재원을 마련하는 것이 다른 기업과 매우 달랐다. 불과 몇십 년 안에 얼라이드 웨이스트 인더스트리스(Allied Waste Industries), USA 웨이스트 서비스(USA Waste Service Inc.) 같은 소수의 기업들이 WMI와 BFI를 좇아 놀랄만큼 이윤이 남는 거대 쓰레기의 세계로 들어갔다.

1970년대와 1980년대에 WMI와 BFI의 대표들은 쓰레기 산업에 새로운 전략을 도입했다. '허브 앤드 스포크(hub and spoke, 자전거 바퀴처럼 모든 활동을 중앙에서 조절하는 방식―옮긴이)' 모델이라고도 불리는 이 수직적 통합 방식은 일반적으로 다음의 특성을 띠었다. 적환장과 매립지 같은 기존의 기반구조를 획득한다, 소규모 수거업체를 매입하거나 운영한다, 경쟁상대가 없을 만큼의 '저가'(시장 공정가격보다 낮은 가격) 정책을 유지하고, 경쟁력이 사라진 지역업체를 꾸준히 매입해 시장을 지배한다. 바퀴살(spoke)은 수거 루트이고 바퀴축 (hub)은 적환장, 매립지, 소각장이었다. 소각장을 소유한다는 건 일정한 처리 비용으로 쓰레기 흐름을 관리한다는 뜻이었다.[5] 소각장의 소유는 경제적으로 큰 의미가 있었다. 다른 쓰레기 처리 기업들을 다 합친 것보다도 많은 세전 수입을 거둘 수 있었기 때문이다.[6]

예전에 쓰레기 처리 산업의 2인자였던 BFI는 1969년 텍사스 주 휴스턴에서 첫 번째 수거트럭을 가동했다. 설립자 탐 파초(Tom Fatjo)가 지역에 국한된 쓰레기 서비스에서 벗어나고자 한 직후였다고 한다.[7] BFI는 북아메리카를 무대로 삼은 첫 번째 쓰레기 기업이었다. 1969~1970년에 BFI는 서로 다른 미국 시장 스무 군데를 차지했고, 1980년에는 자회사까지 통틀어 미국 대부분의 주, 그리고 캐나다, 오스트레일리아, 푸에르토리코, 서유럽, 중동에서 활약했다.[8] 1990년 후반에, 또 다른 쓰레기 회사 얼라이드 웨이스트가 BFI를 샀다. 현재 얼라이드는 미국에서 두 번째로 큰 고형폐기물 처리업체이고, 해마다 55억 달러의 수익을 올리고 있다.[9]

오늘날 최대 쓰레기 기업인 WMI는 1980년대와 1990년대에 미국 전역에서 경쟁기업을 모두 합병했다. 1968년 딘 번트록(Dean Buntrock)이 시카고에서 설립한 WMI는 번트록의 인척 집안인 휘젠거(Huizenga)가 소유한 지역 운반업체에서 급속히 성장했다. 1970년 WMI는 플로리다에서 사촌 웨인 휘젠거(H. Wayne Huizenga)가 경영하는 쓰레기 회사와 합병했다. 1971년 6월에는 뉴욕증권거래소에 등록해 쓰레기 회사로는 처음으로 주식회사가 되었다.[10] 최근에는 규모가 줄어들었지만, 절정기이던 1990년대 중반에 WMI는 사우디아라비아, 홍콩, 태국, 멕시코, 이탈리아에서도 사업을 운영했다. 오늘날 WMI는 미국에서 쓰레기 운반 서비스, 위생매립지, 소각로, 유해 폐기물 매립, 그리고 심지어 저준위 핵폐기물 매립으로 최고 110억 달러의 높은 수익을 거두고 있다.[11]

거인들의 이야기는 1990년대 중반 뉴욕 시에서 특히 많이 일어났던 적대적 인수 합병의 이야기다. 마피아의 악행이 박혀 있는 이 사건들은 아마도 미국의 다른 어느 도시보다 극적이었을 테지만, 한편으로는 시장을 장악하려는 거인들의 공식을 드러낸다. 오늘날 시장을 지배하고 있는 것은 전국적 기업들이다. 상위 세 개의 쓰레기 기업이 440억 달러 시장에서 거의 40퍼센트를 차지하고 있다.[12] 뉴욕 시는 쓰레기 기업이 성장하는 과정을 연구하는 데 훌륭한 사례를 제공한다.

폭력조직과 쓰레기

1990년대 초반의 경기 후퇴로 쓰레기 양이 줄고 미래 시장도 줄어들 것으로 전망되었다. 거대 쓰레기 기업들은 여태까지 생각할 수 없었던 것을 생각하게 되었다. 바로 뉴욕을 점령하는 것이었다. 지난 사 반세기에 전국을 무대로 한 쓰레기 기업들은 이미 대부분의 미국 시장을 지배하고 있었기에 시장이 확장될 여지는 거의 없었다. 몇 군데 남아 있는 지역 가운데 하나가 마피아가 장악하고 있으며 쓰레기가 많은 뉴욕이었다.[13] 뉴욕은 미국의 상업 쓰레기의 5퍼센트를 만들어 냈고, 그 비용은 미국에서 가장 비쌌다. 뉴욕은 연간 시장 규모가 10억~15억 달러에 이르는 탐나는 시장이었다.[14] 막강한 복합기업들은 쓰레기 분야에서 왕관의 보석이 떨어져나가게 내버려둘 수 없었다. 그들은 마피아를 물리치기로 했다. 이 암흑영화에는 쓰레기 기업이 점점 장악해 가는 경제에서 달콤한 정부 계약과 경찰력이라는 공적 보호막에 기대어 자신의 이해관계를 지키려는 소규모 기업의 투쟁이 끼어든다.

이때까지 이탈리아계 미국인 조직인 마피아는 특히 뉴욕, 뉴저지, 펜실베이니아에서 쓰레기 업계 대부분을 장악하고 있었다.[15] 뉴욕 시 쓰레기 처리에 개입된 부정은 이탈리아계 쪽이 아니라 유대인 폭력조직 쪽에서 비롯되었다. 유대인들은 쓰레기 운반에 종사하지는 않았지만 마피아에게 혁신적이고 성공적인 비즈니스 모델을 제공했다. 20세기 초 유대인 폭력조직은 뉴욕에서 트럭 운송과 레스토랑 사업을 했다. 이들은 노동조합에 침투했고 부패한 직업 조직을 결성해 노동자들을 경영진과 손잡게 했으며 경쟁회사와 담합해 가격 결정을 했다. 이 모든 것은 고객들에게 꾸준히 요금을 올려 받기 위한 것이었다. 대부분의 유대인 폭력조직은 자녀들에게 사업을 물려주지 않았기 때문에 이탈리아 폭력조직이 사업을 이어받았다. 효과가 크고 이익이 남는 모델이 자리를 잡았으므로, 새로 등장한 마피아는 사업을 유지·확대하기만 하면 되었다. 1950년대 초에 그들은 이 공식을 뉴욕 시 쓰레기 사업에 적용했다.[16]

『일망타진(Takedown)』을 쓴 뉴욕 경찰청 비밀수사관 릭 코완(Rick Cowan)과 언론인 더글러스 센추리(Douglas Century)에 따르면, 폭력조직은 2차대전 이후 도시 경제에서 쓰레기의 중요성을 깨달았다. "쓰레기 흐름을 장악하라. 그러면 수도나 전기 공급을 장악하고 있는 것처럼 뉴욕 전체의 약점을 잡아 꼼짝 못하게 만들 수 있다."[17] 마피아는 큰 일을 벌이고 있었다.

뉴욕에서 다음 반세기에 등장한 것은 '재산권'에 기초한 뉴욕 시 유일의 카르텔이었다. 카르텔은 경쟁을 제한하고 동맹을 맺은 이들에게는 엄청난 이익을 보장해 주는 복잡한 구역 보장 시스템이었다. 카르텔 회원의 '정류장(고객)'을 차지하려는 '독립적인' 쓰레기 수거꾼은 마피아의 힘 앞에 다시 자리를 내놓아야 했다.[18] 말로 한 경고가 무시되면, 창고에 소이탄이 터지거나, 수거트럭이 부서지거나 도난당했다. 소유주와 노동자들이 무자비하게 폭행을 당했고, 극단적인 경우에는 처형을 당하듯 살해당했다.[19]

더 값싼 경쟁자가 나타날 거라는 걱정 없이, 카르텔 운송인들은 법적 최대 요금을 마음껏 고지했다. 부패한 노동조합은 요금을 올리라고 때 맞춰 파업하거나 피켓 시위를 벌임으로써 협력했다. 이에 따라 뉴욕 시 요금은 1평방야드당 평균 14.70달러로 전국에서 가장 높았다. 이에 비해 시카고는 5달러, 필라델피아는 4.25달러였다.[20] 1990년대에 뉴욕 시에서 과다 책정된 평균 요금은 거의 100퍼센트가 올랐고, 연간 약 5억 달러였다.[21] 고객들 또한 수거업체를 바꾸려 하거나 부풀려진 요금을 거부하면 거친 마피아에게 협박당했다. 이에 따라 시티뱅크, 제이피모건, HBO 같은 유명한 고객들도 볼모 신세였다고 코완과 센추리는 기록했다. "주요 기업의 고위 간부들······ 아이비리그를 졸업하고 브룩스 브라더스(Brooks Brothers) 정장을 입은 거물들, 『포춘(Fortune)』지 선정 500대 기업의 이사들······이 쓰레기 요금을 착취당하고 있었다. 그들은 새끼손가락에 반지를 끼고 여송연을 씹어대는 쓰레기 폭력조직의 만행을 견딜 수밖에 없었다."[22] (나중에 HBO는 인기를 끈 텔레비전 시리즈 〈더 소프라노스(The Sopranos)〉를 제작해 복수했다. 쓰레기 카르텔을 운영하는 마피아 집안을 그린 이야기였다.) 불법 재산권 체제는 폭력조직과 연관된 쓰레기 기업에게 고객과 구역을 관리할 영구한 '소유권'을 주었다. 새로운 경쟁자는 발을 붙일 수 없었고, 뉴욕 시 수거업체는 미국 전역에서 최고의 이익을 거두었다.[23]

따라서 뉴욕 시 마피아의 카르텔은 다른 지역에서 쓰레기 업계를 변화시키고 있던 합병을 피하고 있었다. 1980년대에 선벨트 도시의 소규모 운송인들은 전국적 기업인 WMI나 BFI의 출현으로 가격 경쟁에서 밀려나고 합병되고 있었지만, 뉴욕 시에서는 여전히 500개 가까운 소규모 지역업체들이 상업 폐기물만을 수거하고 있었다. 1990년 대 초에는 맨해튼 36번가와 48번가, 그리고 5번가와 허드슨 강 사이의 한 지역에만 95개 운송업체가 난립해 있었고, 그 가운데 80개 회사의 정류장이 10군데가 안 되었다.[24]

조각을 모아 기워놓은 듯한 이 시스템은 카르텔에서 비롯된 것으로, 이상하게 안정적이고 전근대적인 자기 규제의 본보기였다. 구역 지정과 계약은 혈연관계에 따라, 그리고 자주 바뀌는 파벌과 옛날식 협박과 위협이 횡행하는 이탈리아인들의 네트워크에 따라 배정되었다.

폭력조직 대 폭력조직

이른바 합법적 기업으로서 뉴욕 쓰레기 시장에 진출한 첫 번째 기업은 시장을 개척하던 BFI였다. 당시 BFI는 한 해에 32억 달러를 벌고 있었다. 1993년, BFI가 처음으로 뉴욕 시 계약 입찰에 나간 지 몇 주 뒤에, 마피아가 웨스트체스터에 있는 한 회사 중역의 집에 험악한 메시지를 보냈다. 데이비드 커슈텔(David A. Kirschtel)이 현관문을 여니 독일 셰퍼드의 잘린 머리가 보였다. 셰퍼드 입에는 "뉴욕에 온 걸 환영한다"는 쪽지가 끼워져 있었다.[25] 그 뒤 몇 달 동안 회사 직원들은 괴롭힘을 당하거나 미행을 당했으며, 트럭이 부서지거나 도난당하는 일을 겪었다고 BFI는 밝혔다. "임원들에게는 협박전화가 걸려 오거나 익명의 우편물이 도착했다." 그리고 새 고객들 가운데 3분의 2 가 "원래 수거업체의 방문을 받은 뒤 계약을 철회했다."[26] 구역을 지 키기 위해 BFI는 크롤 사(Kroll Inc., '문제 해결 회사')를 고용해 수거 루트를 정찰했고, 무장경비 서비스를 이용해 수거트럭을 지켰다.[27]

BFI는 시청에서 기자회견을 열어 전국적 기업 최초로 뉴욕 쓰레기 시장에 진출할 계획을 발표했다. 소비자문제 담당자 마크 그린(Mark Green)의 환영사를 듣고, BFI 대변인은 시장 데이비드 딘킨스(David Dinkins) 옆에서 폭력조직을 향해 이렇게 발표했다. "우리는 여기서 물러나지 않을 것이다."[28] 소심한 거인이었던 기업이 어떻게 폭력조 직에 맞서 새롭게 공격적인 태도를 취할 수 있었는가? BFI는 깨끗한 기업이라고 인식되었고, 지역에서 선출된 공무원들의 암묵적인 지지 를 받았으며 법률 집행의 도움을 받았다. 하지만 무엇보다도 당시 이 사회 의장이었던 윌리엄 러클스하우스(William D. Ruckelshaus)를 통 한 연대가 결정적이었다. 초대 환경보호청장으로 재임하고 다시 중임 하기 전인 젊은 시절에, 리클스하우스는 법무부에서 일했다. 그와 함 께 일했던 이는 다름 아닌 뉴욕 카운티의 당시 지방검사 로버트 모겐 소(Robert Morgenthau)였다. 이 관계 덕택에 BFI는 뉴욕 경찰청 비밀 수사과에 쓰레기 카르텔 조사를 의뢰할 수 있었다. 이 작전명은 '황 무지 작전(Operation Wasteland)'이었다. 모겐소는 3년 동안 조사 권 한을 갖고 수사 내용을 은밀히 보고받았는데, 새로 문을 연 BFI 뉴욕

지사에 비밀요원을 보내 신분을 숨기고 일하게 함으로써 BFI는 정식으로 수사와 연결되었다. 그 덕분에 러클스하우스는 카르텔에 대해 지속적으로 내부 정보를 확인하고 훌륭하게 PR할 수 있었고, 마피아는 끝내 해체되었다.[29]

뉴욕의 쓰레기 고객들―대부분 마피아식 쓰레기 수거에 염증을 느낀―의 심장과 이성에 호소하기 위해, BFI는 지역 운송업체들을 비난하는 대규모 PR 작전을 펼쳤다. 시민들은 마피아와 연관된 쓰레기 수거업체에게 괴롭힘을 당하고 강탈당하는 것을 싫어했으므로, BFI에 공감할 청중은 확보된 셈이었다. 하지만 카르텔도 꽤 괜찮은 PR 캠페인으로 맞섰다. 홍보대행사 에델만(Edelman Public Relations Worldwide)의 도움으로 카르텔은 고급스러운 팸플릿과 멋진 텔레비전 광고와 신문 광고를 제작해 BFI를 공격했다. 카르텔의 상업광고 가운데 하나에는 현금이 가득 들어 있는 서류가방이 나온다. 그리고 (아이러니하게도) BFI의 불법적 행위를 낱낱이 열거하는 목소리가 흘러나온다. 광고에 따르면, 텍사스가 본거지인 이 회사는 "뇌물을 받고, 독점금지법을 위반했으며, 독성 폐기물 규정을 위반하고, 여섯 개 주에서 가격 조작으로 무거운 벌금을 문" 경력이 있다는 것이었다.[30] 지역 업체들은 자기들의 이익을 위해 BFI를 파헤쳤을 뿐이지만, 그 기업의 대표가 결국 그다지 청렴하지 못하다는 걸 밝힌 것은 옳았다.

전국적 기업에 저항하려고 노력해 봤지만, 1995년 여름에 뉴욕 시 쓰레기 카르텔은 공식적으로 소멸되었다. 뉴욕 경찰청의 집중적인 비밀 수사 덕택에 무려 114건의 기소가 이루어졌다. 카르텔의 주요 인물들이 체포되었고 고소된 회사와 사람들은 죄상을 인정하거나 유죄가 입증되었다.[31]

뉴욕 시 수거업체의 대다수는 기소되지 않았고, 그 가운데 일부는 폭력조직과 관계가 없었지만, 모겐소 사무실에서는 모든 회사를 공평하게 다루었다. 한 검사보는 이렇게 말했다. "아무도 말끔한 건강증명서를 받지 못한다."[32] 쓰레기 산업에 대한 지방정부의 감독권을 강화하면서, 시장 루돌프 줄리아니(Rudolph Giuliani)는 1996년 법을 제정해 상업쓰레기위원회(Trade Waste Commission)를 창설했다. 업체가 범죄와 연관이 있든 없든, 처리 면허를 취소할 수 있는 막강한 권한을 시 공무원에게 주는 조처였다.[33]

전문잡지 『웨이스트 뉴스(Waste News)』는 취약한 운송업체들 사이의 분위기를 이렇게 전했다. "기소되지 않은 일부 운송업체도 면허가 취소되고 업계에서 축출될 것이라고 판단하는 사람들이 많다."[34] 많은 지역 업체가 배제되고 미국에서 가장 크고 가장 막강한 쓰레기 기업이 진입하기 쉬워지면서, 뉴욕의 쓰레기 사업은 더욱 커졌다.

다시 경쟁은 끝나고

뉴욕 카르텔이 몰락한 뒤, WMI와 USA 웨이스트는 BFI와 함께 뉴욕에서 매스미디어 광고를 무차별적으로 펼쳤다.[35] 뉴욕 시장에 진입하는 세 회사의 전략은 다른 도시에 진입할 때와 똑같았다. 바로 허브 앤드 스포크 모델이었다. 놀라울 것도 없지만 이 시스템은 합법성이 의문스러운 기업 활동을 가능하게 했다. 거대기업의 발자취는 앞으로 뉴욕에 다가올 일들의 징조였다.

USA 웨이스트, WMI와 BFI는 모두 오랜 전과 경력이 있었다. 1970년대로 거슬러 올라가면, 반독점법을 위반하고 몇천만 달러를 벌금으로 낸 적도 있다.[36] WMI 혼자서 낸 벌금만 1억 달러가 넘었다. 1970~1991년 동안 적어도 스물세 군데의 주에서 200건이 넘는 범죄·반독점·환경 소송사건을 해결하는 데 든 돈이다.[37] 1990년대 초에 BFI 중역들은 이미 오하이오, 뉴저지, 조지아, 버몬트에서 입찰 부정, 가격 조작, 공무원에게 뇌물 공여 따위로 기소되어 처벌받은 적이 있었다.[38] 버몬트 청문회에서, 한 직원은 그의 상관이 먼저 "가격을 반으로 내리라"고 지시하고는, 경쟁사가 문을 닫자 "가격을 두 배로 올리라"고 지시했다고 증언했다.[39] 재산권이 마피아의 수단이었다면, 폭압적 가격 조작은 거대기업의 것이었다.

그러나 지하의 경쟁자들과 달리 이 부유한 기업들은 그런 처벌을 계속 받는다고 해서 움찔하지 않았고, 균형을 잃은 법 적용 탓에 불공정한 기업 활동으로 영업 면허를 잃는 일도 없었다. 이에 따라 전국적 기업들은 카르텔 이후 뉴욕 시장을 어렵지 않게 장악해 갔다.

1990년대 중반에 '자유경쟁' 시대가 시작되면서 상업 쓰레기 수거 가격이 급락했다. 평균 요금이 한 해에 30퍼센트 낮아졌다.[40] 이 시기에는 어떤 수거업체도 뉴욕 시 상업 고객의 5퍼센트 이상을 차지하지 못했다.[41] 많은 경우에 이는 정부, 미디어, 그리고 뉴욕 쓰레기 업계에서 성공적으로 경쟁을 복원시킨 거대 쓰레기 처리 기업의 권리를 강화했다.

그러나 경쟁이 심해진 이 기간은 아주 짧았다. 사실 전국적 기업들은 폭압적인 가격 조작을 통해 요금을 시장 가격보다 낮춤으로써 지역업체들의 목을 죄고 있었다.[42] 쓰레기 업계에서 무자비한 합병, 인수, 구조조정, 통합의 스무 해를 겪으며 살아남은 뒤였지만, 뉴욕 시의 소규모 수거업체들은 마침내 궁지에 몰렸다. 이즈음 단일계약들 가격이 이전에 계약된 가격보다 훨씬 낮아졌기 때문이다. 예를 들어 세계무역센터에서 새로 체결된 계약은 이전 요금보다 무려 75퍼센트 낮은 가격이었다.[43] 그레거 운송회사 소유주 캘먼 그레거(Kalman Gregor)는 40년을 거래한 고객인 맨해튼의 로드 앤드 테일러 백화점을 잃었다. BFI가 그보다 25퍼센트 낮게 입찰했기 때문이다. 수익원이 사라지자 트럭 석 대와 일꾼 네 명으로 운영하던 그레거의 회사는 갈 길을 잃었다. "백화점은 우리와 함께했다. 백화점은 회사의 기둥이었다."[44]

깜짝 놀란 뉴욕 시 소규모 운반업체들은 살아남으려 발버둥 쳤지만 전국적 기업들은 살육을 자행했다. 1990년대 후반은 집중적인 합병 시대였고 WMI는 시장에서 사자의 몫을 차지했다. BFI도 큰 차이 없는 몫을 챙겼다.[45] 일부에서는 뉴욕이 과거로 돌아가고 있다고 예측했다. 잡지『사회정의(Social Justice)』의 기사는 이랬다. "이리하여 범죄 카르텔 독점이 두 회사의 과점으로 대체되었다."[46] 딘킨스 시장 밑에서 소비자 문제 담당자로 일했던 리처드 슈레이더(Ricahrd Schrader)는 재직 시절 전국적 기업의 진출을 환영했지만, 1998년 경쟁이 사라지던 시절에 이렇게 발언했다. "업계는 옛 폭력조직 카르텔이 불공정하고 요금이 너무 비싸다고 느꼈다. 하지만 이제 새 독점과 맞설 상대가 없다. 가격이 올라가면 소비자들은 경쟁을 기대하게 될 것이다. 문제는 경쟁이 사라질 것이라는 점이다."[47] 슈레이더는 옳았다. 1990년대 말에 뉴욕 시에서 영업 허가를 받은 수거업체는 거의 70퍼센트가 사라졌다. 2002년, 시의 쓰레기 처리요금은 여섯 해 전보다 40퍼센트가 높아져서 마피아 카르텔 시절의 부풀려진 요금과 맞먹었다.[48]

뉴욕의 쓰레기 수거 시장을 장악한 뒤 전국적 기업들은 미국 북동부에서 쓰레기 처리 방식을 재편성하기 시작했다. 뉴욕 시나 다른 도시 중심부와 가까운 시골 지역에서 거대기업들은 쓰레기 수출이라는, 논란거리가 되는 관행을 개척했다.

입지의 중요성

2001년, 뉴욕 시는 마지막 대규모 처리장을 폐쇄했다. 몹시 경쟁력 있는 스테이튼 아일랜드(Staten Island)의 프레시킬스 매립지였다. 1990년대 중반 전국적 기업이 뉴욕의 쓰레기 수거 시장을 장악하면서 매립지를 폐쇄하게 된 것이다. 소규모 업체를 사들이면서 시장에 들어온 그들은 막대한 자본으로 핵심 지역의 적환장, 소각로, 매립지를 구입하고 건설했다. 1997년에 WMI, USA 웨이스트, BFI는 이미 뉴욕의 모든 쓰레기를 처리하고도 남을 만큼의 처리장을 소유했다.[49] 이러한 쓰레기 기반구조는 뉴욕에 하나의 대안을 제공했다. 줄리아니 시장은 프레시킬스를 영구히 폐쇄하라고 했다.(이 매립지는 9·11 세계 무역센터 참사의 잔해를 처리하기 위해 곧 다시 문을 열었다.)

이 제국 도시의 새로운 쓰레기 처리 네트워크가 대부분 이민자·노동계급의 도시 거주지와, 주 경계선을 넘어 현금이 부족한 시골 지역에 위치하고 있었다는 사실이 중요하다. 대중적 저항의 힘이 얼마나 큰지를 쓰레기 기업이 깨달은 덕택에 이렇듯 입지가 바뀌었을 것이다. 1984년에 한 중요한 자료는 이렇게 설명했다. "모든 사회경제 집단은 주요 시설이 가까이에 위치하는 걸 싫어하는 경향이 있다. 그러나 중류 및 상류 계급 사회경제 집단은 더 나은 자원을 소유하고 있기에 반대를 관철할 수 있다." 보고서에 따르면, 처리장 운영에 완벽한 장소는 저소득 시골 지역으로 인구가 2만 5천 명 미만이고 대부분이

노인과 고졸 이하의 학력인 경우다.[50]

　뉴욕 시 쓰레기 시장에서 쓰레기 기업의 힘이 더욱 강화되면서, 스테이튼 아일랜드의 대다수 백인 공화당원 주민들—이들이 줄리아니의 중임을 지지하게 된다—은 썩어가는 오물 더미를 정치적으로 힘이 약한 시골 지역에 떠넘겼다. 또 거대한 새 적환장이 있는 뉴욕 시 사우스브롱크스 같은 인근지역으로 보냈다. 이 시설은 새로운 쓰레기 수출 체제의 중요한 요소였다.

　사우스브롱크스의 할렘 리버 야드(Harlem River Yard) 적환장은 1만 7천여 평 부지에 2500만 달러를 들인 대규모 시설로 WMI가 문을 열었다. 1999년 WMI가 최초로 뉴욕의 가정용 쓰레기 수출 계약을 맺은 직후였다.[51] 할렘 리버 야드가 운영되기 시작할 때, 서른다섯 군데 쓰레기 적환장 인근의 아프리카계와 라틴아메리카계 저소득층 주민들은 이미 그 영향으로 미국에서 천식 발병률이 최고를 기록하고 있었다.[52] '지속가능한 사우스브롱크스(Sustainable South Bronx)'와 '우리는 머문다(Nos Quedamos)' 같은 사회단체가 프로젝트를 반대했고, '사우스브롱크스 청정대기연합(South Bronx Clean Air Coalition, SBCAC)'은 프로젝트를 중지하라는 소송을 제기했다. SBCAC에 따르면, WMI와 거기에 굴종하는 지역 공무원들이 환경적 인종차별주의를 저지르고 있다는 것이었다. "마치 서부로, 서부로 가자는 개척시대 같다. 쓰레기 기업들에겐 말이 아니라 도로가 있다"고 SBCAC의 카를로스 파디야(Carlos Padilla)가 『뉴욕타임스』와 인터뷰했다.[53]

WMI는 오래전부터 이런 반대에도 꿋꿋하게 성장해 왔다. 어느 만큼은 시 위생 부국장인 마사 허스트(Martha Hirst) 같은 공무원들의 힘이 컸다. 2000년에 마사는 사우스브롱크스 같은 인근지역에 처리장이 들어오는 걸 옹호했다. "그런 지역에는 적환장이 군집할 수 있고 그게 맞다. 도시 지도로 보나 토지 이용법으로 보나 거기에 들어와야 한다."[54] WMI는 전 주검찰총장 데니스 배코(Dennis C. Vacco)도 같은 편으로 끌어들였다. 배코는 1990년대 후반에 공직을 떠난 뒤 WMI 지사의 부사장이 되었다.[55] 할렘 리버 야드는 하루에 쓰레기 몇 천 톤을 처리하며, 인근의 다른 쓰레기 처리시설과 합치면, 현재 뉴욕 시 골목에서 수거해 온 쓰레기의 40퍼센트가 사우스브롱크스를 경유해 다른 곳으로 흘러나간다.[56]

뉴욕 시에서 쓰레기 처리를 거대기업에 맡기면서 트럭 운행량도 급증했다. 2000년까지 시의 쓰레기는 대부분 여덟 군데의 해양 적환장에서 처리되었고 짐배가 주요 운송수단이었다. 하지만 전국적 기업의 운영 방식은 달랐다. 일부는 철도를 이용하며, WMI 같은 기업은 주로 트럭을 운송수단으로 삼는다. 거리에서 쓰레기를 운반하며 배기가스를 내뿜는 디젤 차량의 연간 운행 횟수는 25만 번이 넘는다. 또 주 바깥으로 쓰레기를 운송하는 장거리 운행이 25만 번이다.[57] 이에 따라 사우스브롱크스에서만 천식으로 인한 사망자가 연간 스무 명이 넘게 되었다.[58] 더 넓게 보면, 도로를 오가는 수많은 차량은 불길한 미래의 유령들이다. 최근에 NASA의 과학자들은 디젤 엔진에서 나오

는 매연이 지구 온난화의 4분의 1만큼 책임이 있다고 밝혔다.[59]

뉴욕 주를 벗어나 운송되는 뉴욕의 쓰레기는 대개 다른 지역의 초대형 매립지에 매립된다. 새롭고 발전된 이 초대형 매립지는 거대 쓰레기 기업의 소유로, 인구밀도가 높은 도시 중심부에서 운송하기 쉬운 시골 지역에 위치한다. 뉴욕 시의 쓰레기는 대부분 펜실베이니아, 오하이오, 버지니아로 운송된다. 이들 주는 대서양 중간 도시에 접근성이 뛰어나고 미개발지가 많으며 탈산업화로 인해 지역 경제가 침체되었다는 이유로 쓰레기 허브로 성장해 왔다. 경제적으로 알맹이가 없는 러스트벨트의 도시들은 처리장을 받아들이고 수수료를 받게 된다.[60] 이들 지역의 인구통계학도 중요한 요소다.

인디애나, 미시건, 일리노이 같은 쓰레기 수입 주와 마찬가지로, 초대형 매립지가 있는 버지니아 주의 카운티 주민들이 "대체로 매우 가난하며, 학력이 낮고, 버지니아 토박이보다 아프리카계 미국인이 많다는 건" 우연의 일치가 아니다. 이런 까닭에 쓰레기 기업이 보기에 저항이 거의 없을 만한 지역에 시설을 세우는 것이다.[61] 그러나 이들 지역은 그들을 위협하는 환경적 불의에 대해 나날이 조직적으로 저항해 오면서, 그들이 수동적일 거라는 기업의 편견을 무너뜨렸다. 그렇지만 그들은 아직도 어마어마한 양의 쓰레기를 받아들이고 있으며 쓰레기 기업이 포기하지 않는 곳이다.

지역적으로 소비하고 지구적으로 버리다

미국인의 기억에 키안 시(Khian Sea) 사건은 아직도 생생히 살아 있다. 악명 높은 화물선인 키안 시 호는 1986년 동부 해안을 내려가서 카리브 해를 지나는 스물일곱 달의 항해를 떠났다. 이들은 아이티 근해에 그들의 화물인 유해한 소각로 재 가운데 3분의 1을 불법적으로 버리고 밤중에 도망쳤다. 밤바다에 숨어서 만행을 저지른 이 배와 그 화물 얘기는 계속 쓰레기를 하적할 곳을 찾지 못했다며 주기적으로 뉴스에 등장했다. 그리고 아프리카와 남아시아의 항구에서 돌아가는 길에 이 배는 나머지 1만 톤의 재 쓰레기를 수에즈 운하와 싱가포르 사이의 어딘가에 버렸다.[62]

키안 시 이야기는 쓰레기 처리 방법의 지속가능성에 대해 미국에서 걱정을 불러일으켰다. 배의 화물은 한 군데 도시의 한 달분 소각로 재에 지나지 않았기 때문이다. 이 사건을 통해 가난하고 정치적 영향이 적은 나라에 쓰레기를 투기하는 사례가 많아지고 규모도 커지고 있음이 드러났다. 래리 서머스(Larry Summers)는 세계은행 수석 경제 전문가로 일하는 동안, "임금이 가장 낮은 나라에 유해 폐기물을 투기하는 이면에 숨은 경제 논리는 문제가 없다. 우리는 그 사실을 인정해야 한다. …… 인구가 적은 아프리카 나라들은 거의 오염이 되지 않은 상태"라고 주장했다.[63] 우리들에게는 무시무시한 소리로 들리지만 쓰레기 산업에서 그의 견해는 이미 보편적이었다.

미국 내에서 쓰레기 수출을 유발한 바로 그 시장 원리와 정치적 판단이 쓰레기를 나날이 해외로 내보내게 만들었다. 소비재를 미국에 싣고 오는 일부 해운회사가 쓰레기 처리를 맡았다. 빈 배로 돌아가는 대신 화물칸에 미국의 쓰레기를 싣고 돌아가는 것이다. 그들은 그 쓰레기를 자국으로 싣고 가서 재활용 처리업체나 폐기업체에 판다.[64]

아마도 오늘날 가장 악성이면서 대량으로 수출되는 쓰레기는 '전자폐기물'일 것이다. VCR, CD 플레이어, 텔레비전, 컴퓨터, 휴대폰, 팩스처럼 다 쓴 전자제품들이다. 납, 카드뮴, 수은, 아연 같은 중금속이 많이 함유되어 있고, 유독한 솔벤트, PCB(폴리염화바이페닐), 그 밖의 해로운 물질이 들어 있는 전자폐기물은 유해폐기물이고 그 양도 많다. 대부분 휴대폰과 개인컴퓨터의 이름난 생산자인 전자산업 분야는 노후화의 내재화 수준을 어지러울 만큼 높여놓았다. 휴대폰 부품을 구하는 건 사실상 불가능할 뿐 아니라 열두 달도 더 된 큼직한 휴대폰으로 전화하는 모습을 들키면 창피한 일이다. 몇 해를 쓴 컴퓨터를 고쳐 쓴다는 건 포기해야 한다. 꾸준한 유행의 변화와 기술 혁신이 이어지는 전자제품을 더 빠른 속도로 더 많이 소비하라는 압력과 유혹은 거대한 쓰레기 양산에 불을 붙였다.

오늘날 기업이 설계한 개인컴퓨터의 수명은 약 2년이다. 개인컴퓨터 사용자는 미국에서만 1억 명이 넘는다. 1997년 이후로 미국에서 쏟아져 나온 망가진 노트북, 모니터, 하드드라이브는 3억 개가 넘는 것으로 추산된다. 해마다 PC를 비롯해 320만 톤의 첨단제품들이 버려진다.[65] 버려진 모니터는 대부분 2킬로그램 미만에서 4킬로그램 미만의 납을 함유하고 있으며, 이는 미국 매립지에 매립된 전체 납 가운데 40퍼센트를 차지한다.[66] 미국 매립지에서 발견되는 모든 중금속의 70퍼센트가 폐기된 전자제품의 부속물, 이를테면 전선, 기판, 금속 케이스에서 나온다.[67]

오늘날 외국의 많은 해운회사가 미국 전자폐기물의 상당부분을 지구 남반구로 수송해 재처리하거나 폐기한다. 가난한 지역에는 값싼 노동력이 풍부하므로, 전자폐기물을 해외로 내보내는 것이 경제적이다. EPA의 한 보고서는 캘리포니아에서 컴퓨터를 재활용하려면 쓰레기를 중국으로 보내 재활용하는 비용의 열 곱이 든다고 밝혔다.[68] 또한 미국은 아직 바젤 협약(Basel Convention)에 가입하지 않았다. 이는 선진국에서 개발도상국으로 수출되는 유해 폐기물을 규제하는 국제협약이다.[69] 미국 내 폐기에 대한 감독이 강화되고, 해외에 저임금 노동력이 풍부하며, 미국 항구에서 수출되는 쓰레기에 대한 규제가 미약한 까닭에, 인도·중국·남아프리카·필리핀 같은 나라에 쓰레기를 수출하게 된 것이다.

일부 보고서는 미국 재활용 시장에서 수거된 전자폐기물의 50~80퍼센트가 중개인에게 팔리며, 중개인은 이것을 개발도상국에 수출해 폐기한다고 밝히고 있다.[70] 미국 소비자들이 웃돈을 주고 PC를 재활용하려고 해도 안전하고 올바르게 처리된다는 보장이 없다.[71] 개발도상국에서 전자폐기물의 처리와 재활용은 극빈층 노동자들에게 때로 불법적이고, 대개 아무런 규제를 받지 않으며, 환경적으로 사악한 행위를 강요한다. 『시애틀타임스』는 이렇게 보도했다. 노동자들은 "망치, 끌, 맨손으로 컴퓨터를 부수거나 분해한다." 버려진 전자제품을 재활용한다는 생각은 건전해 보일 수 있으나, 많은 해외 공장의 현실은 사람의 건강을 해치고 환경을 파괴하는 것투성이다.[72]

중국 광둥 성 구이유(貴嶼) 시에서 이민노동자들은 산더미 같은 컴퓨터 부품을 해체하고 녹이며, 나머지는 인근 논이나 관개수로, 또는 운하에 버리곤 한다. 그 지역의 지하수는 이미 오염되어 30킬로미터나 떨어진 곳에서 물을 길어다 먹는다. 버려진 휴대폰은 중국 어디에서나 그 플라스틱 부품에서 브롬계 난연제를 배출해 지하수와 토양을 오염시킨다.[73]

뉴델리의 컴퓨터 재활용 시설에서 노동자들은 산 용액이 가득한 통에 회로기판을 담가 구리와 은을 추출한다. 이 노동자들은 거의 아무런 보호용구를 착용하지 않으며, 운이 있는 경우 기껏해야 얇은 고무장갑만을 낀다. 이 처리과정이 끝나면 회사는 남은 화학용액을 곧바로 지역의 하수처리 시스템에 방출하고 플라스틱 판은 노천에서 소각한다. 공장 소유주는 폐물의 상당수가 북아메리카에서 온다고 설명한다. 하지만 인도에서 전자폐기물의 수입은 불법이다. 기업의 본성이 음성적이다 보니, 얼마나 많은 전자제품 폐기물들이 인도에 들어오는지를 확인할 수 있는 통계자료를 구하기 어렵다. '뉴델리 유독물 연대(Toxics Link New Delhi)'라는 감시단체가 인도 내 폐기물 구매

상인 듯 위장해 인도의 항구도시 세 곳을 조사했다. 그 한 군데인 구
자라트 주 북서부의 아메다바드(Ahmedabad)에 한 달마다 30톤의 컴
퓨터 쓰레기가 들어온다는 걸 알아냈다. 쓰레기 거래를 감시하기 위
한 적절한 예산과 정치적 의지가 없다면, 수입상과 처리업체는 꾸준
히 영업하며 성장해 갈 것이다.[74]

　훨씬 익숙한 범주의 쓰레기들도 해외로 수출되어 재활용되거나 폐
기된다. 2002년, 미국은 중국에 230만 톤의 강철과 고철, 그리고 약
145억 개의 다 쓴 플라스틱 음료수병을 수출했다. 이 모든 폐기물은
해외 재활용 시장의 급성장의 불을 지폈다. 1997~2002년에 미국에
서 중국에 수출된 쓰레기는 1억 9400만 달러에서 12억 달러로 급격
히 불어났다. '아메리카 청남(America Chung Nam)'이라는 중고상이
2002년에 미국의 항구에서 출항시킨 컨테이너는 듀퐁, 제너럴 일렉
트릭, 필립모리스(지금의 알트리아 그룹[Altria Group])에서 출항시킨
수를 모두 합친 것보다 많았다. 쓰레기는 미국에서 대규모로 수출된
문화 가운데 하나인 것이다.[75]

　나날이 가득 차사는 쓰레기 무덤과 악명 높은 쓰레기 수출은 쓰레
기가 더 많아지는 결과이면서 적절하게 규제하지 못한 결과이기도 하
다. 유독물질과 불필요한 쓰레기 생산을 규제하는 중요한 조치를 취
하지 않고서, 정부는 급속하게 노후화되는 제품을 생산자들이 끝도
없이 공급하고 판매할 수 있는 환경을 장려해 왔다.[76] 그 많은 쓰레기
의 발생을 억제하지 않는다면, 포장재·캔·플라스틱·구형 전자제품

쓰레기들은 끝도 없이 쌓여만 갈 것이다. 이 폐기물들이 미국에서, 미국의 뒷마당에서 폐기될 수 없다면, 쓰레기들은 해외로 수출된다.

어마어마하게 많고 악성인 미국 쓰레기의 근본 원인을 밝히고 쓰레기가 만들어지기 전에 쓰레기를 줄이려는 노력을 할 때까지 쓰레기 위기의 해결책은 손에 잡히지 않을 것이다. 19세기 주택 문제를 서술하면서 프리드리히 엥겔스는 이렇게 썼다. "부르주아에겐 주택 문제의 해법이 딱 한 가지뿐이다. …… 질병이 창궐하는 곳, 자본주의 생산양식이 우리 노동자들을 밤마다 유폐시키는 누추한 숙소와 지하방은 사라지지 않는다. 단지 다른 곳으로 옮겨질 뿐이다."[77] 오늘날 쓰레기 문제의 공식적 해법도 이와 똑같다. 쓰레기를 처리하고, 운송하고, 투기하고, 소각하거나 매립하는 데 얼마가 들든, 쓰레기는 결코 진정으로 사라지지 않는다.

9장

녹색을 향하여

"내 눈에 보이는 모든 게 쓰레기인 거야.
…… 지난주에 새로 문 연 레스토랑에 갔어. 아주 좋은 곳이었지.
그런데 내 눈에 띈 건 사람들이 접시에 남긴 음식이었어. 음식 찌꺼기.
재떨이에는 담배꽁초가 있고. 그리고 밖으로 나왔더니."
"어딜 가나 쓰레기가 있더란 말이지. 쓰레기가 어디에나 있으니까."
"하지만 전에는 쓰레기를 본 적이 없어."
"이제 눈을 뜬 거지. 고맙게 여기도록 해." 내가 말했다.

돈 데릴로(Don Delillo), 『지하세계(Underworld)』

　

배케이브(Batcave)의 경사진 콘크리트 진입로를 오르면 작은 뒷마당이 나온다. 캘리포니아 주 오클랜드에 있는 이 주택의 뒤뜰은 이제 비료를 주고 깎아주어야 하는 잔디밭이 아니다. 잔디밭은 채소가 무성하게 자라는 밭으로 변해 호박, 감자, 딸기, 양상추, 꽃이 자라고, 벌통이 있으며, 직접 만든 태양열 오븐이 있다. 배케이브는 거주자들이 부르는 이름이다. 쓰레기를 적게 배출하는 방식으로 지어진 한 세대용 방갈로식 주택들로 둘러싸인 그곳은 정치운동가들과 환경운동가들이 만들어내고 살고 있는 곳이다. 뱃케이브의 밭은 거주자들이 먹을거리의 상당부분을 길러내는 곳일 뿐 아니라 쓰레기의 상당량을 처리하는 조용한 오아시스다.

새로 놓은 배관 시설은 모든 주택의 '회색 물(gray water)'—싱크대나 샤워 배수구에서 흘러나온 오수—을 직접 만든 습지 시스템으로 흘려보낸다. 계단식 웅덩이를 따라 흘러내리는 물은 돌, 모래, 부들, 부레옥잠을 거치며 불순물이 걸러져서 밭에 쓸 넉넉한 물이 된다. 뒷문에서 몇 걸음만 가면 유기물 쓰레기를 퇴비로 만드는 통이 놓여 있다. 통에는 당근 꼭지, 양파 껍질, 곰팡이가 핀 빵을 며칠 안에 기름진 거름으로 만들어내는 빨간 지렁이들이 들어 있다.

"우리는 성인 여덟 명이 사는 주택 전체에서 매주 작은 봉지로 하나씩만 쓰레기를 버립니다" 하고 뱃케이브 주민인 팀 크루프닉(Tim Krupnik)이 말했다. 크루프닉과 주민들은 '엄격한 환경보호 윤리'를 실천하며, 먹을거리의 대부분을 길러 먹고, 폐기물을 주워다 쓰며, 새것은 거의 아무것도 사지 않음으로써 자원을 최대한 이용한다. 주택은 퇴비 화상실을 자랑한다. 사람의 배설물을 퇴비로 바꾸어내는 화장실이다.[1]

평범하게 친환경적인 미국인들에게 이 생활은 유혹적이거나 현실적이지 않을 수도 있지만, 쓰레기를 적게 만들어내는 생활양식이 가능하다는 걸 뱃케이브는 증명한다. 뱃케이브처럼, 작으나마 개인의 쓰레기 감소와 재사용 노력은 중요하고도 이상적인 프로젝트다. 이는 생산, 제품의 유통, 소비와 폐기를 재편성할 수 있는 가능성을 드러낸다. 폐기물은 만들어진 뒤에 처리할 것이 아니라, 사회가 먼저 폐기물을 덜 만들어내야 한다는 것이 오늘날 주류 환경단체와 급진적 환경단체의 공통된 인식이다. 쓰레기의 근본 원인을 건드리려는 이들은 매우 다양한 방식으로 대안적 행위를 실천하고 있다.

오늘날 기업이 제공하는 것 말고도 실천할 수 있는 쓰레기 해결책은 많다. 개인의 선택을 기반으로 변화를 일으킬 수 있다. 또 '녹색 자본주의' 개념은 대량소비를 지속시키면서 기업이 정부의 개입 없이 스스로 비용이 많이 들지만 환경적으로 건강한 조처를 취한다는 것이다. '생산자책임재활용제(Extended Producer Responsibility, EPR)'는 정부가 개입해 생산에 변화를 주어서 폐기물을 줄이려는 노력으로, 생산자들이 그들의 제품이 만들어낸 소비자의 쓰레기를 재정적으로 책임지는 시스템이다. 일부 활동가들과 정책분석가들은 대규모 폐기물 범주를 저비용으로 줄일 수 있는 방법으로 다시 쓸 수 있는 음료수병을 회수하는 방식을 주장한다. 또 다른 대안인 '쓰레기 제로(zero waste)' 운동은 의무적인 쓰레기 감소량을 지정해 간접적으로 생산에 제약을 가하는 것으로, 쓰레기를 완전히 없애는 것이 궁극 목표다. 이 모든 방식은 무언가가 굉장히 잘못되어가고 있다는 공통된 인식에서 비롯된 것이다. 하지만 이 해법들은 중요한 방법론이 서로 달라서 더 자세한 연구를 필요로 한다.

폐기를 막아라

공적인 해법을 기다리지 않는 이들은 늘 다른 삶의 방식을 꿈꾸게 하는 데 이바지해 왔다. 다음의 감탄할 만한, 그러나 아주 작은 노력들은 쓰레기 부문에서 나아가야 할 길을 보여준다.

자주적 행위자(free agent)로서, 샌프란시스코 주민 케이시 컬린 (Caycee Cullen)은 사람들에게 일회용 컵 사용을 중지하고 그 대신 빈 병을 재사용해 마시라고 권한다. (너무나 많은 카페와 레스토랑이 일회용 그릇으로 바꿨기 때문에, 꼭 테이크아웃을 주문하지 않더라도 재사용할 수 있는 도기류 컵과 접시는 점점 보기 힘들어진다.) 미국인들은 날마다 1억 2500만 개가 넘는 일회용 컵을 소비한다.[2] 컬린은 깨끗한 빈 병과 그림이 들어간 안내 잡지를 나눠준다. 잡지는 용기의 원래 뚜껑을 보관해야 음식물이 새지 않는다고 알려준다. 마지막 페이지에는 버려진 종이컵들이 한 줄로 높이 쌓여 있고 그 옆에는 유리그릇이 하나 있는 그림이 그려져 있다. 그리고 "그릇을 쓰는 건 매립되는 쓰레기를 줄이는 일상의 실천입니다. 그릇 하나, 이런 쓰레기가 아닙니다"[3]라는 문구가 들어 있다.

더 크게는, '프리사이클링(freecycling, free와 recycling의 합성어로 자신에게 필요 없는 물건을 필요한 사람에게 공짜로 주는 방식의 재활용—옮긴이)'이 전 세계의 도시에서 활발히 진행되고 있다. 투손(Tucson)의 주민인 데런 빌(Deron Beal)이 2003년에 시작한 프리사이클링은 전신주에서부터 개인용 컴퓨터까지 필요한 물건을 찾는 이들과 그런 물건을 처분하려는 이들을 연결해 주는 것이다. 프리사이클링 메인 웹사이트에 링크되어 있는 지역 웹사이트를 통해 사람들이 연결된다. 프리사이클링 첫 번째 조건은 모든 것을 무상으로 주어야 한다는 것이고, 목표는 물자가 쓰레기로 버려지는 걸 막는 것이다.[4] 선별되는 광고보다 직접적인 인터넷은 사람들과 재사용 물품을 빨리 연결해 주고, 시간과 의사소통이 지연되어 물건이 폐기될지도 모르는 단점을 없앤다.

버클리의 폐품 수거업체 어번 오어(Urban Ore, 재생 원료로서의 도시 폐기물을 뜻한다.—옮긴이)는 옛날 방식의 폐품 수거도 쓰레기 양산을 크게 줄일 수 있음을 알았다. 어번 오어는 시 당국과 특별계약을 맺어 시의 하치장에서 폐품을 수거하는 면허를 갖고 있으며, 그 수거품을 '에코 파크(Eco Park)'라 부르는 유통본부에 팔아 이윤을 얻는다. 예전에 공장이었던 이곳은 야외 공간이 매우 넓다. 흰색·분홍색·노란색 변기들과 싱크대, 욕조들이 끝없이 늘어서서 야외 공간의 서쪽 사분면을 채우고 있다. 근처에는 리모델링을 하는 빅토리아풍 주택에서 뜯어온 섬세한 장식의 문짝들이 세로로 가지런히 서 있다. 커다란 회색 건물 뒤쪽으로는 반투명 창문들이 군데군데서 겹겹이 기대서서 햇빛 아래 반짝인다. 안쪽에는 파일 캐비닛들이 쌓여 벽처럼 서 있고, 바로 옆에는 위태롭게 쌓여 있는 의자며, 건축 자재, 연장, 오래된 전등 설비부터 주걱, 책상, 전자제품 등이 판매를 기다리고 있다.

1980년에 설립된 어번 오어는 매립지로 향하던 폐기물들을 되찾

아 다시 순환시키는 일을 한다. 기업의 공동소유주 메리 루 밴 데벤터
(Mary Lou Van Deventer)는 이렇게 설명한다. "재사용할 폐품을 수거
하고 원래 만들어진 형태 그대로 물건을 보존할 때, 우리는 물자와 문
화적 가치, 그리고 그 물건을 생산하는 데 들어간 에너지를 보존하는
것입니다. 똑같은 물건이 해체되고 부서져서 새로운 물건으로 다시
만들어진다면 그것은 재활용되는 것이니까 괜찮습니다. 하지만 그 물
건을 원래처럼 이용하면서 애초에 그 가치가 보존되는 것만큼 좋지는
않습니다."[5] 어번 오어는 어디서나 따라할 수 있는 운영 방식이다. 폐
품 수거업체과 계약을 맺고 19세기에 보편적이었던 폐품 수거와 재
사용 관습의 진일보한 형태를 확립하라고 법으로 자치단체에 강제할
수도 있다.

쓰레기를 줄이고 재사용하려는 이런 노력들과 여기서 설명하지 못
한 수많은 다른 방식들은, 소각과 매립, 그리고 공적 형태의 재활용에
대해 풀뿌리의 대안이 광범위하다는 걸 드러낸다.

자본주의이면서도 녹색인 것

녹색 자본주의는 쓰레기를 줄이는 해법으로 현재 환경보호론자들,
정책연구자들, 의식 있는 기업가들, 여피족과 신세대 모두에게 인기

를 얻고 있다. 1990년대 초의 산물이면서, '사회적으로 책무를 다하는' 기업과 일맥상통하는 정신인 녹색 자본주의는 환경적으로 건강한 방식으로 생산에 접근함으로써 기업이 지구를 오염시키거나 파괴하지 못하게 막는다. 그 지지자들이 표현하는 대로 이 '새로운 산업혁명'에 중요한 것은 정부의 간섭을 배제하는 것이다. 이들은 올바른 변화를 추구하면 높은 소비 수준이 이어질 수 있다고 믿는다. 자연을 돌본다는 녹색 자본주의의 목표는 칭찬할 만한 것이고, 생산 과정이 변화해야 한다는 주장도 옳지만, 이 목표를 달성하기 위해 필요한 수단은 그 실행가능성을 확신하기엔 의문스러운 점이 있다.

녹색 자본주의의 가장 활발한 후원자는 부유한 원예 체인점 소유주 폴 호켄(Paul Hawken)과 생태 의식을 갖춘 건축가 윌리엄 맥도너(William McDonough)다. 두 사람 모두 더 친환경적인 기업을 만들기 위한 사상과 전략을 개괄한 책을 펴냈고, 그 사상의 핵심에는 설계(design)가 있다. 자본주의는 환경적 퇴보의 뿌리가 아니라고 녹색 자본주의자는 선언한다. 실제 문제는 열악한 제품 및 생산 설계에서 비롯된다. 이 때문에 어마어마한 양의 천연자원이 낭비된다는 것이다. 정부의 개입을 막는 녹색 자본주의의 목표는 개별 기업들이 자발적으로 제조 과정을 다시 설계해 그 과정에서 쓰레기가 생겨나지 않도록 하는 것이다. 폐기물은 무해하게 자연환경으로 돌아가 분해되거나 유해하지 않은 방식으로 무한히 재활용된다. 매우 단순한 사상이다. 하지만 한 가지 함정이 있다. 이 산업적 변화가 소비의 감소 없이, 그리고 순전히 자발적으로 어떻게 이루어질 것인가?

제품이 끊임없이 재사용되거나 무해하게 분해되도록(일회용품의 새로운 변형) 기업이 제품을 다시 설계하면, 녹색 자본주의 체제에서 높은 소비 수준이 이어질 수 있다. 이론적으로 이런 시스템에서 생산자들은 꾸준히 성장한다. 친환경 의제와 자주 연관되는 소비 감소라는 위협에서 기업이 벗어날 수 있기 때문이다. 여기서 문제는 대량생산이 지속되므로 쓰레기 대량 배출도 이어지리라는 점이다.

이런 결론은 새로운 형태의 플라스틱에서 뚜렷하게 드러난다. 현재 많은 종류의 '바이오플라스틱'(맥도너를 비롯한 이들이 추천하는)은 제조하는 데 어마어마한 양의 물과 에너지를 필요로 한다. 바이오플라스틱은 녹말, 콩, 삼으로 만든다. 대규모 생산을 촉진하고, 균일하고 믿을 만한 원료를 만들어내기 위해 화학비료 사용이 늘어날 수도 있다. 이는 더 나아가 생물학적 다양성을 파괴하고 물과 흙을 오염시킨다. 또 이 농작물들을 플라스틱 원료로 쓰기 위해 수요가 늘어나고 가격이 높아지면 식량 공급에 영향을 미칠 것이다. 구매력이 가장 높은 이들이 이 재화를 손에 넣을 것이기 때문이다. 언론인 조지 몬비오 (George Monbiot)는 이렇게 말한다. "오늘날 농업 규모와 집중을 걱정하는 이들은 석유 산업이 농업을 좌우하게 될 때 농사가 어떻게 될 것인지 생각해 봐야 한다."[6]

환경저술가 대니얼 이머프(Daniel Imhoff)는 채소를 원료로 쓰는 폴리머가 이론상 이전의 합성수지보다 낫다고 본다. 하지만 "바이오

플라스틱은 기본적으로 우리의 편리/소비 사회의 생활양식을 바꾸지 않고 기존의 관습을 유지하는 기술적 해결책이다."[7] 매립, 소각, 재활용에서 익히 보았듯이, 기술적 해결책은 단기간에 효과가 있는 듯 보일 수 있으나, 쓰레기를 양산하는 기반구조를 건드리지 않기 때문에 장기적인 해결책으로는 알맞지 않다.

녹색 자본주의의 다른 약점은 국가의 개입과 규제법을 강하게 거부하는 데 있다. 다시 말해 기업이 이렇게 변화하려면 그렇게 하는 게 올바른 것이라 믿어야 한다. 녹색으로 변화한다는 건 비용의 증가를 수반하곤 하므로, 기업 대표들은 도덕적 의무를 자각해야 할 뿐 아니라 기꺼이 이윤을 줄여야 한다.

맥도너는 저서 『요람에서 요람까지(Cradle to Cradle)』에서 이 문제를 다룬다. 그는 먼저 잠재적 고객이 그가 표현하는 대로 '생태-효과적(eco-effective)'일 수 있는지를 판단한다. "그들이 가진 어떤 주의(순수 자본주의)가 …… 확고하다면 그들은 노동과 운송이 되도록 싼 곳으로 생산을 이전하는 걸 고민할 수도 있다. 그러면 [우리는] 거기서 논의를 끝낸다. 그러나 그들이 더욱 확고한 태도를 지니고 있다면 우리는 논의를 진전시킨다."[8] 다시 말해 개별 생산자와 기업들이 더 많은 비용을 감당할 수 있다면 녹색으로 변화할 수 있다. 하지만 기업이 시장에서 경쟁하는 데 여념이 없다면, 맥도너와 공저자 미하엘 브라운가르트(Michael Braungart)는 그들과 관계를 끊는다. 자본주의는 경쟁이라는 강압적인 힘에 구속될 수밖에 없는 것이므로—결국 더 낮은 가격에 제품을 생산함으로써 경쟁에서 우위를 차지하려는 것이 수많은 자원 채취와 낭비의 뿌리이므로—맥도너와 브라운가르트는 가장 중요한 지점에서 실패한다.

개별 기업들이 비용의 증가를 곧 녹색으로 변화하는 것이라고 여길 때, 그들은 비용의 증가와 상관없는 경쟁기업에 밀려날 위험이 있다. 친환경적인 생산자는 그저 더 비싼 제품을 만들어내서 시장에서 도태되는 결과만 얻기 쉽다.

사실 기업이 효과적으로 경쟁하려면 천연자원에 자유롭게 접근해야 한다. 도덕과 관계없이 판단한다면, 시장의 유일한 목적은 축적을 위한 축적이다. 다시 말해 시장이 자연과 관계 맺는 유일한 방식은 축적이다.[9] 기업과 생산과 자연의 관계를 바꾸려면 자본주의가 바뀌어야 한다. 녹색 자본주의가 생산에 대한 법적 강제를 외면하는 것은 보수적인 기업의 시각으로 환경적 의제를 희석시키고 결국 의미 있는 변화를 가로막을 수 있는 반동적 경향이다. 지난 서른 해 동안 명백히 입증되었듯이, 특히 자연계의 건강을 보존하는 문제에 있어 기업의 자기 절제는 효과가 없다.

규제 감독이 없다면 기업은 생태적으로 책임을 진다는 허울만 쓰고 실제 구조적인 변화는 외면할 수도 있다. 지난 몇 해에 걸쳐 녹색으로 변화하는 듯한 기업은 많았다. 그러나 표면 아래에서 착취 기구는 쉼 없이 돌아갔다. 포드 사는 맥도너를 고용해 리버 루즈(River Rouge) 공장 한 곳—맥도너는 여기에 옥상정원을 설치한 것으로 유명하다―의 재건축을 맡겼다. 그렇다고 해서 포드가 F-50 트럭이나 엑스퍼디션 SUV를 비롯한 연비가 낮은 자동차를 생산한다는 사실을 은폐하지는 못한다. 오늘날 포드는 '생태-효과적'인 리버 루즈 공장을 녹색 이미지로 세탁하는 도구로 이용하고 있다. 휘발유를 게걸스럽게 먹어대고 이산화탄소를 내뿜는 괴물들을 쉼 없이 팔면서.

쓰레기 분야에서 기업의 자기 관리란 것도 이와 마찬가지이다. 코카콜라는 1990년대 초반에 사회의 관심이 재활용에 집중되자 25퍼센트 재활용 목표를 선언했다. 정치 압력과 소비자의 관심이 다른 데로 옮아가면서 재활용 마크를 사용하는 데도 아무런 관리 책임이나 규제가 부과되지 않자, 코카콜라는 소비자들 사이에서 녹색 이미지를 유지하기 위해 실제로 재활용할 필요까지는 없음을 깨달았다. 이런 관용적인 분위기에서 코카콜라는 1994년 재활용 플라스틱 병 사용을 전면 중단했고 그에 따른 손해는 거의 없었다. 법적인 제재나 지속적인 감독은 전혀 없었다. 2001년 더 많이 재활용하라는 대중의 요구가 되살아났다. 하지만 재활용 비율을 높이라는 압력을 거의 느끼지 못하는 회사는 재처리된 합성수지를 겨우 2.5퍼센트 사용하겠다고 약속했다.[10] 게다가 코카콜라의 최대 플라스틱 PET병 공급자인 사우스이스턴 컨테이너(South Eastern Container)는 그 전에 공장 두 군데를 최신화해서, 반 리터들이 최신 음료수병을 시간당 6만 개씩 생산해냈다. "회사는 세계 최대 생산량이라고 자랑하고 있다."[11] 도덕적 필요에 비해서 지나치게 많은 생산량이었다.

국가는 저항, 질병, 경제 재앙이나 자연 재해의 시대에 국민을 다스리는 것만 중시한 게 아니라 자본주의의 확대를 촉진하는 일도 중시해 왔다. 미국 산업에서 모든 중요한 발전은 직간접적인 정부의 지원 덕택에 이루어져왔다. 19세기 철도 건설, 2차대전 시기에 산업의 대규모 재편성과 효율성 추구, 그리고 오늘날 기업의 복지와 쓰레기 관리에 대한 지속적인 보조가 모두 그 예다. 반환경적 자유시장은 국가와 공적 자금에 대한 의존도가 매우 높았다. 그렇다면 생태 자원을 책임 있게 돌보기 위해 정부가 개입해야 하는 것이 아닌가? 정부는 미국 기업을 위해 군대, 경찰, 대규모 예산, 정치권력을 소집할 수 있다. 그렇다면 환경을 보호하기 위해 그 힘을 모을 수는 없는 것인가?

미국 정부가 기업을 지원해 온 것처럼, 사회운동은 정부에 압력을 넣어 기업은 싫어하지만(결국은 기업에도 이로운 것인데) 평범한 국민들에게는 이로운 구조적 개혁을 추진하라고 촉구해야 한다. 사회보장, 복지, 식약품 감독 같은 개혁이 그 예다. 이런 프로그램은 국가가 국민에게 이롭게 효율적으로 사회를 재편할 수 있음을 입증한다.

낭비하지 않기……

독일의 보수적인 헬무트 콜(Helmut Kohl) 정부가 1991년 포장법

(Packaging Ordinance)을 통과시킨 것은 기념비적인 변화였다. 이 법은 포장재 쓰레기의 수거, 분류, 재활용과 폐기의 부담을 납세자에게서 생산자에게 이전시켰다. '생산자책임재활용제(EPR)'와 유사한 이 법은 기업이 포장재에 관해 독자적인 쓰레기 처리 시스템을 운영하고 비용을 책임지게 했다. 기업은 격렬하게 저항했고 환경보호론자들은 환호성을 터뜨렸다. 이 포장법은 정부가 진지하게 생산의 결정에 개입하고, 기업이 제품 폐기 비용을 전가하지 못하게 막았다는 의미를 지닌다. 약점이나 제약이 없는 건 아니지만, 독일에서 아직까지 시행 중인 이 법은 폐기물의 홍수 가운데 유일 최대의 범주인 포장재를 다루는 프로그램의 본보기다.

전국에서 발효되는 법규정 덕택에 생산자는 쓰레기가 된 포장지와 용기를 처리하는 방법을 만들어냈다. 그 결과가 바로 '녹색마크(green dot)' 제도라고 알려진 것이다. 지금도 운영되고 있는 녹색마크 제도는 환경부가 감독하고 독일재활용시스템(Duales System Deuschland, DSD)이라는 기업 주도 기관이 운영한다. 소비자는 물건을 구매한 뒤 가게에 포장재를 버릴 수 있다. 집에서 버리는 경우 다 쓴 포장재는 모두 노란 통이나 가방에 모았다가 길거리에 내놓으면 DSD가 수거해 간다.[12]

DSD의 재원은 독일의 민간 생산자들에게서 걷는다. 이들은 무게와 형태를 기준으로 특정 포장재를 처리하는 비용에 따라 녹색마크 사용 수수료를 지불해야 한다. 그리고 셀로판, 상자, 병, 캔에 녹색마크—화살표 두 개가 서로 얽혀 돌아가는 모양—를 찍어서 수수료가 지불되었음을 표시한다. 이 이미지는 소비자들이 폐기물을 분류하는 데 도움을 줄 뿐 아니라, 미국의 재활용 마크처럼 환경보호를 훌륭하게 PR하는 도구다.

독일의 프로그램은 EPR이 최초로 성공한 대규모 공적 실천이었다. 쓰레기 감소 전략으로 1970년대에 제안된 새로운 정책으로 지난 10년간 인기를 얻어온 EPR은 포장재와 급격히 불어나는 전자폐기물 같은 쓰레기 관리 의무를 대중에게서 생산자에게로 이전하는 걸 목표로 한다. 중요한 것은 기업을 설득해 처음부터 덜 생산하게 한다는 데 있다. 쓰레기 처리에 비용을 지불해야 한다면 생산자들이 결국 일회용품을 덜 만들어낼 것이라는 논리다.

경제학자 프랭크 애커먼(Frank Ackerman)은 1991년의 포장법이 "생산자의 책임에 시동을 걸었다. 그것은 가능성의 증거였다"고 했다. 애커먼은 독일 프로그램의 두말할 나위 없는 성공을 보고, 쓰레기 감소에서 정부의 적극적인 역할이 더 이상 의심되어서는 안 된다고 주장한다. "그것은 무에서 시작해 이 어려운 임무를 완수한 매우 놀라운 본보기였다. 정부는 그 임무를 수행하기로 결정하고, 수행했고, 생산자 책임이 실제로 실천될 수 있는 것임을 증명했다."[13]

반대자들은 경제 침체를 예견하며 국가가 환경보호를 이유로 기업을 성공적으로 규제할 수 없을 것이라고 주장했지만, 녹색마크 제도는 이들 주장이 빛을 잃게 했다. 성공작이 된 프로그램은 포장재 소비를 상당히 줄이고, 재활용을 활성화했으며, 다시 쓸 수 있는 병의 이용을 촉진했다. 법 시행 처음 다섯 해 동안 생산자들은 포장재를 7퍼센트 줄였다. 이에 비해 같은 기간에 미국의 용기 소비는 13퍼센트가 증가했다.[14] 포장법 하에서 DSD는 시간이 흐를수록 높아지는 의무적인 재활용 목표에 따라 전진했다. 이 결과 포장재 재활용은 1991년 이후 65퍼센트가 증가했다.[15] 법은 독일 음료용기 가운데 적어도 72퍼센트를 재사용할 수 있는 것으로 바꿀 것을 요구했고 이 덕택에 소비가 줄어들었다.[16] 이 프로그램은 매우 유익한 것으로 드러나, 1990년대 중반이 지나면서 유럽연합 회원 15개국, 그리고 한국, 대만, 일본이 독일 포장법과 유사한 법을 시행했다.[17]

불행히도 독일 제도에는 부정적인 면이 있다. 녹색마크 제도가 있는데도 최근으로 올수록 독일에서 포장 생산이 증가했다.[18] 2003년 현재, 독일은 유럽 전체에서 포장재의 최대 단일시장이었다.[19] 생산자들은 포장 쓰레기 처리에 비용을 대면서도, 이 폐기물들을 더 많이 생산하는 걸 단념하지 않은 것이다. 이것이 제도의 한계를 드러낸다. 단지 쓰레기 감소를 권장하는 것만으로는 충분하지 않다. 독일 제도는 생산자들이 쓰레기 처리 비용을 전가하지 않도록, 더 정확하게는 생산비용을 분담시키지 못하도록 강제했지만, 이것이 곧바로 쓰레기를 없애는 변화를 이끌어내지는 못했다.

녹색마크 제도의 무엇보다 큰 단점은, 생산자가 DSD에 수수료를 지불한다고 해서 재활용 물질로 포장재를 만들거나 포장재를 재처리하게 되지는 않았다는 것이다. 또한 녹색마크 제도하에서 재활용은 매우 넓은 의미로 정의되어, 중고 플라스틱을 강철·석유화학·석유 산업의 '연료'로 소각하는 방식까지 포함했다. 독일의 재활용은 미국에서와 마찬가지로 시장의 변동에 쉽게 영향을 받기 때문에, DSD가 수거한 물자가 결국 소각되거나 매립될 수 있다는 것도 문제다.[20]

여러 단점은 있지만 개인이 일상적으로 폐기물을 분류하면서 버려지는 물자도 가치가 있다는 자각이 널리 퍼져나갔다. 독일의 녹색마크는 전국에서 시행되는 가정 분리수거 문화의 한 요소일 뿐이다. 대부분의 포장 쓰레기 말고도 주민들은 재활용할 수 있는 종이, 유리와 금속을 분리한다. 음식물 찌꺼기는 갈색 전용 통에 담는다. 소비자들은 빈 우유병과 맥주병을 슈퍼마켓에 반환하며, (많지 않은) 나머지를 까만 쓰레기통에 버린다.[21] 미국에 이런 방식이 아주 없는 건아니다. 최근 샌프란시스코에서는 가정에서 책임지고 분리수거하도록 제도를 개편했다. 병, 캔, 종이는 재활용센터에 보내고, 음식 찌꺼기는 퇴비 시설로 보내며, 나머지 쓰레기는 매립지로 보낸다.[22] 샌프란시스코의 새 제도는 이전의 방식을 혁신한 것으로, 독일 제도처럼 폐기물이 그저 다 써버린 더러운 것이 아니라 쓸모 있는 것이라는 깨달음을 퍼뜨린다.

이 종합적 프로그램들은 쓰레기 생산에 개인의 선택이 중요하다는 사실을 서로 다른 방식으로 드러낸다. 쓰레기를 양산하는 기반구조가 가장 중요하지만, 개인의 실천이 절대 무관한 건 아니다. 지난 세기에 미국인 대다수는 쓰레기를 양산하는 생활방식을 즐겁게 받아들였다. 어떤 면에서는 이해할 수 있다. 종이컵과 기저귀 같은 일회용품은 사실 편리함을 준다. 예쁜 포장과 새 제품을 구매자들이 외면하기란 어렵다. 덜어 파는 물건을 사고, 천으로 만든 장바구니나 선반에서 말린 비닐봉지를 다시 들고 나가는 일은 좀 궁색해 보이고 덜 자연스러운 생활방식으로 보인다. 대부분 사람들에게 화려한 포장재와 최신의 유행을 소비하는 일은 매우 즐겁고 만족스러운 경험이다. 사람들은 물건을 버리는 걸 불편하게 여기면서도, 낡은 것을 버리고 새것을 들일 때 기쁨 같은 걸 느낀다.[23]

주류 사회에서 꾸준히 권장하는 이런 현실은 변화를 가로막는 문화적·정치적 장애물이다. 인류와 환경의 안전과 건강을 지키는 개혁의 확대가 정상으로 여겨지고 그렇게 동의되는 분위기가 만들어져야 한다. 그러면 지배적인 노선에 대항하는 소비가 무엇인지 생각하는 변화를 이끌어낼 수 있다. 재활용은 다양한 형태의 상상력을 낳았다. 재활용이 장기적인 해법이라고 오해하기보다, 재활용을 통해 다른 독창적인 가능성을 낳는 정치적이고 문화적인 상상력을 펼칠 수 있다는 게 중요하다.

······욕망하지 않기

쓰레기 홍수를 해결하는 더욱 지속가능한 해법은 재사용 용기다. 1970년대와 1980년대에 미국 주요 제조업체가 외면한 이 방법을, 본국에서는 거부한 바로 그 북아메리카 기업들이 오늘날 서유럽, 라틴아메리카, 캐나다에서 시행하고 있다. 지역 경제를 활성화시키는 재사용 용기 공장은 일자리를 창출하면서도 포장 쓰레기를 엄청나게 줄인다.

재사용 시스템이 운영되는 방식은 지금도 일부에게만 친숙하다. 두꺼운 병은 보증금이 붙어 있어 내용물을 비운 뒤에 가게로 반환한다. 음료회사는 가게에서 병을 수거해 세척 및 리필 시설로 가져간다. 병을 살균하고 전자 '탐지기'로 오염물질을 완전히 제거한 뒤, 신제품 생산 공장의 조립라인과 똑같은 속도로 용기의 내용물이 채워진다. 내용물이 다시 채워진 병은 소매상에게 운송되어 다시 순환된다. 오늘날 재사용 용기는 평균 스무 번쯤 다시 사용된 뒤 폐기된다.[24]

재사용 용기가 다른 나라에 정착할 수 있었던 요인은 규제법과 경제 두 가지다. 한때 미국에서 흔했던 재사용 용기는 덴마크, 네덜란드, 독일, 핀란드, 그리고 캐나다의 온타리오, 퀘벡, 프린스에드워드섬의 병 시장에서 대부분을 차지하고 있다. 이들 정부가 재사용 용기를 요구하고 권장하는 법을 시행해 왔기 때문인데, 1970년대에 불필요하게 매립 공간을 차지하는 일회용품을 금지하는 내용으로 많은 법안이 통과되었다. 멕시코, 브라질, 아르헨티나 같은 라틴아메리카에서도 음료 생산자는 재사용 용기를 사용해 왔다. 이 병이 일회용기보다 비용이 훨씬 적게 들기 때문이다. 또 더 낮은 가격으로 음료를 팔수 있어 저소득층 구매자 시장이 확대되었다.[25]

세척해 재사용할 수 있는 형태의 용기는 주로 유리병이나 두꺼운 PET다. 이런 용기 덕택에 덴마크에서는 쓰레기 배출이 연간 38만 톤이나 줄었고 핀란드에서는 39만 톤이 줄었다.[26] 1998년 현재, 핀란드에서 연간 1인당 쓰레기 배출은 재사용 용기를 의무화하지 않은 다른 유럽연합 국가들 배출량의 절반이었다.[27] 포장재 재활용이 환경에 미친 더 큰 영향은 온실가스와 일산화탄소 배출이 엄청나게 감소하고 물과 에너지 소비가 줄어든 것이다.[28] 일자리 창출 효과까지 낳아, 재사용 용기를 쓰니 일회용기를 쓸 때보다 노동자가 더 많이 필요했다. 독일이 완전히 재사용 용기로 바꾼다면 2만 7천 개의 일자리가 새로 만들어진다.[29] 재사용 용기는 각 지역의 재처리시설을 요구하기 때문에 지역 경제도 활성화시킨다.

최근 서른 해 동안 미국 같은 나라의 지배적인 문화와 달리, 사람들은 아직도 습관적으로 빈 병을 집에 갖고 간다. 얼마 전 갤럽조사에 따르면, 핀란드 소비자들은 반환할 수 있는 용기에 든 맥주를 많이 샀다. 보증금이 80퍼센트에 이르기 때문이다. 그리고 94퍼센트는 다시 쓸 수 있는 용기에 든 탄산음료를 선호했다.[30] 독일인 대다수—69퍼센트—는 반환할 수 있는 용기에 든 음료를 사고자 한다. 소비자만 포장의 간소화를 좋아하는 건 아니다. 퀘벡 양조협회(Quebec Brewers

Association)는 회원업체들이 재사용 용기를 고집하는 이유가 비용이 훨씬 적게 들고 소비자의 참여가 높기 때문이라고 말한다. 캐나다 어느 지역의 맥주업체 단체는 재활용 시스템을 선호해서 재사용 용기를 계속 사용한다는 공식 계약을 체결했다.[31]

아무리 인기가 있어도 재사용 용기는 유럽과 라틴아메리카의 많은 나라에서 정부와 기업의 공격을 받고 있다. 유럽연합은 덴마크와 독일의 법을 자유무역의 걸림돌이라고 비판했다. 이 공격 탓에 각 나라의 재사용 제도가 조금씩 침식되는 듯하다.[32] 재사용 용기에 반대하는 음료 생산자들도 많다. 이들은 기회만 생기면 재사용 시스템을 훼손하며 값비싼 일회용기 생산과 분배, 그리고 판매를 집중화하려 한다. 또 다른 죄인은 알디(Aldi)와 월마트 같은 슈퍼마켓 체인이다. 이들 기업은 공간과 노동력을 더 요구한다는 이유로 재사용 용기를 진열하지 않을 때가 있다. 소규모 지역 상점이 활동하던 시장을 이 소매상들이 장악하면서 어마어마한 시장 권력을 휘둘러 재사용 용기의 미래를 결정하려 하는 것이다. 병 재사용을 규정하고 권장하는 법이 없다면, 초대형 소매상들은 비교적 쉽게 재사용 관습을 없애 버릴 수 있다. 이 결과는 소비자나 환경에 유리한 게 아니라 생산자와 판매자에게 유리하다.[33]

쓰레기를 넘어서

　지난 10년 동안 환경보호론자들에게 지지를 받고 있는 또 다른 방법은 '쓰레기 제로'다. 쓰레기 제로는 쓰레기가 만들어지기 전에 생산 시점에서 쓰레기를 없애자는 것이다. 이미 쓰레기가 만들어진 뒤에 현재 소비 시점에서 처리하는 방식과는 다르다. 일부 지지자는 쓰레기 제로가 직접 쓰레기를 줄이지 못하는 재활용의 단점에서부터 비롯되었다고 설명한다.[34] 이 새로운 방법은 재처리만 하는 것보다 훨씬 종합적이다. "쓰레기 제로는 재활용을 최대화하고 쓰레기를 최소화하며 소비를 줄인다. 그리고 제품이 재사용되고 수리되며 자연이나 시장으로 재순환하게끔 생산되는 걸 보장한다."[35] 쓰레기 제로는 산업 생산을 재설계하는 녹색 자본주의 프로그램과 비슷하며, 1970년대의 원천축소 같은 과거의 재사용·재활용 실천을 더욱 발전시킨 것이다. 풀뿌리 활동가들이 이를 실천하고 있으며, 더욱 진일보한 구조적 개혁을 옹호하는 정책이 이 발전을 촉진했다.

　풀뿌리 재활용 네트워크에 따르면, 쓰레기 제로는 "쓰레기에 대한 기업의 책임, 자원 보존을 위한 정부 정책, 폐기물 분야의 지속가능한 일자리"[36]를 중시한다. 쓰레기 제로는 녹색 자본주의와 공유하는 목표가 많지만, 국가가 폐기물 수준과 천연자원을 관리하는 핵심 역할을 한다는 점에서 녹색 자본주의와 다르다. 쓰레기 제로 지지자 빌 시언(Bill Sheehan)과 대니얼 냅(Daniel Knapp)은 기업에 변화를 촉구

해도 효과가 없을 때 정부의 개입이 정당하다고 설명한다. 연방, 주, 그리고 지역 공무원들은 "규칙과 법률을 개정해 자원 보존 행위에 보상하고 자원 낭비 행위를 처벌"[37]해야 한다는 것이다.

생산 개혁을 강제하는 것은 쓰레기 제로의 주요 측면이다. 엄청난 양의 쓰레기는 제품 포장과 내재화된 노후화에서 비롯된 것이고, 대부분의 쓰레기는 사실 제조 과정에서 생겨난다. 쓰레기 제로 방식은 안전하게 땅에 흡수될 수 있도록 독성이 없고 생분해되는 원료를 이용하도록 생산자들에게 요구한다. 유해하고 재생이 불가능한 원료를 어쩔 수 없이 사용했다면 최대한 재사용하는 것이 의무적이다. 쓰레기 제로 지지자들은 이 두 범주에 맞지 않는 것은 무엇이든 금지되어야 한다고 주장한다. 쓰레기 제로는 이처럼 쉽게 재사용할 수 있는 자원만을 이용하도록 산업을 재편성하는 것이 목표다.[38]

이 반(反)쓰레기 방식은 환경비용을 제품 가격에 포함시키고, 이 비용을 전가해 온 기업의 오랜 관행을 뿌리 뽑고자 한다. 이에 따라 가게에서 파는 생수병에는 더 비싼 가격표가 붙어 있게 되고, 제품 성분을 더 정확하게 표시—천연가스 탐사에서 나온 폐기물이 용기의 합성수지를 만드는 데 이용되었다는 식으로—하게 될 것이다.

그러나 친쓰레기 로비스트와 그 기업 고객들 때문에 이러한 변화가 일어나기는 힘들다. 쓰레기 제로 같은 변화를 거부하는 그들은 대규모 실업과 그에 따르는 가난이라는 오래된 괴물을 이용한다. 1970년대에 그랬듯이 이 주장은 오늘날에도 근거가 없다. 똑같은 요괴가 과거에도 음료수병 보증금법에 반대했다. 폐기물의 재사용이 생산직 일자리를 없앤다는 주장은 막연하고도 입증되지 않은 것이다. 재활용은 실제로 노동수요를 증가시켜, 매립이나 소각 방법에 비해 톤당 열 곱이 넘는 일자리를 만들어낸다.[39] 또한 재활용 업체는 매립과 비교해 톤당 60배까지 노동자를 고용할 수 있다.[40] 2000년에 노스캐롤라이나에서는 재활용 업계에서 거의 9천 명이 일했고, 하던 일을 그만둔 사람은 일부—90명은 중고품상인, 세 명은 목재 취급인—에 지나지 않았다.[41] 쓰레기 제로는 수입과 일자리를 빼앗기는커녕, 소규모 사업의 기회를 창출하고, 숙련 노동의 필요성을 높이며, 지역 경제를 활성화한다.[42]

쓰레기 제로 지지자들은 매립지와 소각로를 폐쇄한다는 목표를 지니고 있다. 이는 실현되기 어려울 듯하지만, 쓸모 없는 물건이 있다는 걸 이해하지 못하기 때문에 아직도 쓰레기라는 명확한 단어가 없는 문화가 있음을 깨닫는 일은 중요하다.[43] 쓰레기 제로 프로그램은 캐나다의 토론토, 노바스코샤의 핼리팩스(Halifax), 그리고 오스트레일리아의 캔버라 같은 곳에서 이미 실현되고 있다. 그리고 뉴질랜드 지방정부의 절반 가까이가 2015년까지 매립되는 쓰레기를 없애기 위해 노력하고 있다.[44] 쓰레기 제로는 쓰레기가 자연계에서 반드시 생겨날 수밖에 없는 결과물이 아니라 선택할 수 있는 것이라는 개념을 내보인다. 다시 말해, 버려진 물자는 반드시 버려져야만 하는 건 아니다.

쓰레기가 들어오면 쓰레기가 나간다

쓰레기 문제와 쓰레기가 환경에 미치는 영향을 진실로 알기 위해서는 두 가지 근본적인 변화가 필요하다. 첫째, 쓰레기는 소비가 아니라 생산의 관점에서 이야기되어야 한다. 나날이 늘어만 가는 포장재, 고장 나고 유행이 지난 제품들이 소비자 개인의 탓이라고 뒤집어씌우는 건 생산 과정에서 쓰레기가 양산되도록 조장하는 태도일 뿐이다. 또한 소비자들이 환경 문제를 자각하고 실천하는 건 좋은 일이지만, 그것이 우리 쓰레기 재앙의 참된 해결책은 결코 아니다. 둘째, 기업의 자기 규율 능력이 없음을 인식하고 강제적인 환경 정책을 적용해야 한다. 생산의 재편에 실패하고 환경보호의 법적 규제를 외면하면, 더 큰 환경 파괴에 이를 뿐이다.

쓰레기가 만들어지기 전에 쓰레기 감소를 추진하는 독일의 제도나 쓰레기 제로 프로그램은 순환과 소비의 차원에서만 운영되는 게 아니다. 그들은 생산의 영역을 파고들기 시작했다. 이는 소비자의 행동에 초점을 맞추고 쓰레기가 이미 만들어진 뒤에야 쓰레기를 관리하려고 하는 다른 전략과 근본적으로 다른 점이다. 생산자책임재활용제와 쓰레기 제로 프로그램은 생산 과정에 영향을 끼침으로써 인류와 생태적 건강을 보살피는 감독자로서 대중에게 더욱 적극적인 역할을 부여한다. 그러나 미국과 다른 많은 자본주의 국가에서 제조업은 대체로 건드릴 수 없는 분야이기 때문에, 기업은 마르크스가 "생산이라는 숨겨진 집"[45]이라 표현한 데서 자신이 바라는 대로 운영할 수 있다.

지난 서른 해 동안 미국의 여러 도시, 주, 카운티에서는 특정 물자의 생산을 제한하지 않고서는 그 쓰레기의 폐기도 제약─야적장 폐쇄나 유독물질의 금지─하는 법을 통과시켰다. 그러나 기업은 생산을 계속했다. 그 결과물인 쓰레기를 그 지역에서 처리할 수 없게 되자, 기업은 쓰레기를 다른 지역으로 수출했다. 이와 비슷하게, 재활용과 제품을 구성하는 재활용 물질이 규정되지 않을 때, 미국 기업들은 의미 있는 방식으로 재활용을 실천하지 않을 것임을 드러내왔다. 인류와 환경의 건강을 보호하기 위한 생산 규제를 정부가 강제하지 못한다면 결국 실패로 끝날 것이다.

이런 방침들로 자연을 올바르게 관리하고 보호할 수 있다면 국가는 기업의 대리인이 아니라 사회의 이익을 위해 행동해야 한다. 국가가 자주 고수하는 부정을 파헤치지 않고 정부에 규제 권한을 넘겨주는 것만으로는 충분하지 않다. 현재 유럽연합은 덴마크와 독일의 용기법에 재판을 청구한 상태다. 두 나라의 포장 규제가 자유무역에 위배된다는 것이다. 이와 비슷하게 미국 법원은 쓰레기 규제가 주(州)간 상업의 교류를 불법적으로 금지하는 것이라는 논리로 쓰레기 수출을 지지한다. 모든 사람의 터전인 환경의 건강보다 상업의 복지를 우위에 두는 건 참된 민주주의가 없다는 사실을 드러낸다. 사회학자 조엘 코벨(Joel Kovel)은 이렇게 말한다. "생태적으로 합리적인 세상을 건설하려는 투쟁은 국가를 건설하는 투쟁을 포함한다. 국가는 많은 민주주의적 희망의 창고이므로 그것은 국가의 민주화를 위한 투쟁이다."[46] 산업과 천연자원의 이용을 규제하려면 민주적인 의사결정이 필요하다.

사회가 생산에 대해 아무 말—어떤 물자가 쓰이는지, 자연에서 어떤 방식으로 채취하는지, 생산 과정은 어떠한지, 제조 과정과 물자의 사용 및 폐기에 유독물질은 얼마나 투입되는지—도 하지 않을 때, 우리 공동의 것인 천연자원의 민주적 이용은 뿌리부터 흔들린다. 전파가 국민의 것이라면, 자연 세계 또한 사회 공유자산의 일부다. 우리는 쓰레기와 쓰레기가 가져오는 결과를 함께 책임지기 때문에, 쓰레기의 참된 원천인 생산 과정도 함께 선택해야 한다. 미국 기업은 대체로 천연자원을 자유롭게 이용한다. 이는 매우 비민주적인 체제의 특징이다.[47]

기업과 정부는 나날이 늘어가는 일회용 제품을 합리화하며 쓰레기 산을 키우고 환경 파괴를 심화한다. 일자리와 높은 생활수준을 제공하는 건강한 경제를 위해 생산을 규제하면 안 된다는 논리다. 그러나 미국 인구조사국(U.S. Census)에 따르면, 미국은 지난 서른 해 동안 경제적 양극화가 더욱 심해졌다. 오늘날 소득의 격차는 2차대전 뒤어느 때보다도 크다. 이 불균형은 1990년대에 더욱 심해져서, 50년 중 가장 긴 경제성장 기간 동안 중간 계층은 크게 줄어들었다.[48] 그리고 2000년 현재, 빈곤층인 20퍼센트 가정의 소득은 미국 전체 가정 소득의 3.6퍼센트에 지나지 않는다. 부유층인 20퍼센트는 전체 소득의 49.7퍼센트를 차지한다.[49] 오늘날 실업률은 1980년대 초반 심각한 경제침체 이후의 실업률보다 높다.[50] 현재 미국 시장 체제에서는, 2000년 이후 구조조정 때문에 200만 개가 넘는 일자리가 사라졌고, 그 반수가 보호받지 못하는 저임금 서비스직으로 바뀌었다.

이는 버려진 가전제품, 자동차, 옷, 그리고 산더미 같은 포장재 쓰레기가 실제로 대부분의 사람들에게 이익을 주는 경제의 산물이 아님을 뜻한다. 오히려 쓰레기를 양산하는 시장의 최대 수혜자는 상층의 사람들이다. 쓰레기는 비도덕적으로 자연을 착취하고 인간의 삶과 노동을 착취하는 체제의 배설물이다. 왜 미국인들은 자신의 건강과 자연계의 생존을 걸고 국가 엘리트를 부유하게 만들어야 하는가? 쓰레기에서 얻는 이익은 불평등하게 분배되지만 환경오염은 모든 사람에게 영향을 미치는 자연을 위협한다.

1970년대 이후로 환경 재앙이 닥치리라는 예측이 끊이지 않았다. 하지만 오늘날 먹을거리, 공산품, 화석연료, 깨끗한 공기의 공급을 보면, 자연계는 별 이상 없이 돌아가는 듯하다. 하지만 시장경제에서는 더욱 심각한 환경파괴가 상품의 형태로 은폐될 뿐이다. 소비자들은 다 만들어진 제품을 가게에서 고를 뿐, 광산 찌꺼기나 벌목된 숲, 제품의 생산과 폐기에서 비롯되는 공기와 물의 오염을 보지 못한다. 소비자들은 쓰레기를 관리할 수 있는 것이라고 매우 쉽게 믿어버리고, 자연의 참사는 추상으로 남는다. 자연의 파괴를 더욱 안 보이게 만드는 건 친쓰레기 진영이다. 그들은 산업 생산이 자연에 별로 영향을 미치지 않는다는 메시지를 쉼 없이 만들어낸다. 사회학자 레슬리 스클

레어(Leslis Sklair)는, 이 이익집단의 목표가 "유례없는 생태학적 위기라는 개념에 쏠리는 관심을 분산시키고, 우리가 마주하고 있는 것이 해결할 수 있는 환경 문제들일 뿐이라는 생각을 믿게 하는 것"[51]이라고 말한다. 하지만 사실 생태적 위기는 지난 몇십 년 동안 지구 곳곳에서 불쑥불쑥 나타났다.

쓰레기는 생산의 파괴적 여파를 보여주는 축소판이다. 쓰레기는 결국 모든 사람의 손에 남는 것이다. 그것은 모든 것이 건강하지는 않다는 증거다. 따라서 쓰레기는 모든 상품에 응축되어 있는 자연의 개발을 폭로하는 힘을 지닌다. 쓰레기는 시장과 자연의 관계를 드러낸다. 그것은 공산품 속에 숨어 있는 환경 정책을 보여준다. 이 때문에 우리 사회가 쓰레기라는 일상의 물질을 이해하고 처리하는 방식을 변화시키는 것은, 다른 영역의 생태 위기―다시 말해 죽어가는 바다, 오존층 파괴, 지구 온난화, 음식물과 물과 공기를 오염시키는 독성 화학물질의 문제를 해결하는 데 중대한 영향을 미칠 것이다.

| 감사의 말 |

내가 쓰레기라는 주제를 탐구하기 시작한 건 2002년 〈사라진 내일: 쓰레기의 숨겨진 한살이〉(Gone Tomorrow: The Hidden Life of Garbage)〉라는 제목의 다큐멘터리 영화를 만들면서부터였다. 영화를 완성하고 나서 아직도 못 다한 이야기가 있음을 깨달았고, 그래서 이 책이 나오게 되었다. 영화에 도움을 주었던 이들이 이 책에도 도움을 주었다.

다큐멘터리에 나오는 대담자들은 깊은 통찰력을 지니고 있었다. 뱃케이브의 팀 크루프닉, 버클리 생태학센터의 데이브 윌리엄슨, 그리고 찰스 홈스의 이야기를 들으며 나는 재활용의 문제와 모순을 더욱 충분히 이해할 수 있었다. 메리 루 밴 데벤터는 쓰레기에 대해 명쾌한 견해를 제시하고 중요한 책을 추천해 주어 내가 올바른 방향으로 갈 수 있게 해주었다. 존 마셜은 영화가 완성된 뒤에도 노동과 쓰레기에 관해 함께 이야기했고, 이 책을 쓰는 동안 핵심 문제들을 제시해 주었다. 리처드 워커의 날카로운 분석은 시장경제에서 쓰레기의 복잡한 의미를 이해할 수 있도록 도와주었다.

뉴욕의 브레히트 포럼(Brecht Forum), 그리고 리사이클 디스!(Recycle This!)의 캐스린 스완과 크리스티나 샐비 덕택에, 다양한 계층의 사람들에게 내 영화를 보여주고 내 생각을 나눌 수 있는 기회를 얻었다. 로빈 네이절은 뉴욕 공중위생국과 뉴저지 주 뉴어크 소각장에 나를 연결시켜 주었다.

이 책을 쓰는 동안 자신의 수업을 참관하게 해준 데이비드 하비에게도 고마움을 전한다. 그 수업의 훌륭한 정치경제학 토론 덕택에 내 분석은 깊이를 얻을 수 있었다. 지적 협력자 크리스천 패런티는 영화를 만들 때도 도움을 주었고, 뉴 프레스(New Press, 이 책을 출판한 미국의 비영리 출판사, 옮긴이)에 나를 소개해 주었으며, 일찍부터 이 책을 펴내라고 나를 북돋웠다. 이 작업에서 크리스천의 관찰과 시각은 중요했다. 그가 있었기에 쓰레기에 관해서, 그리고 그 이야기를 책으로 펴내는 일에 대해서 완벽하게 토론하고 내 생각을 정리할 수 있었다.

콜린 로빈슨은 프로젝트를 격려하고 아낌없이 도와주었다. 초고에 대한 그의 평가는 매우 중요한 것이었다. 영화와 책에 열성을 쏟아준 리자 페더스톤에게 큰 감사의 뜻을 전한다. 원고를 쓰는 동안 리자는 처음에는 공동저자, 나중에는 편집자로서 정말 소중한 도움말을 아끼지 않았다. 이 책에는 그녀의 공이 담뿍 들어 있다. 데이비드 모리스는 초고를 읽고 매우 도움이 되는 제안을 해주었다. 이 책이 나오기까지 세심하고도 훌륭하게 일해 준 스티븐 히아트와 엘리너 프라브다, 또 보이지 않는 수고를 아끼지 않은 엘리자베스 세이들린 번스타인과 뉴 프레스 직원들에게 큰 고마움을 전하고 싶다.

필요한 정보를 무료로 이용할 수 있게 해준 사서분들, 읽을 만한 기사와 책을 보내주고 추천해 준 모든 친구들에게 고마움을 전한다. 이 책에 사진들(이 책의 원서에는 각 장 앞에 사진이 한 장씩 있으나, 각 사진 저작권자와의 협의 문제 등으로 여기에는 싣지 않았다—편집자)을 싣도록 도와준 뉴욕 시 문서보관서의 마이클 로렌지니, 뉴욕 시 박물관의 마거릿 라빈, 캘리포니아 주 프레즈노의 전 토목공사 엔지니어 제임스 마틴에게 감사드린다. 쓰레기를 날카롭게 포착한 예술가 피터 가필드와 훌륭한 컴퓨터 기술로 책의 사진 작업을 손쉽게 해 준 토드 챈들러에게도 고마움을 전한다. 기술적 도움을 준 샘 컬먼에게도 고맙다고 말하고 싶다.

레이철 레익스, 스콧 플레밍, 페니 루이스, 에밀리 데 보티, 테드 햄, 크리스토퍼 쿡, 데레사 킴, 토머스 그린, 브레이든 킹, 수전 패런티, 조시 메이슨, 더그 헨우드, 릭 프렐링어, 닐 스미스, 낸시 뉴허스터, 그리고 이 책에 담겨 있는 기본 생각을 완성시킨 곳인 블루마운틴 센터에 많은 감사를 전한다. 사촌 찰리 로저스, 자매 홀리 로저스는 완성되지 않은 원고들을 읽고 작업 내내 변함없이 나를 격려해 주었다. 그들에게도 고마움을 전한다.

쓰레기에 관한 불편한 진실

살아가면서 반드시 하지 않으면 안 될 일 가운데 하나가 쓰레기 처리다. 오늘날 쓰레기는 버리는 단계에서부터 종류별로 분류해야 하며 버리는 방법도 종류마다 다르다. 심지어 버리는 날짜와 시간이 정해지기도 하고 쓰레기를 버리기 위해 아깝다고 여겨지는 만큼의 돈을 내기도 한다. 어떤 쓰레기를 어떻게 버려야 하는지, 한 번쯤은 식구나 이웃에게, 더 나아가 관공서에 문의한 경험이 있을 것이다. 쓰레기를 버리면서, 스스로 쓰레기 전문가가 된 게 아닐까라고 착각할 만큼 오늘날 쓰레기를 버리는 일이 어려워졌다.

그렇게 힘들게 쓰레기를 버리는 대신 우리는 교양 있는 시민의 몫을 했다고 자부한다. 마음속에 늘 검은 그림자로 묵직하게 남아 있는 어떤 의문을 애써 억누르며 한 시민에게 부여된 책임을 양심적으로 해냈음을 뿌듯하게 여긴다. 우리는 우리 생활에서 나온 쓰레기를 적어도 말끔하게 버렸고, 종류별로 분류된 쓰레기가 이제 어딘가에서 우리가 노력한 만큼 재활용될 것이라고 생각한다.

그러나 이 책은 우리가 쓰레기의 끝이라고 생각하는 바로 그 시점이 사실은 쓰레기가 처리되는 과정의 시작일 뿐임을 폭로한다. 이 책은 교양 있는 시민의 마음속에 묵직하게 들어 있던 의문을 이렇게 불편하게 끄집어내기 시작한다. 우리가 재활용되리라고 믿으면서 애써 종류별로 나누어 버렸던 재활용 쓰레기의 대부분이 결국은 그대로 쓰레기가 되고 만다는 것, 좀 더 정확히 말하면 매립되거나 소각되거나 먼 바다에 투기되고 있다는 사실을 밝혀낸다. 쓰레기의 양은 이 지구가 버텨낼 수 없을 만큼 이미 어마어마하며, 그 주범이 이 대량생산 대량소비 사회라는 것, 그리고 지구를 오염시키고 파괴하는 그 시스템의 편리함을 바로 우리가 누리고 있다는 사실을 뚜렷이 바라보게 한다. 우리는 사실 이미 알고 있었으면서도 모른 체하고 싶었던 진실에 더 깊이 다가가면서 점점 더, 어찌 할 수 없이 불편해질 것이다.

20세기의 대표적인 쓰레기인 플라스틱은 결코 자연으로 돌아가지 않는 쓰레기다. 썩지 않고 그대로 있으면 오히려 좋을지 모르겠으나, 이 쓰레기는 햇빛과 공기 속에 분해되면서 몇 세기에 걸쳐 독소를 내뿜는다고 한다. 우리는 열심히 분리수거를 하고 있는 듯하지만, 전 세계에서 생산된 플라스틱 가운데 과연 몇 퍼센트가 재활용되고 있을까? 답은 5퍼센트 미만이다. 버려지는 95퍼센트의 플라스틱 대부분이 해양에 투기된다.

이 책에는 나오지 않는 이야기인데, 태평양 드넓은 바다에 투기된 플라스틱이 환류지역에 모여서 거대한 대륙을 이루고 있다고 한다. 그 대륙의 크기는 북아메리카의 두 배에 이른다. 가벼운 플라스틱 몇 개가 해수면에서 둥둥 떠다닐 것이라고 생각한다면 오산이다. 플라스틱 쓰레기들이 어망, 끈 등과 서로 뒤얽혀 거대한 덩어리를 이루어 빙산처럼 물속에 잠겨 있기도 하고, 마찰과 시간에 의해 잘게 부서져 바다의 밑바닥으로 가라앉는다. 물고기와 새들이 이 플라스틱 조각들을 먹으며 죽어가고 있다. 그 바닷물은 잘게 부서진 플라스틱 조각들이 뒤섞여 수프처럼 걸쭉하다. 이제 태평양은 바다가 아니라 플라스틱이라고 말하는 이도 있다. 바다에 가라앉은 플라스틱 독성물질들이 바다에, 지구에, 그리고 우리의 몸에 장기적으로 어떤 영향을 미치게 될지 정확히 알고 있는 이는 아무도 없다.

더 나아가 현대에 올수록 넘쳐나는 전자쓰레기가 지구를 더욱 병들게 하고 있다. 가전제품, 컴퓨터, 핸드폰들은 이제 우리의 필수품이자 가장 유독한 쓰레기들이다.

이 책은 오늘날 우리와 지구가 당면하고 있는 쓰레기 문제를 바라보기 위해 미국의 생활쓰레기라는 작은 렌즈를 이용하고 있다. 미국은 많은 이들이 풍요로움을 그 대명사로 떠올릴 만큼 대표적인 자본주의 사회이자 세계 최고의 쓰레기 생산자이기 때문이다. 미국 인구는 세계 인구의 4퍼센트에 지나지 않지만 이들이 지구 자원의 30퍼센트를 소비하며 전체 쓰레기의 30퍼센트를 생산한다.

이 책에서 다루고 있는 쓰레기는 가정과 사무실에서 나오는 생활쓰레기다. 광업, 농업, 제조업, 석유화학 분야에서 나오는 쓰레기가 생활쓰레기의 70배가 넘지만, 우리와 직접 관계가 있고 우리의 경각심을 불러일으킬 수 있는 쓰레기는 무엇보다도 생활쓰레기이기 때문이다.

미국의 생활쓰레기 문제를 들여다보며 우리는 지구의 상태를 확인하고 우리 자신의 문제에도 관심을 갖게 될 것이다. 환경부 통계에 따르면, 우리나라 전체의 1일 폐기물 발생량은 2002년에 27만 톤, 2003년과 2004년에 30만 톤 안팎, 2005년에 32만 톤이었다. 연간으로 따지면 1억 톤이 넘는 어마어마한 양이다. 해가 갈수록 그 양이 눈에 띄게 늘고 있다는 것도 알 수 있다.

우리나라 역시 쓰레기 처리 방법은 매립, 소각, 투기다. 우리나라의 연간 폐기물 해양배출량은 2005년에 1000만 톤, 2006년에 900만 톤, 2007년에 750만 톤이었다. 태평양 환류지역에 형성된 거대한 쓰레기 대륙에는 분명히 우리가 버린 비닐봉지와 생수병이 들어 있다.

우리의 바람과 달리 쓰레기는 영원히 쓰레기일 뿐 결코 사라지지 않는다. 딱 한 번 쓰고 버려진 일회용 제품들과 썩지 않는 물건, 중금속을 함유한 제품 및 화학약품들이 지구의 땅과 물 어딘가를 차지하고서 오랜 세월에 걸쳐 끊임없이 독소를 뿜어낼 것이다. 상상하기 힘들만큼 어마어마한 용적의 땅 속에 쓰레기가 매립되고, 거대한 폐광의 갱도를 쓰레기가 메우고 있으며, 우리가 닿을 수 없는 먼 바다와 강에 쓰레기가 버려지고 있는 현실은 괴기스럽고 오싹한 것이다. 부자 나라가 소비하고 가난한 나라가 쓰레기를 떠안는 현실은 비통하다.

쓰레기가 없었던 적은 없었지만, 썩지 않는 쓰레기, 인류와 전 생물과 생태계를 위협하는 독성의 쓰레기가 어마어마하게 생산된 건 불과 한 세기 안에 이루어진 일이다. 참으로 우리를 불편하게 하는 사실이다. 불과 현대의 한 세기 정도를 살고 있는 우리는, 45억 년 역사의 지구와 미래 세대에 얼마나 큰 빚을 지고 있는 것일까?

글쓴이는 쓰레기 문제를 거시적으로 바라본다. 대량생산 구조를 재편하고, 재활용, 재사용의 삶의 방식이 뿌리내려야만 실질적으로 쓰레기가 줄어들 것이라고 주장한다. 이미 생산된 거대한 쓰레기 앞에서 한 개인은 무력해 보이기도 하지만, 재활용과 재사용을 위한 개인의 노력은 언제나 유의미하다는 것도 힘주어 말한다. 결국 생산구조를 재편하도록 압력을 넣어야 할 주체도 각성한 개인들일 것이다.

넘쳐나는 물건들, 넘쳐나는 쓰레기 앞에서 '이 쓰레기들을 과연 어찌할 것인가'라고 품었던 의문들은 불편하게 파헤쳐지는 진실 앞에서 더는 숨길 수 없는 것이 되고 만다. 이제 이렇게 할 것인가.

2009년 6월
옮긴이 이수영

주석

머리말: 쓰레기 또 쓰레기

1. 본 머리말의 여러 부분은 크리스천 패런티(Christian Parenti)와 함께 쓴 에세이의 문장을 고쳐 쓴 것이다. 프레시킬스 매립지는 1948년 로버트 모지스(Robert Moses)가 주도해 임시 쓰레기장으로 문을 열었다. Benjamin Miller, *Fat of the Land: Garbage of New York—The Last Two Hundred Years* (New York: Four Walls Eight Windows, 2000), pp. 198~212 참조.

2. 이 2억 2650만 톤의 쓰레기는 곧 자치단체 고형폐기물(가정용 쓰레기)이다. 미국 환경보호청(EPA) 웹사이트 http://www.epa.gov/epaoswer/non-hw/mum-cpl/facts.htm 참조. 다른 자료들에는 이 수치가 3억 6900만 톤으로, 또는 1인당 하루에 3.2킬로그램을 버린 것으로도 나온다. Scott Kaufman, "National Garbage Survey Highlights Opportunities for Americans to Move from Being Waste-Full to Waste-Wise", *Earth Institute News* (http://www.earthinstitute.columbia.edu/news/ 2004/story01-23-04.html) 참조.

3. EPA 웹사이트 http://www.epa.gov/epaoswer/non-hw/mumcpl/facts.htm 참조.

4. EPA, 고형폐기물 및 응급대응부(Office of Solid Waste and Emergency Response), *Municipal Solid Waste in the United States: 2001 Facts and Figures* (Washington, D.C., 2003), pp. 3~4.

5. Paige Wiser, "Curbing Enthusiasm for Consumerism", *Chicago Sun-Times*,

2003. 10. 9.

6. EPA, "Frequent Questions on Landfill Gas and How It Affects Public Health, Safety and the Environment", www.epa.gov/lmop/faq-3.htm#2 참조.

7. 풀뿌리 재활용 네트워크(GrassRoots Recycling Network), *Wasting and Recycling in the United States 2000* (Athens, Ga., 2000), pp. 17, 30; Neil Seldman, "Recycling—History in the United States", *Encyclopedia of Energy Technology and the Environment*, Attilio Bisio·Sharon Boots eds. (Hoboken, N.J.: John Wiley, 1995), p. 2359.

8. 플라스틱으로 만들어진 포장재에 대해서는, 생태학센터(Ecology Center), *Report of the Berkeley Plastics Task Force* (Berkeley, Calif., 1996. 4. 8), p. 4 참조. 매립지의 포장재 규모에 대해서는, EPA, *Municipal Solid Waste*, p. 7 참조.

9. 1천 년이란 수치에 관해서는 Brian Howard, "Message in a Bottle", *E/The Environmental Magazine* 14, no. 5 (2003. 9/10), p. 36 참조.

10. William McDonugh·Michael Braungart, *Cradle to Cradle: Remaking the Way We Make Things* (New York: North Point Press, 2002). [김은령 옮김, 『요람에서 요람으로』(에코리브르, 2003)]

11. Maraline Kubik, "Northeast Ohio Leads U.S. in Plastics Production", *Business Journal of the Five-County Region* 13, no. 14 (1997. 3. 1).

12. Paul Goettlich, "The Sixth Basic Food Group", 2003. 11. 16, www.mindfully.org/Plastic/6th-Basic-Food-Group3.htm 참조. 남극 주변에서 발견되는 플라스틱 잔해의 양은 1990년대 초반에 100곱절이나 불어났다. 바다에 버려진 이 새로운 폐물의 대부분은 플라스틱으로, 바다생물들을 조류와 함께 새로운 지역으로 이동시킴으로써 생물학적 다양성을 심각하게 위협한다. Hillary Mayell, "Ocean Litter Gives Alien Species an Easy Ride", *National Geographic News*, 2002. 4. 29 참조.

13. Seldman, "Recycling", p. 2352.

14. 미국 매립지에서 쓰레기 절반을 차지하는 종이에 대해서는 "The People vs. The People", *Colors* 40 (2001), p. 27 참조.

15. 자치단체 고형폐기물 양의 출처는, EPA, www.epa.gov/epaoswer/non-hw/muncpl/facts.htm 참조.

16. 지구 온난화 진행 속도에 대해서는 Maggie Fox, "Global Warming Effects Faster Than Feared—Experts", Reuters, 2004.10.21 참조. 미국 탄소 배출에 대해서는 "Americans as Consumers of and Contributors to World Resources", *Research Alert*, 2002.7.5 참조.

17. 카리브 제도의 폭풍우에 대해서는 Mike Toner, "Fury of Storms Linked to Warming", *Atlanta Journal-Constitution*, 2004.10.22 참조. 방글라데시에 대해서는 Lucy Ward, "Bangladesh Suffers in Silence", *Guardian Weekly*, 2004.10. 8~14 참조.

18. Sushi Das, "Dirty Old Bags", *The Age*, 2004.6.29.

19. Jon E. Hilsenrath, "Beijing Strikes Gold with U.S. Recycling", *Asian Wall Street Journal*, 2003.4.9.

20. 소비자가 소비하는 양에 대해서는 Steve Lohr, "Maybe It's Not All Your Fault", *New York Times*, 2004.12.5 참조. 1996년 자치단체 고형폐기물 처리 비용은 435억 달러였다. 풀뿌리 재활용 네트워크, *Wasting and Recycling in the United States 2000*, p. 4 참조. 더욱 최근의 자료의 수치는 70억 달러에 가깝다. Neil Seldman, "The New U.S. Recycling Movement", 「미시건 재활용연맹 연례보고서」, 2004.5, p. 2 참조.

1장 쓰레기의 흐름

1. 이 부분의 연구는 2002년 노컬의 샌프란시스코 리사이클링 앤드 디스포절 사(San Francisco Recycling & Disposal, Inc.) 시설에서 진행되었다.

2. 이 연구가 끝난 뒤 노컬은 리사이클 센트럴(Recycle Central)이라는 재활용물자 분류공장을 다른 곳에 새로 열었다. 내가 방문했던 시설은 지금도 도시의 주요 적환장이고 일부 재활용물자를 처리한다. 리사이클 센트럴의 처리 과정은 여러 면에서 다르지만, 노컬 MRF의 처리 과정은 미국 전역의 적환장에 전형적이므로 연구에 포함시키는 것이 옳다.

3. Eric Liption, "As Imported Garbage Piles Up, So Do Worries", *Washington Post*, 1998. 11. 12.

4. 이 부분의 연구는 2004년 11월에 진행되었고, WMI의 지사장 로버트 루리우치 (Robert Iuliucci), 그리고 WMI의 GROWS와 펜실베이니아 툴리타운(Tully-town) 매립지의 지역사회 담당자 게리 러시(Geri Rush)와 함께 둘러보며 인터뷰한 것을 토대로 삼았다. 매립지에 대한 보충 연구는 펜실베이니아 이스턴에 있는 크린 브라더스 사(Chrin Brothers, Inc.)의 매립 엔지니어 토머스 맥모니글 (Thomas McMonigle)과 인터뷰한 것을 토대로 했다.

5. 2003년 현재, 뉴욕과 뉴저지는 "펜실베이니아 매립지에 쓰레기를 매립한 다른 주 가운데 가장 많이 기여한 두 주였다." Marc Levy, "PA Trash Imports Decline for First Time in 11 Years", *Associated Press*, 2003. 6. 4 참조.

6. Lipton, "As Imported Garbage Piles Up".

7. 1998년 현재, 브라우닝 페리스 인더스트리스(BFI)는 버지니아에서 청정수질법을 위반한 사실을 인정했고 벌금형을 받았다. 그러나 불법적인 각테일링이 거듭되고 있는데도 WMI는 아직 처벌받지 않았다. Lipton, "As Imported Garbage Piles Up" 참조.

8. 풀뿌리 재활용 네트워크·천연자원보호협회(Natural Resources Defense Council)·지구의 벗(Friends of the Earth), *Comments in Opposition to Proposed Rule Deregulating Municipal Solid Waste Landfills*, 2002. 8. 9. www.grrn.org/landfill/landfill_summary.html 참조.

9. 풀뿌리 재활용 네트워크, *Wasting and Recycling in the United States 2000*, p. 16.

10. 이 부분의 연구는 2004년 11월에 진행되었고, 아메리칸 레프퓨얼 소각로의 환경 엔지니어 나라얀 데이브(Narayan Dave)와 둘러보며 인터뷰한 것을 토대로 했다. 쓰레기 인류학자 로빈 네이글(Robin Nagle)에게 이 시설 얘기를 들었다.
11. 2004년 11월 토머스 맥모니글과 인터뷰한 내용이다.

2장 어제의 쓰레기

1. Catharine E. Beecher, *Treatise on Domestic Economy* (New York: Marsh, Capen, Lyon and Webb, 1841), p. 373. 이 책은 주부들을 위한 유용한 매뉴얼로 중산층 여성의 새로운 역할을 정의하려 한 이데올로기적인 책이었다.

2. Susan Strasser, *Waste and Want: A Social History of Trash* (New York: Henry Holt, 1999), p. 26.

3. Alan Taylor, *American Colonies (The Penguin History of the United States)*, Eric Foner ed. (New York: Penguin, 2001), p. 311.

4. 식민지 농장의 쓰레기에 대해서는 Gail Collins, *America's Women: 400 Years of Dolls, Drudges, Helpmates and Heroines* (New York: Morrow, 2002), p. 62 참조. 아무렇게나 버려진 쓰레기는 질병의 형태로 해를 주었다. 이 내용은 3장에서 논의할 것이다.

5. Taylor, *American Colonies*, p. 146.

6. Collins, *America's Women*, p. 62 참조.

7. J. Buel, "Remarks on the Construction and Management of Cattle Yards", *American Farmer* 8, no. 16 (1826. 7. 7), p. 122.

8. Richard A. Wines, *Fertilizer in America: From Waste Recycling to Resource Exploitation* (Philadelphia: Temple University Press, 1985), p. 6. 1790년부터 1840년까지 미국 도시의 수는 24개에서 131개로 늘었다. 미국 인구조사국(Bureau of the Census), *Characteristics of the Population, Census*

of Population: 1960 1권, pt. A, pp. 1~14, 1~15, table 8 참조.

9. Wines, *Fertilizer in America*, p. 154.

10. *American Farmer* 14, no. 43 (1833), p. 339.

11. Marc Linder · Lawrence S. Zacharias, *Of Cabbages and Kings County: Agriculture and the Formation of Modern Brooklyn* (Iowa City: University of Iowa Press, 1999), p. 46.

12. *Working Farmer*, no. 3 (1851), p. 148.

13. Edwin G. Burrows · Mike Wallace, *Gotham: A History of New York City to 1898* (New York: Oxford University Press, 1999), p. 787; Linder · Zacharias, *Of Cabbages and Kings County*, pp. 49~50.

14. 폐기물 상인은 짐승의 똥을 "도시 외곽으로 운반했다. 거기서 톱밥, 다 쓴 탠 껍질(tanner's bark, 가죽을 무두질할 때 쓰는 떡갈나무 껍질 따위 — 옮긴이), 양조장에서 나온 다 쓴 숯, 그리고 다른 도시 쓰레기들과 섞어 퇴비를 만들었다. 농부들은 기꺼이 웃돈을 주고 가볍고 부슬부슬한 거름을 샀다." Wines, *Fertilizer in America*, pp. 9~10, 11 참조.

15. 같은 책, p. 11.

16. 같은 책, pp. 12~13.

17. Karl Marx, *Capital. Volume I* (London: Penguin, 1990), Ben Fowkes trans., p. 637.

18. 이는 당시 뉴욕 시 신문에 보도된 내용이었다. Gert H. Brieger, "Sanitary Reform in New York City: Stephen Smith and the Passage of the Metropolitan Health Bill", *Sickness and Health in America: Readings in the History of Medicine and Public Health*, Judith Walzer Leavitt · Ronald L. Numbers eds. (Madison: University of Wisconsin Press, 1985), p. 405 참조.

19. Benjamin Miller, *Fat of the Land: Garbage of New York — The Last Two Hundred years* (New York: Four Walls Eight Windows, 2000), p. 40.

20. 이런 관습은 훨씬 작은 규모로나마 1950년대까지 꾸준히 이어졌다. Strasser,

Waste and Want, pp. 25~26 참조.

21. 같은 책, pp. 69~71.

22. Jacob A. Riis, *How the Other Half Lives* (New York: Penguin, 1997 [1890]), p. 42.

23. 뉴욕 시 거리청소국 전 부국장 로저스(A.H. Rogers) 대령의 말을 Miller, *Fat of the Land*, p. 76에서 인용.

24. James D. McCabe, Jr., *New York by Gaslight* (New York: Arlington House, 1984 [1882]), pp. 584~85.

25. *Report of the Council of Hygiene and Public Health of the Citizen's Asso-ciation of New York upon the Sanitary Condition of the City* (1863)의 내용을 Miller, *Fat of the Land*, p. 66에서 인용.

26. 같은 책, p. 78에서 인용.

27. Brieger, "Sanitary Reform in New York City", p. 402. 당시의 한 자료에 따르면 공동주택에 거주하는 뉴욕 사람들의 사망률은 도시 전체 평균 사망률의 일곱 배였다. 아울러 "Tenement Life in New York", *Harper's Weekly* 23 (1879), p. 246; Riis, *How the Other Half Lives*, p. 31 참조.

28. Herbert Asbury, *The Gangs of New York: An Informal History of the Underworld* (New York: Thunder's Mouth Press, 1998 [1927]), p. 11에서 인용.

29. Riis, *How the Other Half Lives*, pp. 9~10.

30. *Imperial San Francisco* (Berkeley: University of California Press, 1999)의 저자 그레이 브레친은 도시 고층 빌딩과 사람들의 수입원인 시에라의 광산을 비교했다.

31. 뉴욕 빈민환경개선협회(AICP), *First Report of a Committee on the Sanitary Condition of the Laboring Classes in the City Oe[sic] New York* (New York: John F. Trow, 1853).

32. 돼지들은 워싱턴 D.C. 같은 미국 전역의 도시 거리에서 자유롭게 오갔다. 쥐들도

마찬가지였고, 이 짐승들은 백악관에도 들어갔다. Constance Green, *Washington: Village and Capital, 1800~1878* (Princeton: Princeton University Press, 1962) 참조. 뉴욕 시의 1849년 돼지 소탕에 대해서는 Charles E. Rosenberg, *The Cholera Years* (Chicago: University of Chicago Press, 1962), p. 113 참조.

33. Hendrick Hartog, "Pigs and Positivism", *Wisconsin Law Review* (1985. 7/8), 전자버전.

34. Rosenberg, *Cholera Years*, p. 113.

35. Ted Steinberg, "Down to Earth," *American Historical Review* 107, no. 3 (2002. 6), p. 811; Burrows · Wallace, *Gotham*, p. 786; Miller, *Fat of the Land*, p. 36.

36. Rosenberg, *Cholera Years*, p. 114.

37. AICP, *First Report*, p. 4. AICP는 전형적인 공동주택을 이렇게 묘사했다. "이 우울한 주택의 유해한 악취와 오물은 설명하기도 힘들다. 한 방문객이 말한다. '한 방에 여섯 명이 살고 침대 위에 암탉들이 돌아다니죠.'"(p. 12) 사실 18세기와 19세기에 질병과 재난에 대응하기 위해 생긴 일시적인 보건위원회는 비록 무기력하고 얼마 가지 않았지만 보편적이었다. 예를 들어 뉴욕에서는 1793년 황열병이 맹위를 떨친 뒤에 국가에서 임명한 보건국이 조직되었다. 더 심한 전염병이 돌자 1803년 시 보건위원회가 발족했다. 이런 기구들은 대개 발병한 가정과 선박을 격리시키는 등 오래전부터 효력이 입증되어 온 조치를 취했다. Burrows · Wallace, *Gotham*, p. 358; Rosenberg, *Cholera Years*, p. 19 참조.

38. 『에든버러 리뷰(Edinburgh Review)』의 내용을 Miller, *Fat of the Land*, p. 65에서 인용. 이 영국 잡지는 동해안 지역의 미국 중류층에 널리 읽혔다. 도덕과 신체적 불결함과의 관계에 대해서는, AICP, *First Report* 참조.

39. 쿠일러(T.L. Cuyler)의 말을 Charles E. Rosenberg · Carroll Smith-Rosenberg, "Pietism and the Origins of the American Public Health Movement: A Note to John H. Griscom and Robert M. Hartley", Leavitt · Num-

bers, *Sickness and Health in America*, p. 397n34에서 인용.

40. "Article VIIII—The U.S. Sanitary Commission. A Sketch of Its Purposes and Its Work. Compiled from Documents and Private Papers", *North American Review* 98, no. 202 (1864. 1), p. 163; "Article VIII", *North American Review* 98, no. 203 (1864. 4). 미국 위생협회(U.S. Sanitary Commission, USSC)는 북군지원여성협회(Ladies' Union Aid Society)와 구호여성협회(Women's Central Association) 같은 단체의 소산으로, 크림전쟁 당시 플로렌스 나이팅게일의 업적의 부산물인 영국위생협회(British Sanitary Commission)을 본떠 만든 것이었다. USSC의 유명한 두 여성 조세핀 쇼 로웰(Josephine Shaw Lowell)과 루이사 리 슈일러(Louisa Lee Schuyler)는, 주립자선원조협회(State Charities Aid Association)에서 뉴욕에 숨겨진 비위생적 환경과 도덕적 오염을 감시했다. Burrows·Wallace, *Gotham*, p. 1031 참조.

41. 2년 반 전에 뉴욕은 거리청소국 예산이 삭감되자 거리 청소를 중지했다. 따라서 1863년에는 체계적인 청소가 이루어지지 않았을 것이다. Brieger, "Sanitary Reform in New York City", p. 403 참조. 공중위생과 폭동과의 관계에 대해서는 Miller, *Fat of the Land*, p. 64 참조.

42. "The Draft", *New York Times*, 1863. 7. 13.

43. 징집 폭동의 인종차별 폭력에 대해서는 Leslie M. Harris, *In the Shadow of Slavery: African Americans in New York City, 1626~1863* (Chicago: University of Chicago Press, 2003), pp. 279~88 참조.

44. "The Mob in New York", *New York Times*, 1863. 7. 14; "The Riot in Second Avenue", *New York Times*, 1863. 7. 15.

45. "The Mob in New York".

46. "The Riot in Second Avenue".

47. "Facts and Incidents of the Riot", *New York Times*, 1863. 7. 16.

48. "The Mob in New York"; "The Reign of the Rabble", *New York Times*, 1863. 7. 15; "Destruction of Grain-Elevator in the Atlantic Dock by Fire—

Great Destruction of Property", *New York Times*, 1863. 7. 16; "Facts and Incidents of the Riot".

49. "The Mob in New York".

50. "Facts and Incidents of the Riot"; "The Reign of the Rabble". 시민 민병대 에 대해서는 "Another Day of Rioting", *New York Times*, 1863. 7. 16; "Excitement in Jamaica—A Number of Stores Robbed", *New York Times*, 1863. 7. 16 참조.

51. 전쟁터에서 호출된 군대에 대해서는 "Another Day of Rioting" 참조.

52. Burrows·Wallace, *Gotham*, pp. 892~95.

53. "Tenement Houses—Their Wrongs", *New York Tribune*, 1864. 11. 23, p. 4.

54. Charles Loring Brace, *The Dangerous Classes of New York and Twenty Years among Them* (New York: Wyncoop & Hallenbeck, 1872), p. 31.

55. 이 뉴욕의 단체는 이와 비슷한 도시보건협회(Health of Towns Association) 같은 영국 조직을 본보기로 삼았다. 도시보건협회가 뉴욕시민협회에 미친 영향에 대해서는 Brieger, "Sanitary Reform in New York City", p. 406 참조.

56. Burrows·Wallace, *Gotham*, p. 784; Miller, *Fat of the Land*, pp. 20~21; Rosenberg·Smith-Rosenberg, "Pietism", p. 385.

57. Rosenberg, *Cholera Years*, p. 112.

58. Miller, *Fat of the Land*, p. 44.

59. George E. Hooker, "Cleaning Streets by Contract—A Sidelight from Chicago", *Review of Reviews* 15, no. 3 (1897. 3), pp. 439~40.

60. "Cincinnati's Dirty Streets", *New York Times*, 1882. 11. 23.

61. Brieger, "Sanitary Reform in New York City", p. 405; Miller, *Fat of the Land*, pp. 64~65. 초기 위생학자들에 의해 매우 완벽하고 정확하게 개발된 조사 방법을 나중에 인구조사국에서 채택했다.

62. 전염병학의 전환점에 대해서는 Brieger, "Sanitary Reform in New York

City", p. 405 참조. 선교사들의 이전 작업에 대해서는 Rosenberg·Smith-Rosenberg, "Pietism", p. 390 참조.

63. *Report of the Council of Hygiene*의 내용을 Miller, *Fat of the Land*, p. 65에서 인용. 아울러 Brieger, "Sanitary Reform in New York City", p. 405 참조.

64. 이 법의 공식 명칭은 '생명과 건강 보호를 위한 메트로폴리탄 공중위생국과 부서를 창설하고 질병 확산을 예방하기 위한 법(An Act to Create a Metropolitan Sanitary District and Board of Health Therein for the Preservation of Life and Health and to Prevent the Spread of Disease)'으로, 1866년 2월 26일에 통과되었다. Brieger, "Sanitary Reform in New York City", pp. 400~1, 407~8 참조.

65. Richard L. Bushman·Claudia L. Bushaman, "The Early History of Cleanliness in America", *Journal of American History* 74 (1988. 3), pp. 1234~36.

66. 캐서린 비처의 말을 Strasser, *Waste and Want*, p. 32에서 인용.

67. 남북전쟁 전에도, 집에 있는 베틀은 옷감 생산에서 공장과 경쟁할 수 없었다. 무지 셔츠감 가격도 1815년 야드당 42센트에서 1830년 7.5센트로 낮아졌다. 전쟁 뒤에도 가격은 계속 낮아졌다. Rolla Milton Tryon, *Household Manufactures in the United States, 1640~1860: A Study in Industrial History* (Chicago: University of Chicago Press, 1917), P. 276 참조.

68. Caroline L. Hunt, "Home Problems from a New Standpoint: More Pleasure for the Producer of Household Stuff", *The Chautauquan* 37, no. 2 (1903. 5), p. 178.

69. 1850년 전의 수치에 대해서는 Miller, *Fat of the Land*, p. 19 참조. 1850~1890년의 수치는 Ira Rosenwaike, *Population History of New York City* (Syracuse: Syracuse University Press, 1972), pp. 42, 67 참조. 1900년의 수치는 Kenneth T. Jackson, *The Encyclopedia of New York City* (New Haven: Yale University Press and The New-York Historical Society, 1995), p.

921 참조.

70. Dominique Laporte, *History of Shit* (Cambridge: MIT Press, 2002), p. 39.

71. Martin V. Melosi, *Garbage in the Cities: Refuse, Reform and the Environment 1880~1980* (Chicago: Dorsey Press, 1981), p. 35; Strasser, *Waste and Want*, pp. 121~22. 뉴욕의 시민단체에 대해서는 "The Citizens' Committee", *New York Times*, 1881. 4. 9 참조.

72. Melosi, *Garbage in the Cities*, pp. 114, 122~23.

73. 같은 책, p. 36에서 인용.

74. Maureen Ogle, *All the Modern Conveniences: American Household Plumbing, 1840~1890* (Baltimore: Johns Hopkins University Press, 1996), p. 102. 위생과학에 대해서 더 알고자 하면 John S. Billings, M.D., "The World's Debt to Sanitary Science", *The Chautauquan* 21 (1895) 참조.

75. Melosi, *Garbage in the Cities*, pp. 56, 59~60.

76. 같은 책, pp. 59, 69.

77. 같은 책, pp. 53, 65~66, 74~75.

78. 조지 워링 주니어가 한 말을 Daniel Thoreau Sicular, "Currents in the Waste Stream" (석사논문, University of California, Berkeley, 1981), p. 33에서 인용.

79. 조지 워링 주니어가 한 말을 Strasser, *Waste and Want*, p. 140에서 인용.

80. George E. Waring, Jr., *Street Cleaning and Its Effects* (New York: Doubleday and McClure, 1898), p. 23; "The Disposal of New York's Refuse", *Scientific American* 89, no. 17 (1903. 10. 24), p. 292.

81. "The Utilization of New York City Garbage", *Scientific American* 78, no. 7 (1897. 8. 14), p. 102. 섬 문화에 대해서는 Miller, *Fat of the Land*, pp. 85, 88 참조.

82. "The Disposal of New York's Refuse", *Scientific American*, p. 292. 아울러 Rudolph Hering·Samuel A. Greeley, *Collection and Disposal of Municipal Refuse* (New York: McGraw Hill, 1921), pp. 298~99 참조.

83. Hering·Greeley, *Municipal Refuse*, p. 444. 20세기 다다이즘 예술가 쿠르트 슈비터스(Kurt Schwitters)는 폐기물로 콜라주와 조형물을 만들었다. 사람들은 그가 Merz라는 용어를 만들어냈다고 오해하곤 한다. 그는 Merz를 명사와 동사로 모두 사용하여 자신의 예술, 그리고 자신의 시의 모든 면을 설명했다.

84. 1899년까지 축소 공장 스무 군데가 건설되었고, 1914년까지는 마흔다섯 군데가 지어졌다. 그러나 모든 공장이 계속 운영된 건 아니었다. Sicular, "Currents in the Waste Stream", pp. 49, 52 참조. 공장 소재지에 대해서는 Hering·Greeley, *Municipal Refuse*, p. 448 참조.

85. "The Utilization of New York City Garbage", p. 102.

86. 19세기가 끝나갈 무렵에 절정기를 맞았던 배런 아일랜드의 공장들은 날마다 3천 톤의 가정용 쓰레기와 상업 쓰레기를 받아들였고, 맨해튼, 브루클린, 브롱크스에서 오는 모든 짐승의 시체와 내장도 받아들였다. 이 어마어마한 쓰레기에서 연간 5만 톤의 기름, 몇만 톤의 유지, 비료와 그 밖의 부산물이 만들어졌고, 이 모든 가치는 1천만 달러가 넘었다. Miller, *Fat of the Land*, pp. 44, 85 참조.

87. 폐기물 분류와 다른 형태의 폐품 수거는 1880년대에 섬에 '축소' 과정이 도입되기 전에 이루어졌다. 로버트 모지스의 섬 폐쇄에 관해서는 Miller, *Fat of the Land*, p. 191 참조.

88. 윌리엄 모스(William F. Morse)의 말을 Sicular, "Currents in the Waste Stream", p. 46에서 인용.

89. G. E. Waring, "The Utilization of City Gargage", *Cosmopolitan Magazine* 24 (1898. 2), pp. 406~8. 워링만 이런 생각을 한 게 아니었다. 시카고 보건위 원장 아서 레이놀즈(Arthur R. Reynolds) 박사는 자신이 살던 도시의 처리에 관해 이렇게 말했다. "도시 쓰레기의 상당부분이 불에 잘 타고 불로만 처리될 수 있지만, 나는 쓰레기를 태우는 것이 경제적인 잘못이라고 믿는다. 유지와 거름이 그렇듯, 쓰레기로 상당히 가치 있는 물건을 만들 수 있기 때문이다." Dr. Arthur R. Reynolds, "Some Financial, Political and Sanitary Phases of Garbage Disposal", *Engineering News-Record* 45, no. 7 (1901. 2. 14), p. 120에서 인용.

90. 맥도너 크레이븐의 말을 Sicular, "Currents in the Waste Stream", p. 70에서 인용.

91. "The Utilization of New York City Garbage", p. 102.

92. William F. Morse, "The Disposal of the City's Waste", *American City* 2, no. 4 (1910. 4), p. 180.

93. 매사추세츠 주 스프링필드의 도로위생국에서 가정에 배포한 안내문 '가정용 쓰레기 분류 지침(Regulations for Collection of Household Waste)'의 내용으로, Hering·Greeley, *Municipal Refuse*, p. 98에도 실렸다.

94. "Disposal of New York's Refuse", p. 292; Melosi, *Garbage in the Cities*, p. 51.

95. Melosi, *Garbage in the Cities*, p. 100.

3장 어디에나 있는 것

1. "의사들은 오물을 없애고 물리적 환경을 정화하는 이로움을 알았다. 하지만 그들은 오랜 세월 위생적인 조처만으로는 전염병을 예방할 수 없어 좌절을 겪었다." Melosi, *Garbage in the Cities*, p. 80 참조.

2. 1832년 뉴욕에 콜레라가 발생했고, 주민들은 은행예금을 모두 인출해 도시를 빠져 나갔다. 상업이 마비되었다. 도시의 거의 텅 비었고, 남은 이들은 버려진 가게와 집과 사무실을 약탈했다. 어떤 이들은 신분 위장 절도와 사기에 이용하려고 문서를 훔쳤다. 전염병의 공간적 이동성은 기업에도 악영향을 끼쳤다. Rosenberg, *Cholera Years*, pp. 30~33 참조.

3. Billings, "Sanitary Science", p. 22.

4. 미국 아동건강협회(American Child Health Association)에서 1925년에 수행한 연구 결과, 조사한 도시의 10퍼센트만이 여전히 보건부서에서 쓰레기 관리를 맡고 있었다. Melosi, *Garbage in the Cities*, pp. 80~84 참조. 첫 번째 분화에 관해

더 알고자 한다면 George A. Soper, "The First International Conference on Public Cleansing", *Municipal Sanitation* 2, no. 12 (1931. 12), p. 582 참조.

5. 루돌프 허링의 말을 Sicular, "Currents in the Waste Stream", p. 12에서 인용.

6. 1899~1905년에 인구 2만 5천 명 이상의 미국 도시 가운데 약 85퍼센트가 거리 청소 기계장비를 사용하기 시작했다. Melosi, *Garbage in the Cities*, pp. 141~42 참조.

7. 20세기 초 도로의 다양한 이용에 관해서는 Carol Aronovici, "Municipal Street Cleaning and Its Problems", *National Municipal Review* 1, no. 2(1912. 4), pp. 218~19 참조.

8. A.L. Thompson, "A Review of British Practices in Street Sanitation", *Municipal Sanitation* 2, no. 2(1931. 2), p. 62.

9. Richard E. Fogelsong, *Planning the Capitalist City: The Colonial Era to the 1920s* (Princeton: Princeton University Press, 1986), p. 200.

10. Melosi, *Garbage in the Cities*, p. 137. 도로 이용의 이런 변화는 1930년대에 굳게 자리 잡았다. "도시 지도에 사용되는 '도로'라는 용어는 교역과 상업의 무료 도로에 공적인 이미지를 입힌다. 고의로 길을 막는 이가 법으로 처벌받을 수 있고 장애물을 제거하는 비용을 부담해야 하는 이유는 그런 특성에서 나온다." Leo T. Parker, "Sewer Construction and the Law", *Municipal Sanitation* 2, no. 2 (1931. 2), p. 82; Edward T. Hartman, "The Social Significance of Clean Streets", *American City* 3, no. 10 (1910. 10), p. 173 참조.

11. Henri Lefebvre, *The Urban Revolution* (Minneapolis: University of Minnesota Press, 2003), p. 20.

12. Susan Strasser, *Waste and Want: A Social History of Trash* (New York: Henry Holt, 1999), p. 120.

13. Melosi, *Garbage in the Cities*, p. 151.

14. 같은 책, p. 137.

15. 같은 책, p. 139.

16. "Street Cleaning in Phiuladelphia", *Municipal Journal* 40, no. 26 (1916. 6. 29), p. 898.

17. W.S. Webb, "Garbage Collection by Contract—Costs: Contract Collection and Incineration at Houston, Texas", *American City* 50, no. 10 (1935. 10), p. 15.

18. "Street Cleaning Standards", *Municipal Journal and Public Works* 35, no. 24 (1913. 12. 11), p. 795.

19. 말의 수에 대해서는 Melosi, *Garbage in the Cities*, p. 25 참조. 자동차 교통량 증가에 대해서는 "Street Cleaning Standards", p. 795 참조.

20. K.L. Rothermund, "Ohio Starts Revamping Roads", *Engineering News-Record* 120, no. 11 (1938. 3. 17), p. 411.

21. Melosi, *Garbage in the Cities*, p. 25.

22. Rosalyn Baxandall·Elizabeth Ewen, *Picture Windows: How the Suburbs Happened* (New York: Basic Books, 2000), p. 17.

23. 1903~1918년에, 미국의 쓰레기 배출량은 1인당 453~906킬로그램이었다. 어디서나 양이 가장 많았던 재는 138~680킬로그램이었고, 찌꺼기(음식물과 유기물 쓰레기)는 45~138킬로그램, 일반쓰레기(다른 모든 폐기물)가 11~57킬로그램을 차지했다. Melosi, *Garbage in the Cities*, p. 160 참조.

24. 같은 책, pp. 160~61.

25. "Salvaging Municipal Refuse in Three Cities", *Public Works* 62, no. 2 (1931. 2), pp. 23~24.

26. Hering·Greeley, *Municipal Refuse*, p. 29.

27. Melosi, *Garbage in the Cities*, p. 190.

28. Strasser, *Waste and Want*, pp. 175~78.

29. 일회용 위생냅킨은 19세기 말 이후로 시장에 등장했다. 하지만 "일회용 냅킨이 널리 쓰인 것은 킴벌리 클라크(Kimberly-Clark)에서 1920년에 일회용 생리대 코텍스(Kotex)를 출시하면서부터였다." Strasser, *Waste and Want*, pp.

162~63 참조.

30. 새로운 포장술에 대해서는 Strasser, *Waste and Want*, pp. 171~72 참조.

31. Lauren R. Hartman, "Forever Flexible", *Packaging Digest* 36, no. 12 (1999. 11. 1).

32. 조사한 146개 도시 가운데 "거의 모든 도시가 재를 버렸다. 80개 도시는 일반폐 기물을, 90군데가 넘는 도시에서는 음식 찌꺼기를 버렸다. 대부분 땅에 버렸는 데, 일부는 물에도 버렸다." Hering·Greeley, *Municipal Refuse*, pp. 240~57 참조.

33. Melosi, *Garbage in the Cities*, p. 167. 옐로스톤 국립공원에서는 관람석을 마 련해 쓰레기장을 '뒤지며 먹이를 찾는 곰'을 관광객들이 지켜볼 수 있게 했다.

34. 힐드레스의 말을 Miller, *Fat of the Land*, p. 79에서 인용.

35. Hering·Greeley, *Municipal Refuse*, p. 241.

36. "A Five Year Plan on Sanitary Fills", *Engineering News-Record* 123, no. 5 (1939.8.3), p. 65.

37. 「시카고 공공사업국 1882년 연례보고서」를 Melosi, *Garbage in the Cities*, p. 42에서 인용.

38. 「루이지애나 보건국 1898년 연례보고서」를 Melosi, *Garbage in the Cities*, p. 166에서 인용.

39. 밀워키와 다른 도시의 수중 투기에 대해서는 Hering·Greeley, *Municipal Refuse*, p. 241 참조. 오염 일반에 대해서는 Kevin Lynch, *Wasting Away, An Exploration of Waste* (San Francisco: Sierra Club Books, 1990) 참조.

40. Miller, *Fat of the Land*, p. 71.

41. 1916년에 일어난 사건이다. C.G. Gillespie·E.A. Reinke, "Municipal Refuse Problems and Procedures", *Civil Engineering* 4, no. 9 (1934. 9) 참조.

42. Melosi, *Garbage in the Cities*, p. 47에서 인용. 아울러 Roger J. Bounds, "A Survey of Practices in Refuse Disposal in American Cities", *Municipal Sanitation* 2, no. 9 (1931. 9), p. 435 참조.

43. Sicular, "Currents in the Waste Stream", p. 42; Melosi, *Garbage in the Cities*, p. 48.

44. Charles Gilman Hyde, "Sanitary Engineering as a Vocation", *Municipal Sanitation* 5, no. 5 (1934. 5), p. 155.

45. Ogle, *All the Modern Conveniences*, p. 102.

46. Hyde, "Sanitary Engineering as a Vocation", p. 155.

47. Edwin T. Layton, Jr., *The Revolt of the Engineers: Social Responsibility and the American Engineering Profession* (Baltimore: Johns Hopkins University Press, 1986), pp. 2~3.

48. 이에 대한 더욱 최근의 사례로, 1972년 벡텔(Bechtel) 사의 캘리포니아 만 급행 통근열차 건설에 참여한 엔지니어 세 명이 통제 시스템의 결함을 경고했다. 그들은 동료 엔지니어들에게 비윤리적이라고 비난받았고 경력이 가로막혔다. 나중에 사고들이 발생하고 공개 조사가 이루어진 뒤에야 세 사람의 주장이 옳았음이 밝혀졌다. Layton, *Revolt of the Engineers*, pp. xi~xii 참조.

49. Layton, *Revolt of the Engineers*, p. 208. 1925년 미국 엔지니어링협회(American Engineering Council)는 정부의 볼더(Boulder) 댐 프로젝트를 거부했다. "그것이 전력의 연방 소유와 판매를 수반하기 때문"이었다. 같은 책, p. 209 참조.

50. J.C. Dawes, "To Improve Public Cleansing, Recognize It as a Science", *Municipal Sanitation* 2, no. 10 (1931. 10), p. 495. 아울러 Soper, "The First International Conference"; "Some Financial, Political and Sanitary Phases of Garbage Disposal", *Engineering News-Record* 45, no. 7 (1901. 2. 14) 참조.

51. Desmond P. Tynan, "Modern Garbage Disposal—Incineration or Burial?: A Critical Study of the Sanitary Aspects and Costs of Refuse Disposal", *American City* 54, no. 6 (1939. 6), p. 100; Sicular, "Currents in the Waste Stream", p. 15.

52. Caroline L. Hunt, "Home Problems from a New Standpoint: More Pleasure for the Producer of Household Stuff", *The Chautauquan* 37, no. 2

(1903. 5), p. 179.

53. Laporte, *History of Shit*, pp. 46~47.

54. Dolores Hayden, *The Grand Domestic Revolution: A HIstory of Feminist Designs for American Homes, Neighborhoods, and Cities* (Cambridge, Mass.: MIT Press, 1981), pp. 243, 346~55 참조.

55. 같은 책, p. 205.

56. Charlotte Perkins Gilman, *The Home: Its Work and Influence* (New York: Charlton, 1910), p. 121.

57. 같은 책, pp. 118~19.

58. "One Kitchen Fire for 200 People: No Necessity Any More for Each Family to Cook Its Own Meals", *Ladies' Home Journal* 35 (1918. 9), p. 97.

59. Zona Gale, "Shall the Kitchen in Our Home Go?", *Ladies' Home Journal* 36 (1919. 3), pp. 35, 50.

60. Hayden, *Grand Domestic Revolution*, pp. 281~83.

61. 같은 책, pp. 275, 285~89.

62. Sicular, "Currents in the Waste Stream", p. 74. 아울러 "Street Cleaning Standards", *Municipal Journal and Public Works* 35, no. 24 (1913. 12. 11), p. 794 참조.

4장 위생매립지

1. Louis Blumberg·Robert Gottlieb, *War on Waste: Can America Win Its Battle with Garbage?* (Washington, D.C.: Island Press, 1989), p. 6; Melosi, *Garbage in the Cities*, pp. 151, 164.

2. 일부 공무원들은 자본집약적인 처리 시설, 이를테면 소각로를 구입하기 위한 재정을 확보하는 동안에 매립 방식을 단기로 이용했다. E.J. Cleary, "Land Fills for

Refuse Disposal", *Engineering News-Record* 121, no. 9 (1938. 9. 1), p. 273 참조.

3. Blumberg·Gottlieb, *War on Waste*, p. 8. 뉴욕 주 픽스킬(Peekskill)에서 뉴올리언스와 미니애폴리스에 이르기까지, 그리고 심지어 위스콘신 주 그린데일 (Greendale)의 '시범 교외 마을' 까지 미국 전역의 크고 작은 도시에서 소각공장을 건설하고 리노베이션하고 있었다. "Technical Aspects of Refuse Disposal", *Civil Engineering* 9, no. 3 (1939. 3), pp. 169~70 참조.

4. "The Round Table", *Municipal Sanitation* 10, no. 4 (1939. 4), p. 245.

5. Henry W. Taylor, "Power and Heat Production Feature in Incineration", *Municipal Sanitation* 9, no. 1 (1938. 1), p. 72. 주민들의 저항은 소각공장을 불법으로 간주한 법원 판결을 통해 1929년 샌프란시스코 소각로의 운영을 중단시켰다. John J. Casey, "Disposal of Mixed Refuse by Sanitary Fill Method at San Francisco", *Civil Engineering* 9, no. 10 (1939. 10), p. 590 참조.

6. Taylor, "Power and Heat Production Feature in Incineration", p. 72.

7. Melosi, *Garbage in the Cities*, p. 187. 공공사업국 같은 뉴딜 기구는 전력 공장에 큰 투자를 했다. 어느 보고서에 따르면, 1억 1700만 달러가 드는 61개 전력 공장 건설 프로젝트가 23개 주에서 진행되고 있었고, 이들은 거의 완전히 공공사업국 보증과 대출로 예산을 지원받았다. 이런 조건에서 전력의 대안적 원천은 크게 중시되지 않았다. "ENR News of the Week: End of Litigation Sought by PWA", *Engineering News-Record* 120, no. 2 (1938. 1. 13), p. 43 참조.

8. "소각로 비용에서 중요한 요소는 노동력이다. 소각로는 매립지보다 많은 노동력이 필요하고 비용이 많이 든다." "Sanitary Fill Disposal Method Preferred at Portland", *Engineering News-Record* 123, no. 13 (1939. 9. 28), p. 58 참조. 아울러 "Salvaging Municipal Refuse in Three Cities", p. 24; "The Round Table", pp. 245~47 참조.

9. "Sanitary Fill Disposal Method Preferred at Portland", p. 58. 펜실베이니아 주 이리(Erie)는 소각되는 쓰레기 1톤당 거의 4.69달러를 지불했다. 밀워키는

2.37달러, 디트로이트는 1.40달러를 지불했다. "The Round Table", pp. 245~47 참조.

10. George M. Wisner(수석 엔지니어)·Langdon Pearse(전문 엔지니어), *Report on the Pollution of Des Plaines River and Remedies Therefor* (Chicago: Press of Barnard and Miller, 1914), p. 6.

11. 해양 투기를 연방에서 최초로 금지한 해양보호법이 1888년 통과되었다. Benjamin Miller, *Fat of the Land: Garbage of New York—The Last Two Hundred Years* (Mew York: Four Walls Eight Windows, 2000), p. 71 참조. 1933년 금지에 대해서는 Blumberg·Gottlieb, *War on Waste*, p. 7; 쓰레기 처리위원회·미국 공공사업협회, "Sanitary Landfills", *Municipal Refuse Disposal* (Chicago: Public Administration Service, 1961), p. 86 참조.

12. Hering·Greeley, *Municipal Refuse*, p. 241.

13. 축소 공장의 경제적 부담과 폐쇄에 관해서는 "Technical Aspects of Refuse Disposal", *Civil Engineering*, p. 170; Taylor, "Power and Heat Production Feature in Incineration", p. 72 참조. 유지 가격 하락의 결과에 대해서는 "Salvaging Municipal Refuse in Three Cities", p. 23; Joseph E. Gill, "Garbage Reduction and Incineration Combined in Philadelphia Plant", *American City* 50, no. 12 (1935. 12), p. 58 참조. 필라델피아 공장 폐쇄에 대해서는 Melosi, *Garbage in the Cities*, p. 217 참조.

14. Roger J. Bounds, "A Survey of Practices in Refuse Disposal in American Cities", *Municipal Sanitation* 2, no. 9 (1931. 9), p. 433.

15. 그랜드래피즈, 세인트폴, 오마하, 덴버는 1930년대에 음식물 찌꺼기로 돼지를 먹이는 방법을 이용한 도시들이다. "The Round Table", pp. 245~47; "Technical Aspects of Refuse Disposal", p. 166 참조.

16. 같은 시기에, 태평양 연안 도시의 83퍼센트가 유기물 찌꺼기를 돼지 먹이기 방법으로 처분했다. Sicular, "Currents in the Waste Stream", p. 89; Melosi, *Garbage in the Cities*, p. 170; "Hog Feeding Dominates in Garbage Dis-

posal", *Engineering News-Record* 123, no. 11 (1939. 9. 14), p. 72 참조.

17. Bounds, "Survey of Practices in Refuse Disposal", p. 434. 매사추세츠의 61개 도시에서 돼지 먹이기로 찌꺼기를 처리했다. Melosi, *Garbage in the Cities*, p. 170 참조.

18. 1930년에는 로스앤젤레스 카운티의 44개 도시 모두에서 양돈업자에게 유기물 쓰레기를 팔았다. C.G. Gillespie·E.A. Reinke, "Municipal Refuse Problems and Procedures", *Civil Engineering* 4, no. 9 (1934. 9), pp. 487~91; "Salvaging Municipal Refuse in Three Cities" 참조.

19. Melosi, *Garbage in the Cities*, pp. 215~16; Sicular, "Currents in the Waste Stream", pp. 91~92; Willard H. Wright, "The Whole Truth about Hog Feeding", *Municipal Sanitation* 10, no. 5 (1939. 5), pp. 268~70.

20. "Sanitation Progress Review: Lansing Pioneers in Joint Digestion of Sludge and Garbage", *Municipal Sanitation* 10, no. 1 (1939. 1), pp. 37~38.

21. C.E. Keefer, "Sewage System Utilized for Disposal of Garbage", *Engineering News-Record* 112, no. 7 (1934. 2. 15), p. 227.

22. 같은 글; Bounds, "Survey of Practices in Refuse Disposal", p. 432.

23. 퇴비화 시설을 건설한 다른 도시는 뉴욕의 더니든(Dunedin), 플로리다의 벨에어(Belleair)와 플랜트시티(Plant City)였다. 1932년 네덜란드는 철저한 퇴비화 시설을 운영했고, 인도에서는 1960년대 이후로 약 2500군데 지역 퇴비화 공장이 문을 열었다. 미국 이외의 나라 가운데 100개국이 퇴비화 시설을 운영했다. Melosi, *Garbage in the Cities*, p. 221; Sicular, "Currents in the Waste Stream", p. 95.

24. "Dumping City Refuse", *Municipal Journal and Engineer* 42 (1917. 1. 25), p. 103.

25. "1880년대부터 1930년대까지, 매립은 쓰레기 처리에서 가장 널리 쓰이는 방식이었다." Blumberg·Gottlieb, *War on Waste*, p. 7 참조.

26. "The Land Disposal of Garbage: An Opportunity for Engineers and Con-

tractors", *Engineering News* 53, no. 14 (1905. 4. 6), p. 368. 아울러 Hering·Greeley, *Municipal Refuse*, pp. 253~56 참조.

27. 혼합매립은 "음식 찌꺼기 층을 두께 30센티미터로 한 켜 깔고, 재·거리 청소로 나온 쓰레기·다른 일반쓰레기·흙을 48~60센티미터 두께의 켜로 깔면서 덮는 것이다." Bounds, "A Survey of Practices in Refuse Disposal", p. 431 참조.

28. Harrison P. Eddy, Jr., "Cautions Regarding Land-Fill Disposal", *Engineering News-Record* 121, no. 24 (1938. 12. 15), p. 766. 정교한 방법이 미친 영향에 대해서는 Melosi, *Garbage in the Cities*, p. 219; Blumberg·Gottlieb, *War on Waste*, p. 16 참조.

29. 1894년에 태어나 세인트루이스에서 자란 진 빈센츠는 스탠퍼드대학에서 토목공학을 전공했다. 그 뒤 샌프란시스코에서 화차 안에서 살면서 서던퍼시픽(Southern Pacific) 철도회사의 측량기사로 일하다가 자신의 회사를 설립했다. 그는 미국에서 가장 막강한 전문집단인 미국 토목공학협회(American Society of Civil Engineers) 회원이었고, 미국 공공사업협회(American Public Works Association)와 캘리포니아 자치도시연합(California League of Municipalites)의 대표였다. Sicular, "Currents in the waste Stream", pp. 99~102 참조.

30. "Garbage Dispoal at Fresno Placed on Efficient Basis", *Engineering News-Record* 114, no. 17 (1935. 4. 25), p. 593.

31. "Some Financial, Political and Sanitary Phases of Garbage Disposal", *Engineering News-Record*, p. 121. 1930년대에 쥐는 많은 질병의 원천으로 인식되었다. "쥐는 역사의 모든 전쟁에서 죽은 사람보다 더 많은 사람들을 사망하게 하는 간접적 원인이었다"고 뉴욕 시 공중위생국장 윌리엄 케리(William F. Carey)는 과장된 표현으로 썼다. Carey, "Comment and Discussion: Land Fills: Pro and Con", *Engineering News-Record* 121, no. 11, p. 317 참조.

32. 차량 이용은 1910년대에 시작되어 이후로 계속 늘어났다. 1912년 애틀랜타는 '휘발유 트럭'을 실험했고, '결과는 만족스러웠다.' 이즈음 콜럼버스, 보스턴, 시애틀에서도 쓰레기 수거 수단을 차량으로 바꿨다. John H. Gregory, "Collection of

Municipal Refuse", *American Journal of Public Health* 2, no. 12 (1912. 12), p. 921 참조. 일부 도시는 여러 종류의 차량을 운행하면서 새로운 기술을 실험하고 알맞은 수거 방식을 찾으려 했다. 1930년대 말에 시카고에서는 말이 끄는 트레일러, 트랙터, 덤프트럭을 사용했다. 멤피스에서는 1톤 트럭과 노새 한 마리가 끄는 수레가 공동으로 작업했다. "Refuse Collection in 28 Cities in the United States", *American City* 53, no. 7 (1938. 7), p. 59; "The Round Table", *Municipal Sanitation* 2, no. 1 (1931. 1) 참조.

33. "Garbage Disposal at Fresno Placed on Efficient Basis", p. 593. 다른 도시들도 쓰레기 수거와 처리 조직을 테일러 방식으로 재편함으로써 비용을 절감할 수 있다는 걸 알았다. Cleary, "Land Fills for Refuse Disposal", p. 270 참조.

34. "Garbage Disposal at Fresno Placed on Efficient Basis", pp. 592~93.

35. "Fresno's Garbage Plan Succeeds", *Engineering News-Record* 120, no. 10 (1938. 3. 10), p. 365.

36. "이런 운영 방식이면, 매립지에는 딱 한 사람, 드래그라인 운전자만 필요하다. 그의 월급은 한 달에 160달러로, 매립지에서 유일하게 지출되는 인건비다." "Garbage Disposal at Fresno Placed on Efficient Basis", p. 593 참조.

37. Cleary, "Land-Fills for Refuse Disposal", p. 270. 매립지로 쓴 토지 형태에 대해서는 Leo King Couch, "Proper Garbage Disposal an Effective Aid in Rat Control", *Municipal Sanitation* 2, no. 6 (1931. 6) 참조. 엔지니어들은 말라리아 같은 병을 옮기는 모기('인류와 국가의 파괴자')를 물리칠 것이 큰 걱정이었다. 모기를 없애는 방법은 오늘날의 관점으로는 노동집약적이고 무차별적이고 매우 근시안적이었다. 뉴욕에서는 습한 지역에 도랑을 파기도 했다. "얕은 물이 도랑으로 흘러가면, 위생국에서 원유를 흘려보내기 쉽다. 원유는 지표에서 공중으로 날아오를 유충을 없앤다." 뉴욕에 그런 도랑은 900킬로미터가 넘었다. J.A. Le Prince, "Building Malaria out of a Community Through Engineering Work Designed to Prevent Mosquito Propagation", *Municipal Sanitation* 2, no. 1 (1931. 1), pp. 10~13; V.M. Ehlers, "Sanitation Scores in Dallas Levee

Improvements", *Municipal Sanitation* 2, no. 2 (1931. 2), p. 77 참조.

38. E.J. Cleary, "Land-fills for Refuse Disposal", *Engineering News-Record* 121, no. 9 (1938. 9. 1), p. 273.

39. "A Five-Year Plan on Sanitary Fills", *Engineering News-Record* 123, no. 5 (1939. 8. 3), p. 65.

40. George S. Smith, "Systems of Collection and Disposal of Garbage in City of New Orleans", *American Journal of Public Health* 2, no. 12 (1912. 12), p. 924.

41. Gordon M. Fair, "Comment and Discussion: Land Fill: Pro and Con", *Engineering News-Record* 121, no. 12 (1938. 9. 22), p. 347.

42. 하먼(W.W. Harmon)의 말을 Desmond P. Tynan, "Modern Garbage Disposal—Incineration or Burial?" *American City* 54, no. 6 (1939. 6), p. 111 에서 인용.

43. "Technical Aspects of Refuse Disposal", p. 166.

44. "Fill Disposal of Refuse Successful in San Francisco", *Engineering News-Record* 123, no. 1 (1939. 6. 6), p. 60; Casey, "Disposal of Mixed Refuse", pp. 590~91.

45. "San Francisco Garbage Disposal Continues With Fill-and-Cover on Tide-Flat Areas", *Engineering News-Record* 113, no. 16 (1934. 10. 18), p. 501.

46. Casey, "Disposal of Mixed Refuse", pp. 590~91.

47. 같은 글, p. 591.

48. Eddy, "Cautions Regarding Land-Fill Disposal", p. 766.

49. Miller, *Fat of the Land*, p. 188. 시큘러에 따르면, 라이커스 아일랜드는 처음에 7만여 평이었으나 1930년대 말에는 매립으로 인해 50만여 평으로 늘어났다. Sicular, "Currents in the Waste Stream", p. 108 참조.

50. Tynan, "Modern Garbage Disposal—Incineration or Burial?", p. 100. 아울러 Edward T. Russell, "Comment and Discussion: Land Fills: Pro and

Con", *Engineering News-Record* 121, no. 13 (1938. 9. 29), p. 391 참조.

51. *Staten Island Advance*의 내용을 Miller, *Fat of the Land*, p. 340에서 인용.

52. 모지스의 쓰레기를 이용한 토지 매립에 대해서는, 같은 책, pp. 191, 196 참조. 시민단체들의 저항에 대해서는 Robert Moses, "Comment and Discussion : Land Fills : Pro and Con", *Engineering News-Record* 121, no. 11 (1938. 9. 15), p. 317 ; Miller, *Fat of the Land*, pp. 192~93 참조.

53. Miller, *Fat of the Land*, pp. pp. 188~98, 204. 플로이드 베넷 필드에 대해서는 www.geocities.com/floyd_bennett_field/1930s.html 참조. 세계박람회 부지에 대해서는 Carlton S. Proctor, "Preparation of the Fair Site", *Engineering News-Record* 121, no. 12 (1938. 9. 22), pp. 353~56 참조. (로버트 모지스가 아니라) 이후의 위생국장 빌 케리(Bill Carey)가 1938년에 시에 건설한 라과디아(La Guardia) 공항도 쓰레기를 매립한 땅에 들어선 것이다. 끊임없이 악취를 풍기는 문제를 넘어, 약한 기반 위에 들어서는 육중한 건물은 큰 사고를 일으킬 수 있다. 1940년대에 매립지는 매우 불안정하고 쥐들이 들끓었다. 곳곳이 거의 '붕괴 직전'이었고 지하수로는 쥐들이 점령했으며 구멍이 뚫려 늘 정기적이고 집중적인 관리가 필요했다. Miller, *Fat of the Land*, p. 187 참조.

54. W. Earle Andrews, "New York World's Fair 1939 : Its Background and Objective", *Engineering News-Record* 121, no. 12 (1938. 9. 22), p. 350.

55. Walter Benjamin, "Paris, Capital of the Nineteenth Century", *Reflections*, Peter Demetz ed., (New York : Harcourt Brace, 1978), p. 151. 〔조형준, 「파리-19세기의 수도」, 『파리의 원풍경』(새물결, 2008)〕

56. Sicular, "Currents in the Waste Stream", pp. 115~16.

57. 같은 글, p. 117.

58. 쓰레기처리위원회(Committee on Refuse Disposal)·미국 공공사업협회, "Sanitary Landfills", p. 87.

59. Sicular, "Currents in the Waste Stream", p. 117.

60. 같은 글, p. 118.

61. 같은 글, p. 119.

62. 쓰레기처리위원회·미국 공공사업협회, "Sanitary Landfills", p. 87.

63. Blumberg·Gottlieb, *War on Waste*, p. 17.

64. Richardson Wright, "The Decay of Tinkers Recalls Olden Days of Repairing", *House & Garden* 58 (1930. 8), p. 48.

65. 빈센츠는 1940년 미국 공공사업협회 회의에서 이렇게 발표했다. Sicular, "Currents in the Waste Stream", p. 105에서 인용.

66. 빈센츠가 한 말을 같은 글에서 인용.

67. 같은 글, p. 104.

68. 『지방자치 공중위생(Municipal Sanitation)』은 매우 우호적으로 표현했다. "이 매립지는 특별한 거주지역에 들어서곤 한다." Couch, "Proper Garbage Disposal an Effective Aid in Rat Control", p. 280 참조. 다른 도시들도 지저분함을 감추었다. 시애틀에서 한 사람은 이렇게 썼다. "거주지에서 매립지 관리의 중요한 특성은 버드나무나 미루나무처럼 빨리 자라는 나무를 심거나 초록색을 칠한 격자 울타리를 둘러 장막을 치는 것이다. 훤하게 보이지 않고, 위생국이 위생 상태를 점검하는 덕택에, 이 매립지들은 도시 어디에서나 말썽 없이 운영될 수 있다." "A Five-Year Plan on Sanitary Fills", *Engineering News* 123, no. 5 (1939. 8. 3), p. 66 참조.

69. "Five Hundred Serve a Million and a Quarter", *American City* 50, no. 3 (1935. 3), p. 47.

70. 같은 책, p. 48.

71. "수거꾼 말고는 폐품 가치가 있는 것들을 수거하지 못한다." Casey, "Disposal of Mixed Refuse", p. 590 참조. 아울러 "Garbage Collection by Contract—Costs", *American City* 50, no. 10 (1935. 10), p. 15 참조..

72. Eddy, "Cautions Regarding Land-Fill Disposal", p. 767. 아울러 "Technical Aspects of Refuse Disposal", p. 166 참조.

73. "Technical Aspects of Refuse Disposal", p. 167.

74. 예를 들어, 샌프란시스코에서 날마다 수거하는 혼합 쓰레기 총량은 1932년 650~700톤이었던 것이 두 해 뒤에는 550톤으로 줄었다. "San Francisco Garbage Disposal", p. 501 참조. 당시 또 다른 연구 결과를 보면, "현재 불황기에 쓰레기에 섞인 음식물 찌꺼기는 점점 줄고 있다. 불황 탓에 구매력이 낮아지고 주부들의 알뜰한 본능은 음식물도 아끼고 있다." Herman Courtelyou, "Our Readers Say—Garbage Disposal in Los Angeles." *Civil Engineering* 5, no. 1 (1935. 1), p. 30; Gillespie·Reinke, "Municipal Refuse Problems and Procedures" 참조.

75. 미국 공공사업협회의 말을 Sicular, "Currents in the Waste Stream", p. 94에서 인용.

76. Cleary, "Land-Fills for Refuse Disposal", p. 273; "A Five-Year Plan on Sanitary Fills", *Engineering News*, p. 66; Eddy, "Cautions Regarding Land-Fill Disposal", p. 766.

77. Strasser, *Waste and Want*, pp. 140~41.

78. 같은 책, p. 141.

79. 같은 책, p. 262.

5장 쓰레기의 황금기

1. EPA, 고형폐기물 및 응급대응부, *Municipal Solid Waste in the United States: 2001 Facts and Figures Executive Summary* (Washington, D.C., 2003. 10), p. 5.

2. 생산수단의 집중은 2차대전 이후로도 이어졌다. "1950년, 미국의 약 30만 제조업체 가운데 상위 5대 기업이 총 생산제품 가치의 12퍼센트가량을 생산했다." Victor Lebow, "Forced Consumption—The Prescription for 1956", *Journal of Retailing* 31, no. 4 (1955/56. 겨울), p. 168 참조.

3. 경쟁 법칙은 "소비재 생산자들이 대량생산과 대량유통을 경쟁시장에서 생존할 수 있는 '필수적' 단계로 인식하게 되었음을 뜻한다." Stuart Ewen, *Captains of Consciousness: Advertising and the Social Roots of the Consumer Culture* (New York: Basic Books, 2001 [1976]), p. 24 참조.

4. Harold C. Livesay, *Andrew Carnegie and the Rise of Big Business* (New York: Longman, 2000), p. 130.

5. 전미 폐기물상인협회(NAWMD)는 폐기물을 분류해 폐기물 구매자와 판매자를 연결해 주고, 신뢰할 수 있는 기초 정보를 제공하며 거래상 분쟁을 무료로 중재했다. NAWMD, *Twenty-Fifth Anniversary Blue Book, 1913~1938* (New York: NAWMD, 1938), pp. 13~21; NAWMD, *Fifteenth Anniversary Blue Book, 1913~1928* (New York: NAWMD, 1928), p. 49 참조. 20세기 초반 30년 동안에는 대규모의 회원제 기반 폐품수거 중개인들이 우후죽순처럼 상점을 열었다. Strasser, *Waste and Want*, p. 118 참조.

6. "전시생산위원회는 공장을 전환하고, 전시생산 할당량을 지정하며, 산업 물자 조달을 결정하고, 물자 절약과 산업 생산 제한을 명령하는 권한이 있었다." Strasser, *Waste and Want*, p. 238 참조.

7. 같은 책, pp. 238~39.

8. David Harvey, *The Condition of Postmodernity* (Oxford: Blackwell, 1990), p. 127. [구동회·박영민 옮김, 『포스트모더니티의 조건』(한울, 2008)]

9. 같은 책, p. 129.

10. 과학적 관리의 목표는 효율적인 노동 과정을 통해 비효율을 감소시키는 것이었다. 이 합리적인 시스템은 되도록 빠르고 비용효율적으로 원자재를 투입하고 최종 생산물을 만들어내 노동자들의 능률을 최고로 높였다.

11. Harvey, *The Condition of Postmodernity*, p. 133.

12. Strasser, *Waste and Want*, pp. 231~32에서 인용. 1941~1945년 전시 소비 억제책의 결과, 개인 저축은 처분 가능한 소득의 21퍼센트에 이르렀다. 1920년대에는 3퍼센트에 지나지 않았다. Lizabeth Cohen, *A Consumers' Republic:*

The Politics of Mass Consumption in Postwar America (New York: Knopf, 2003), pp. 70~71 참조.

13. "진주만 공습부터 전쟁이 끝날 때까지 개인의 유동자산은 거의 세 곱이 되었다." Strasser, *Waste and Want*, p. 233 참조. 전시의 소득과 저축에 대해 더 알고 자 한다면 Cohen, *Consumers' Republic*, pp. 69~71 참조.

14. Elaine Tyler May, "The Commodity Gap", *Consumer Society in American History: A Reader*, Lawrence B. Glickman ed. (Ithaca, N.Y.: Cornell University Press, 1999), p. 301.

15. 같은 책.

16. "이런 유인책 덕택에 주택 착공은 1944년 11만 4천 건에서 1950년 169만 2천 건 으로 증가했다." May, "Commodity Gap", pp. 303~4 참조. 이들 정책은 1931년 '주택건설 및 주택소유 후버협의회(Hoover's Conference on Home Building and Home Ownership)' 같은, 이전의 친기업 개입책에 뿌리를 두고 있었다. 이 정책은 개발자들과 생산자들에 힘입어, 연방정부가 전국적인 주택소유 정책을 지원하게끔 했다. Hayden, *Grand Domestic Revolution*, p. 286 참조.

17. 닉슨의 주장은 이랬다. "3100만 가정이 집을 갖고 있고, 그 집이 지어진 토지를 소유하고 있습니다. 미국의 4400만 가정이 총 5600만 대의 자동차를 갖고 있고, 텔레비전 5000만 개, 라디오 1억 4300만 개를 갖고 있습니다." May, "Commodity Gap", p. 299 참조.

18. 1930년에는 미국 가정의 24퍼센트만이 세탁기를 소유하고 있었지만, 1960년에 는 73퍼센트로 치솟았다. 자동차를 소유한 가정은 1942년 58퍼센트에서 1960년 75퍼센트로 증가했다. Stanley Lebergott, *Pursuing Happiness: American Consumers in the Twentieth Century* (Princeton, N.J.: Princeton University Press, 1993), pp. 115, 130 참조.

19. Paul Mazur, *The Standards We Raise: The Dynamics of Consumption* (New York: Harper & Brothers, 1953), pp. 19~20.

20. Vance Packard, *The Waste Makers* (New York: Pocket Books, 1960), p.

27. 제품에 덧붙여지는 일부 특징들은 고객을 꾀기 위한 속임수였다. "최초의 냉장고 냉각제어 같은 건 실체가 없었다." Martin Mayer, "Planned Obsolescence: Rx for Tired Markets?", *Dun's Review and Modern Industry* 73, no. 2 (1959. 2), p. 80 참조. 또 일부 냉장고와 라디오 생산자들은 1차대전과 2차대전 사이에 조금씩 모양과 기술을 조금씩 바꾸었지만, 전후 시기만큼 심하지는 않았다. Strasser, *Waste and Want*, p. 195 참조.

21. 모두 Packard, *Waste Makers*, pp. 25~27에서 인용.

22. Packard, *Waste Makers*, p. 25.

23. Karl Marx, *Grundrisse: Foundations of the Critique of Political Economy*, Martin Nicolaus trans. (New York: Penguin Books, 1993), p. 408.

24. Packard, *Waste Makers*, p. 21에서 인용.

25. 1950년대 훨씬 전에도 튼튼한 제품을 만들었던 생산자들은 소비자의 관심을 끌고 돈을 벌기 위해 새로운 기술을 덧붙이고 유행을 바꾸는 경쟁업체와 갈등했다. 헨리 포드—모델 T를 '매우 튼튼하고 아주 잘 만들어서 아무도 다시 자동차를 사지 않아도 되게끔 하려 했던'—도 GM이 1920년대 중반에 디자인을 바꾸며 마케팅하기 시작한 뒤로 다양한 스타일을 도입해야 했다. Strasser, *Waste and Want*, p. 194 참조.

26. Christine Frederick, *Selling Mrs. Consumer* (New York: Business Bourse, 1929), p. 246.

27. GE 중역들이 생산자들에게 전등 수명을 줄이라고 지시했음을 밝힌 1939년의 국제문서. Packard, *Waste Makers*, p. 51 참조.

28. Packard, *Waste Makers*, p. 56에서 인용.

29. 같은 책.

30. 1957~1958년에는 도로를 운행하는 새 자동차가 100만 대뿐이었지만 대부분 조잡한 부품 탓에 55만 대가 고장 났다고 AAA는 보도했다. 점화장치 생산자의 말을 Packard, *Waste Makers*, pp. 80~81에서 인용.

31. Packard, *Waste Makers*, p. 10에서 인용.

32. 같은 책, pp. 69, 75.

33. Victor Lebow, "Price Compertition in 1955", *Journal of Retailing* 31, no. 1 (1955. 봄), p. 7.

34. 헤더 로저스(Heather Rogers)가 감독한 2002년 다큐멘터리 영화〈사라진 내일: 쓰레기의 숨겨진 한살이〉에서. '창조적 파괴'라는 말은 조지프 슘페터(Joseph A. Schumpeter)의 분석을 가리킨다. 그는 새로운 제도가 구제도를 파괴하면서 자본주의는 내부로부터 끊임없이 변화하고 있다고 보았다. 예를 들어, 새로운 산업 과정은 기존의 과정을 쉼 없이 교체하고 있다. Schumpeter, *Capitalism, Socialism and Democracy* (New York: Harper & Row 1976 [1942]), pp. 81~86 참조.

35. E.S. Safford, "Product Death-Dates—A Desirable Concept?", *Design News* 13, no. 24 (1958. 11. 24), p. 3.

36. 일회용 기저귀는 여성의 생활을 편리하게 만들어주었지만 유일한 해결책인 것만은 아니다. 일회용 기저귀에 하듯이, 다시 쓸 수 있는 기저귀를 연구하고 개선하는 데 기업이 투자를 많이 한다면 오늘날 더 이상적인 대안이 존재할지도 모른다. Louis Blumberg·Robert Gottlieb, *War on Waste: Can America Win Its Battle with Garbage?* (Washington, D.C.: Island Press, 1989), p. 247 참조. 드라이퍼 TV 광고에 대해서는 다큐멘터리 〈사라진 내일〉 참조.

37. 최초의 일회용 면도기에 대해서는 Susan Strasser, *Satisfaction Guaranteed: The Making of the American Mass Market* (New York: Ballentine, 1989), p. 101 참조. 1976년 질레트는 최초의 일회용 양날 면도기를 출시했다. 그 상표명은 '굿 뉴스(Good News)!'였다. 이 제품이 나오자 남성들은 날도 닳지 않은 다른 면도기를 외면했다. www.gillette.com/men/features/100years.htm 참조.

38. Packard, *Waste Makers*, pp. 37~38.

39. 월터 스턴(Walter Stern)의 말을 Blumberg·Gottlieb, *War on Waste*, p. 12에서 인용. 대형 쇼핑몰과 체인스토어에 대해서는 Gordon H. Stedman,

"The Rise of Shopping Centers", *Journal of Retailing* 31, no. 1 (1955. 봄) 참조.

40. Blumberg·Gottlieb, *War on Waste*, p. 12. 광고의 전성기 전에, "포장은 기능적이었을 뿐, 성공적인 판촉의 전략적 요소가 아니었다." 같은 책, p. 11 참조.

41. 양철 담배함에 대해서는 Strasser, *Waste and Want*, p. 172 참조.

42. "Corporations: Growing Package", *Time* 73 (1959. 1. 5), pp. 76~78.

43. Packard, *Waste Makers*, p. 39.

44. Roy Sheldon·Egmont Arens, *Consumer Engineering: A New Technique for Prosperity* (New York: Harper Brothers, 1932), p. 55.

45. 1948~1970년에 측정된 연간 평균성장률이다. Jeffrey L. Meikle, *American Plastic: A Cultural History* (New Brunswick, N.J.: Rutgers University Press, 1997), p. 265 참조.

46. Alan Hess, "Monsanto House of the Future", *Fine Homebuilding* 34 (1986. 8/9), p. 75.

47. Meikle, *American Plastic*, p. 5.

48. 주입몰딩 방식을 이용했다. 같은 책, p. 29 참조.

49. Roland Barthes, *Mythologies* (New York: Noonday Press, 1990 [1957]), pp. 98~99. [이화여자대학교 기호학연구소 옮김, 『현대의 신화』(동문선, 1997)]

50. Meikle, *American Plastic*, p. 103.

51. Stephen Fenichell, *Plastic: The Making of a Synthetic Century* (New York: Harper-Collins/Harper Business, 1996), p. 203.

52. 전쟁이 끝나고 몇십 년 뒤 어느 저술가는 핵무기에 베이클라이트(Bakelite)가 사용된 걸 알아냈다. 미국 원자력위원회(Atomic Energy Commission)는 그의 자료 공개를 막았다. "베이클라이트가 핵무기 개발에 어떤 공헌을 했는지는 오늘날까지도 비밀로 유지된다." Fenichell, *Plastic*, p. 102 참조. 전시에 이용된 다른 경우에 대해서는 Meikle, *American Plastic*, p. 1 참조.

53. 사란 필름이 출시되기 전에 군대는 장비를 해체하고 그리스로 싸서 바다를 건넜

다. 도착지에서 그리스를 벗겨내고 다시 조립하는 것이다. Fenichell, *Plastic*, pp. 211~12.

54. 같은 책, p. 193.

55. Meikle, *American Plastic*, p. 160.

56. Joseph L. Nicholson·George R. Leighton, "Plastics Come of Age", *Harper's Magazine* 185, no. 1107 (1942. 8), pp. 300~1.

57. Felix N. Williams, "The Peak Is Not Yet", *Monsanto Magazine* 26, no. 4 (1947. 10), p. 2. 독일에서 개발된 주입몰딩 기계는 1920년대 미국 생산라인에 처음 도입되어 '셀룰로오스 아세테이트'를 더욱 효율적으로 생산하게 되었다. 플라스틱 주입몰딩은 압축몰딩이라는 기존의 방식보다 훨씬 생산적이었고 2차대전 뒤로도 꾸준히 발전되었다. F.A. Abbiati, "The Horn of Plenty Is Mechanized", *Monsanto Magazine* 26, no. 4 (1947. 10), p. 27 참조.

58. 다음에 이어진 말은 이렇다. "30초 동안 독자가 여기까지 읽었다면, 현대의 주입 몰딩 기계는 몰드 하나가 한 번 작동하여 빗 16개를 만들어냈다." Abbiati, "Horn of Plenty", p. 26 참조. 아울러 Hiram McCann, "Doubling—Tripling—Expanding: That's Plastics", *Monsanto Magazine* 26, no. 4 (1947. 10), p. 4 참조.

59. Meikle, *American Plastic*, p. 1.

60. 유니언 프러덕츠(Union Products) 경영자 제임스 설리번(James W. Sullivan) 의 말을 Meikle, *American Plastic*, p. 180에서 인용.

61. "Polyethylene Meets New Markets with King Size Moldings", *Modern Plastics* 34, no. 2 (1956. 10), p. 123; "Lona's Barnett: A Flair for 'Firsts'", *Modern Plastics* 39, no. 9 (1962. 5), p. 48.

62. 『모던 패키징』 편집자 로이드 스토우퍼(Lloyd Stouffer)의 말을 "Plastics in Disposables and Expendables", *Modern Plastics* 34, no. 8 (1957. 4), p. 93에서 인용. 『모던 패키징』의 소유주는 『모던 플라스틱스』의 발행인이기도 하다.

63. "Plastics for Disposables", *Modern Plastics* 33, no. 8 (1956. 4), p. 5.

64. "Plastics in Disposables and Expendables", p. 96.

65. Meikle, *American Plastic*, p. 187.

66. 같은 책, p. 189. 전시와 전후에 스티로폼(다우 사의 상표명에서 유래했다) 사용에 대해서는 O.R. McIntire, "Styrofoam", *A History of the Dow Chemical Physics Lab: The Freedom to Be Creative*, Ray Ho. Boundy·J. Lawrence Amos eds. (New York: Marcel Dekker, Inc., 1990), pp. 117~28 참조.

67. "Plastics in Disposables and Expendables", pp. 93~99.

68. William F. Cullom, "Wrapped in Plastics Films", *Modern Plastics* 25, no. 9 (1948. 5), p. 87.

69. *Modern Plastics* 33, no. 8 (1956. 4), p. 283에 실린 광고.

70. Meikle, *American Plastic*, pp. 265~66.

71. "Plastics in Disposables and Expendables", p. 96.

72. 『모던 플라스틱스』의 편집자였던 시드니 그로스(Sidney Gross)는 생산자가 플라스틱을 쓰면 소비자는 플라스틱을 쓸 도리밖에 없다고 했다. Meikle, *American Plastic*, p. 275 참조.

73. 같은 책, p. 266.

74. 『프린터스 잉크(Printers' Ink)』의 기사를 Ewen, *Captains of Consciousness*, p. 53에서 인용.

75. Blumberg·Gottlieb, *War on Waste*, p. 15.

76. 1920년대 수치에 관해서는 Hayden, *Grand Domestic Revolution*, p. 274 참조. 1950년과 1956년 수치는 William W. Keep·Stanley C. Hollander· Roger Dickinson, "Forces Impinging on Long-Term Business-to-Business Relationships in the United States", *Journal of Marketing* 62, no. 2 (1998. 4.1) 참조.

77. Baxandall·Ewen, *Picture Windows*, p. 134.

78. Victor Lebow, "Forced Consumption—The Prescription for 1956", p. 169.

79. Keep · Hollander · Dickinson, "Forces Impinging on Long-Term Business to-Business Relationships".

80. 초기의 광고 마케팅에 대해서는 Strasser, *Satisfaction Guaranteed*, pp. 5~7 참조.

81. "사유재산 하에서 …… 모든 사람은 자꾸 다른 물건에서 새로운 필요를 찾는다. 그리하여 그는 새로운 제물이 되고, 새로이 종속되며, 새로운 형태의 만족을 얻고, 결국 파산한다." Karl Marx, "The Economic and Philosophic Manuscripts of 1844", *The Marx Engels Reader*, Robert C. Tucker ed. (New York: W.W. Norton, 1978), p. 93 참조.

82. 소비자와 계급의식을 분리시키려는 20세기 중반의 경향은 20세기 초반부터 시작되었다. Strart Ewen · Elizabeth Ewen, *Channels of Desire: Mass Images and the Shaping of American Culture* (Minneapolis: University of Minnesota Press, 1992), p. 265 참조.

83. John Berger, *Ways of Seeing* (Harmondsworth: Penguin, 1972), pp. 148~49. 〔하태진 옮김, 『어떻게 볼 것인가』(현대미학사, 1995)〕 스튜어트 유언도 비슷하게 지적했다. "사람이 자기 자신의 제물이라면, 대량생산의 열매는 그의 구세주였다." Ewen, *Captains of Consciousness*, p. 46 참조.

84. Strart Ewen · Elizabeth Ewen, *Channels of Desire*, p. 262.

85. '스모카트론'에 대해서는 쓰레기처리위원회 · 미국 공공사업협회, *Municipal Refuse Disposal* (Danville, Ill.: Interstate, 1961), p. 80 참조.

86. '인싱크 이레이터'에 대해서는 www.insinkerator.com/history.html 참조.

87. 뉴욕 시가 싱크인 분쇄기를 합법화한 것은 1997년이었다. Jay Romano, "Your Home; Grinding Garbage in the Sink", *New York Times*, 1997. 12. 7; Kendall Christiansen, "Food Disposers Help Grind Down Solid Waste Problems", *World Wastes* 41, no. 11 (1998. 11. 1); "Tax Rebates Approved for Installation of Kitchen Food Waste Disposers", *Real Estate Weekly* 47, no. 33 (2001. 3. 21) 참조.

88. 쓰레기처리위원회·미국 공공사업협회, *Municipal Refuse Disposal*, pp. 56~57.

89. 같은 책, p. 55.

90. Blumberg·Gottlieb, *War on Waste*, p. 199.

91. Melosi, *Garbage in the Cities*, p. 208.

6장 쓰레기와 환경보호주의

1. Gladwin Hill, "Earth Day Goals Backed by Hickel", *New York Times*, 1970. 4. 22.

2. 모두 Barry Commoner, *The Closing Circle: Nature, Man Technology* (New York: Knopf, 1971), pp. 7~9에서 인용.

3. 아프리카계 미국인 학생들은 이 행동을 비난했다. 백인 중류층 학생들이 2500달러를 장학금으로 기부하는 게 낫지 않느냐는 것이었다. Commoner, *Closing Circle*, p. 207 참조.

4. Hill, "Hickel".

5. 뉴욕에서는 1963년에 일어난 사고로 405명이 사망했고, 1966년 또다시 168명이 죽었다. Dr. Richard Wade, "Health Effects: Pick Your Poison", *Environmental Action* 6, no. 24 (1975. 4. 26), p. 5 참조. 1950년대 중반 영국에서, 그리고 1960년대 중반 미국에서 대기오염법이 통과된 뒤로 이런 사건은 점점 줄어들었다. 1970년 이후로 매연 방출은 미국에서 거의 80퍼센트가 줄었다. www.epa.gov/region2/epa30/air.htm 참조.

6. John Stauber·Sheldon Rampton, *Toxic Sludge Is Good for You: Lies, Damn Lies and the Public Relations Industry* (Monroe, Me.: Common Courage Press, 1996), pp. 123~25. 비극적이고 아이러니하게도 카슨은 1964년 암으로 사망했다.

7. Peter Wild, *Pioneer Conservationists of Western America* (Missoula, Mont.: Mountain Press, 1979), p. 156.

8. Barry Commoner, *Making Peace with the Planet* (New York: New Press, 1992 [1975]), p. 173에서 인용.

9. 커머너의 말을 *Making Peace*, p. 181에서 인용. EPA 창설과 자원재생법에 대해서는 Blumberg·Gottlieb, *War on Waste*, p. 63 참조.

10. 심층보도센터(Center for Investigative Reporting)·Bill Moyers, *Global Dumping Ground: The International Traffic in Hazardous Waste* (Washington, D.C.: Seven Locks Press, 1990), p. 9.

11. John Quarles, "Fighting the Corporate Lobby", *Environmental Action 6*, no. 15 (1974. 12. 7), p. 5.

12. 1974년까지 음료수 용기 쓰레기는 연간 8퍼센트씩 늘어났다. Catherine Lerza, "Administration 'Pitches In' to Outlaw Throwaways", *Environmental Action 6*, no. 2 (1974. 5. 25), p. 5 참조.

13. Thomas W. Fenner·Randee J. Gorin, *Local Beverage Container Laws: A Legal and Tactical Analysis* (Stanford, Calif.: Stanford Environmental Law Society, 1976), p. 3.

14. 포장재는 자치단체 쓰레기의 34퍼센트를 차지했다. 같은 책, p. 2 참조. 포장재는 지난 10년 동안 엄청나게 늘어났다. 1960년에 1인당 하루 소비는 330그램이었는데, 10년 뒤에는 475그램으로 늘어났다. Blumberg·Gottlieb, *War on Waste*, p. 13 참조.

15. 열다섯 번이라는 주장도 있고, 마흔 번이라는 주장도 있다.

16. Fenner·Gorin, *Local Beverage Container Laws*, p. 4.

17. "Wrap-Up for Glass", *Modern Packaging 34*, no. 8 (1961. 4), p. 289.

18. Kenneth C. Fraundorf, "The Social Costs of Packaging Competition in the Beer and Soft Drink Industries", *Antitrust Bulletin 20* (1975. 겨울), pp. 810~16.

19. 피터 초콜라의 말을 Lerza, "Administration 'Pitches In'", p. 5에서 인용. 아울러 Commoner, *Making Peace with the Planet*, p. 106 참조.

20. Lerza, "Administration 'Pitches In'", p. 5.

21. "Wrap-up for Glass", pp. 156~59, 287, 289.

22. Fraundorf, "Social Costs of Packaging Competition", p. 813.

23. Abbie Hoffman, *Steal This Book* (New York: Four Walls Eight Windows, 1996 [1971]), pp. 127~33.

24. 같은 책, p. 24.

25. Patricia Taylor, "Source Reduction: Stemming the Tide of Trash", *Environmental Action* 6, no. 7 (1974. 8. 17), pp. 8~11.

26. 풀뿌리 재활용 네트워크, *Wasting and Recycling in the United States 2000*, p. 30; Blumberg·Gottlieb, *War on Waste*, pp. 199~200.

27. 지방자치연구소의 닐 셀드먼(Neil Seldman)과 2005년 1월 20일에 인터뷰한 내용에서.

28. 공무원들은 대개 초기 재활용 노력에 개입하지 않았다. Blumberg·Gottlieb, *War on Waste*, p. 19.

29. Taylor, "Source Reduction", p. 9에서 인용.

30. 같은 글, p. 11.

31. 내재화된 노후화에 대한 저항은 Peter Harnik, "The Junking of an Anti-Litter Lobby", *Business and Society Review* 21 (1977. 봄), p. 48 참조. 대니얼 와이어스에 대해서는 Meikle, *American Plastic*, p. 266 참조. PET 등장에 대해서는 Blumberg·Gottlieb, *War on Waste*, p. 237 참조.

32. John H. Fenton, "Vermont's Session Has Budget Clash", *New York Times*, 1953. 2. 1.

33. Blumberg·Gottlieb, *War on Waste*, p. 238.

34. '일회용' 발명가들에 대해서는 Fraundorf, "The Social Costs of Packaging Competition", pp. 806n10, 807 참조. 전미생산자협회의 PR부는 분명히 KAB

의 방법론에 영향을 미쳤다. Edward Maher, "NAM's Approach to Public Relations", *Public Relations Journal* 17, no. 5 (1961. 5), pp. 4~6 참조. 코카콜라와 KAB에 대해서는 Revecca McCarthy, "Recycling: Will It Survive?" *Atlanta Journal-Constitution*, 1993. 12. 6 참조.

35. 첫 해에 KAB는 이미 열 개의 주에서 관변단체와 협력하고 있었으며 '전국 프로그램에 협력하기 위해 각 주에서 위원회를 결성하는 데 주지사의 협력을 얻을 계획' 임을 밝혔다. "Heads Anti-Litter Unit", *New York Times*, 1954. 11. 20 참조. 열 개 주에 대해서는 "Industry Fosters Drive against Litter", *New York Times*, 1954. 10. 14 참조.

36. Bernard Stengren, "What Makes a Litterbug?", *New York Times*, 1954. 12. 5.

37. "Progress Is Noted in U.S. Clean-up", *New York Times*, 1959. 2. 24.

38. Charles Grutzner, "Crackdown on Litterbugs", *New York Times*, 1955. 10. 16. 조지아, 매사추세츠, 캘리포니아, 인디애나, 메릴랜드, 델라웨어, 네브래스카 주는 이미 쓰레기추방법을 시행하면서 허가되지 않은 장소에 쓰레기를 버리는 개인에게 벌금형을 내렸다.

39. "Vermont's Bottle Law Dies", *New York Times*, 1957. 4. 5.

40. 19세기 이후로 쓰레기(litter)란 말은 진보주의자와 도시미화론자들의 토론 주제였지만, KAB가 그 용어에 불어넣으려 했던 정치적이고 심리적인 힘은 얻지 못했다.

41. Alfred Higgins Productions, *Heritage of Splendor*, 1963. 이 영화는 리치필드 오일 사에서 KAB를 위해 제작한 것이다. www.archive.org/movies 참조.

42. Blumberg·Gottlieb, *War on Waste*, p. 19에서 인용.

43. Stuart Ewen, *PR! A Social History of Spin* (New York: Basic Books, 1996), p. 376.

44. Raymond Geuss, *Public Goods, Private Goods* (Princeton, N.J.: Princeton University Press, 2001), p. 18.

45. 이 주장에서 중요한 것은 쓰레기 투기를 용인할 수 있느냐가 아니다.(쓰레기가 그렇게 빨리 말끔히 치워지지 않는다면 대량 낭비에 대한 자각이 높아질 수 있다고

주장하는 이도 있겠지만.) 진짜 문제는, 쓰레기라는 장치를 이용하여 환경파괴의
책임을 산업 생산에서 개별 소비자에게 전가하는 거짓말이다.

46. "The Waste-High Crisis", *Modern Packaging* 41, no. 11 (1968. 11), p. 102.

47. Harnik, "The Junking of an Anti-Litter Lobby", p. 50: Daniel Zwerdling,
"Iron Eyes", *All Things Considered*, National Public Radio (1999. 1. 10).

48. Taylor, "Source Reduction", p. 11.

49. 1959년 5월 20일자 『샌프란시스코 뉴스(San Francisco News)』 사설에서 따온
슬로건으로, Meikle, *American Plastic*, p. 251에서 인용.

50. 같은 책, pp. 249~53.

51. Lerza, "Administration 'Pitches In'", p. 3: Harnik, "The Junking of an
Anti-Litter Lobby", p. 48.

52. Fenner·Gorin, *Local Beverage Container Laws*, pp. 11, 14.

53. 같은 책, p. 13.

54. 프랭크 티글 주니어(Frank Teagle, Jr.)가 편집자에게 보낸 서한, *Environ-
mental Action* 6, no. 17 (1974. 1. 18), p. 2.

55. Blumberg·Gottlieb, *War on Waste*, p. 239.

56. 같은 책, p. 19에서 인용.

57. 같은 책, pp. 276~77.

58. Harnik, "The Junking of an Anti-Litter Lobby", p. 48에서 인용.

59. 소비자 네 명은 음료 유통회사 직원이었다. 한 명은 컬럼비아 디스튜리뷰팅
(Columbia Distributing) 사의 영업부장으로 오래전부터 오리건 법을 반대해 왔
다. 다섯 번째 소비자는 의무 보증금제를 반대하는 또 다른 기업 세이프웨이(Safe-
way) 직원이었다. Blumberg·Gottlieb, *War on Waste*, pp. 226~28 참조.

60. Fenner·Gorin, *Local Beverage Container Laws*, p. 13.

61. "That Makes Cents", *Environmental Action* 6, no. 20 (1975. 3. 1), p. 13.

62. Harnik, "The Junking of an Anti-Litter Lobby", p. 49.

63. 같은 글, p. 51.

64. Fenner·Gorin, *Local Beverage Container Laws*, p. 13. 보증금법을 시행한 세 번째 주는 사우스다코타였다.

65. Blumberg·Gottlieb, *War on Waste*, p. 239.

66. "Comment", *Environmental Action* 6, no. 20 (1975. 3. 1), p. 3.

67. Harnik, "The Junking of an Anti-Litter Lobby", p. 49.

68. Fenner·Gorin, *Local Beverage Container Laws*, p. 13.

69. "Comment", *Environmental Action*, p. 3에서 인용한 서한.

70. Karl Marx, "The Economic and Philosophic Manuscripts of 1844", *The Marx-Engels Reader*, Robert C. Tucker ed. (New York: W.W. Norton, 1978), p. 72.

71. 거칠게 말해서 M=자본, C=상품(상품 내에 그 제품의 생산이 체현된다), M'=이 윤이다. 넓게 보아서, 이 등식은 이윤의 생성 경로를 보여준다. 공식에 쓰레기를 포함시키는 문제는 크리스천 페런티와 존 마셜과 나눈 많은 대화에서 비롯되었다.

72. 다큐멘터리 영화 〈사라진 내일〉에서.

73. Ewen, *PR! A Social History of Spin*, pp. 397~98에서 인용.

7장 재활용

1. Commoner, *Making Peace with the Planet*, p. 107 참조.

2. 이 수치는 1982~1987년의 가격이다. Cynthia Pollock, *World Watch Paper 76: Mining Urban Wastes: The Potential For Recycling* (Washington, D.C.: Worldwatch Institute, 1987. 4), p. 15 참조.

3. 슈퍼펀드에 대해서는 Seldman, "Recycling—History in the United States", P. 2354 참조. 프레즈노 매립지에 대해서는 Danielle Jackson, "California Landfill's Landmark Status under Review", *Waste Age* 32, no. 10 (2001. 10. 1) 참조.

4. Blumberg·Gottlieb, *War on Waste*, pp. 64~65. 쓰레기 이용 전문가 닐 셀드

먼에 따르면, 부제 D는 WMI와 BFI 같은 미국 최대 쓰레기 기업의 압력과 로비 때문에 1980년대 중반에 시행되었다. 규제법이 시행되면 자치단체나 소규모 업체에게 처리시설의 건설과 운영의 비용 부담이 감당하지 못할 만큼 커지므로, 이는 이들 거대기업의 이해에 부합했다. 2005년 1월 20일 인터뷰한 내용.

5. 심층보도센터·Moyers, *Global Dumping Ground*, p. 7.

6. Travis W. Halleman, *A Statistical Analysis of Wyoming Landfill Characteristics* (석사논문, Department of Civil and Architectural Engineering, University of Wyoming, 2004. 8). 또 다른 자료는 매립지 수가 1984년 1500곳에서 4년 뒤에는 325곳으로 급감했다고 한다. 심층보도센터·Moyers, *Global Dumping Ground*, p. 7 참조.

7. Seldman, "Recycling—History in the United States", p. 2352.

8. Seldman, "Recycling—History in the United States", p. 2356. 셸드먼에 따르면, "재활용 운동은 소각 반대운동의 직접적인 결과였다." 2005년 1월 20일 인터뷰한 내용.

9. Daniel Imhoff, "Thinking Outside of the Box", *Whole Earth* (2002. 겨울), p. 13.

10. Seldman, "Recycling—History in the United States", p. 2354. '자원 재생'은 소각이 아닌 다양한 프로그램, 이를테면 재활용, 퇴비화, 재사용을 가리키기도 한다. 배리 커머너가 지적했듯이, 쓰레기 순환에 아무런 변화가 일어나지 않았기 때문에 '쓰레기에서-에너지로' 같은 표현은 옳지 않았고―지금도 옳지 않으며―오해를 불러일으킨다. Commoner, *Making Peace with the Planet*, p. 108 참조.

11. Seldman, "Recycling—History in the United States", p. 2354.

12. Blumberg·Gottlieb, *War on Waste*, p. 39에서 인용.

13. 같은 책, p. 71.

14. Commoner, *Making Peace with the Planet*, p. 110. 쓰레기 소각로가 다이옥신을 배출한다는 사실이 처음 알려진 것은 1970년대 말이지만, 시민들이 위험한 다이옥신 배출을 이유로 조직적으로 소각로를 반대하기 시작한 것은 1980년대

가 되어서였다. Lois Marie Gibbs · 유해폐기물시민센터(Citizens Clearing-house for Hazardous Waste), *Dying from Dioxin: A Citizens' Guide to Reclaiming Our Health and Rebuilding Democracy* (Boston: South End Press, 1995), p. xxx 참조.

15. Commoner, *Making Peace with the Planet*, p. 115. '환경을 위한 주민동맹'에 대해서는 Miller, *Fat of the Land*, p. 277 참조.

16. "쓰레기를 태우는 소각로에서 다이옥신이 합성된다는 사실은 현재 소각 기업이나 정부 기구 모두 보편적으로 인정하고 있다." Commoner, *Making Peace with the Planet*, pp. 116~18 참조. 다이옥신이 사람의 건강에 미치는 영향에 대해서는 Pollock, *Mining Urban Wastes*, pp. 17~18; Health Care Without Harm, "Dioxin Fact Sheet", www.greenpeace.org/au/toxics/pdfs/diox-in_facts.pdf; Gibbs · 유해폐기물시민센터, Dying from Dioxin, p. 1 참조. 다이옥신이 사람의 면역체계와 생식체계에 미치는 위험성을 EPA가 공식적으로 확인한 것은 1996년이 되어서였다. 풀뿌리 재활용 네트워크, *Wasting and Recycling in the United States 2000*, p. 30 참조.

17. Commoner, *Making Peace with the Planet*, pp. 118~119.

18. 같은 책, pp. 110~15, 118.

19. Blumberg · Gottlieb, *War on Waste*, pp. 69~70.

20. 같은 책, pp. 156, 168~70. 로버트 거틀립과 루이스 블룸버그가 교수로 재직 중인 UCLA에서 두 교수가 조직한 학생들이 공장이 건강에 미치는 위험에 관해 독자적으로 보고서를 준비했고, 이는 CCSCLA가 주장을 펼 수 있는 확실한 근거 자료가 되었다. Commoner, *Making Peace with the Planet*, p. 124 참조.

21. Blumberg · Gottlieb, *War on Waste*, pp. 180~83.

22. 같은 책, p. 183.

23. Commoner, *Making Peace with the Planet*, p. 125. 필라델피아에 대해서는 Seldman, "Recycling—History in the United States", p. 2359 참조.

24. Commoner, *Making Peace with the Planet*, p. 123에서 인용.

25. Bill Richards, "Burning Issue: Energy from Garbage Loses Some of Promise", *Wall Street Journal*, 1988. 6. 16.

26. Commoner, *Making Peace with the Planet*, p. 139.

27. Jeff Chang·Lucia Hwang, "It's a Survival Issue: The Envirnmental Justice Movement Faces the New Century", *ColorLines* 3, no. 2 (2000. 여름).

28. Blumberg·Gottlieb, *War on Waste*, p. 208.

29. 같은 책, p. 209.

30. 같은 책, p. 210; Commoner, *Making Peace with the Planet*, pp. 131~33.

31. Strasser, *Waste and Want*, p. 285.

32. 여러 기업이 발포 폴리스티렌 제품—흔히 '스티로폼'이라 불리는—을 만들었지만, 스티로폼이란 이름과 그 화학 성분은 다우 사의 재산이다. 다우의 폴리스티렌 상표 브랜드는 이제 맥도널드 도시락 모양 용기, 달걀판, 일회용 컵 같은 포장용기를 만들지 않지만, 과거에는 만들었다. McIntire, "Styrofoam", *A History of the Dow Chemical Physics Lab*, p. 128 참조. 모든 플라스틱의 99퍼센트에 대해서는 Blumberg·Gottlieb, *War on Waste*, p. 14 참조. 버려지는 연간 플라스틱 양에 대해서는 Meikle, *American Plastic*, p. 267 참조. 플라스틱은 무게를 기준으로 보아 모든 폐기물 가운데 7퍼센트를 차지하지만, 플라스틱 폐기물을 말할 때 무게를 기준으로 한 수치는 정확하지 않은 판단을 유도할 수 있다.

33. 미국 최대 폴리스티렌 소비자 맥도널드에 대해서는 Blumberg·Gottlieb, *War on Waste*, p. 258 참조. 캠페인에 대해서는 McSpotlight, www.mcspotlight.org/campaigns/countries/usa/usa_toxics.html 참조.

34. Blumberg·Gottlieb, *War on Waste*, pp. 258~59.

35. McSpotlight, www.mcspotlight.org/campaigns/countries/usa/usa_toxics.html 참조.

36. Lerza, "Administration 'Pitches In'", p. 5에서 인용.

37. 1970년 게리 앤더슨(Gary Anderson)이 종이제품 생산업체 아메리카 컨테이너를 위해 재활용 마크를 디자인했다. "The History of the Recycling Symbol", *Dyer*

Consequences!, home.att.net/~DyerConsequences/recycling symbol.html 참조.

38. NCRR의 후원자들에 대해서는 "Comment", *Environmental Action* 6, no. 20 (1975. 3): Judd H. Alexander, *In Defense of Garbage* (Westport, Conn.: Praeger, 1993), p. 115: Neil Seldman, "Recycling—History in the United States", p. 2354 참조.

39. 뉴올리언스는 1973년 NCRR과 계약했다. Patricia Taylor, "Source Reduction: Stemming the Tide of Trash", *Environmental Action* 6, no. 7 (1974. 8. 17), p. 11 참조.

40. Alexander, *In Defense of Garbage*, p. 115.

41. 같은 책, p. 116.

42. Taylor, "Source Reduction", p. 11.

43. "Comment", *Environmental Action*, 1975. 3. 1.

44. 뉴스레터에 대해서는, 생태학센터, "Report of the Berkeley Plastics Task Force" (Berkeley, Calif., 1996. 4. 8), p. 7 참조. 포장재 소비에 대해서는 Pollock, *Mining Urban Wastes*, p. 8 참조.

45. 오늘날도 마찬가지지만, 플라스틱 병은 분류 번호에 의해서가 아니라 형태에 따라 분류되어 재활용된다. 형태가 바로 플라스틱이 만들어진 방식을 나타내기 때문이다. 제조된 플라스틱은 똑같은 생산 과정을 거쳐야 재활용될 수 있다. 플라스틱 제조과정은 여러 가지가 있다. 2005년 1월 20일 닐 셀드먼과 인터뷰한 내용.

46. 생태학센터, *Report*, pp. 6~7.

47. 같은 책, p. 7에서 인용.

48. 풀뿌리 재활용 네트워크, *Wasting and Recycling in the United States 2000*, p. 12.

49. 빅토르 비고츠키(Victor Wigotsky)가 한 말을 생태학센터, *Report*, p. 6에서 인용.

50. APC의 입법 반대에 대해서는, 생태학센터, *Report*, p. 6 참조. APC가 25퍼센

트 재활용 목표를 포기하면서 단체는 열한 개 주 검찰로부터 벌금형에 처해졌고, 허위 광고에 대한 처벌로 법원의 화해명령에 서명해야 했다. 풀뿌리 재활용 네트워크, *Wasting and Recycling in the United States 2000*, p. 41 참조.

51. Karl Marx, "Economic and Philosophic Manuscripts of 1844", *The Marx-Engels Reader*, Robert C. Tucker ed. (New York: W.W. Norton, 1978), p. 103.

52. EPA 자료는 미국 자치단체 재활용 수준이 1997년 28퍼센트로, 1년 전 보고된 27퍼센트와 비교하여 정체되고 있음을 드러낸다. 그리고 1993년 이후 처음으로, 매립되는 톤수나 소각되는 톤수가 절대 톤수로 보나 1인당 톤수로 보나 증가했다. 풀뿌리 재활용 네트워크, *Wasting and Recycling in the United States 2000*, p. 10 참조.

53. 투표하는 미국인보다 재활용하는 미국인이 더 많다는 내용에 대해서는, 같은 책, p. 9 참조.

54. 같은 책, p. 13. 아울러 Jim Motavalli, "Zero Waste", *E/The Environmental Magazine* 12, no. 2 (2001. 3/4), p. 28 참조.

55. 이 사실들은 2001~2002년에 캘리포니아 버클리대학 생태학센터의 데이브 윌리엄슨(Dave Williamson)과 여러 차례 가진 인터뷰에서 알아낸 것이다.

56. 생태학센터, *Report*, p. 12.

57. Blumberg·Gottlieb, *War on Waste*, p. 228.

58. 생태학센터, *Report*, p. 15.

59. 같은 책, p. 16에서 인용.

60. 풀뿌리 재활용 네트워크, *Wasting and Recycling in the United States 2000*, p. 14.

61. 풀뿌리 재활용 네트워크·예산감시 납세자 모임(Taxpayers for Common Sense)·물자효율성 프로젝트(Materials Efficiency Project)·지구의 벗, *Welfare for Waste: How Federal Taxpayer Subsidies Waste Resources and Discourage Recycling* (Athens, Ga., 1999).

62. 현존하는 조달법에 대해서는 Seldman, "Recycling—History in the United States", pp. 2359~60 참조.

63. 연간 쓰레기 비용에 대해서는 Neil Seldman, "The Fourth and Final Solid Waste Management Paradigm and the End of Integrated Solid Waste Management"(미출간, Institute for Local Self-Reliance, 2004), 자치단체 쓰레기 비율에 관해서는, 풀뿌리 재활용 네트워크, *Wasting and Recycling in the United States 2000*, p. 5 참조.

64. 같은 책, p. 22.

65. Peter Anderson·Brenda Platt·Neil Seldman, "Fighting Waste Industry Consolidation with Ownership of Recycling Facilities", *Facts to Act On* #42, Institute for Local Self_Reliance, 11. 8에 인용된 보고서.

66. Beth Baker, "Curbing Recycling Revisionists", *Environmental Action* 27, no. 2 (1995. 여름), p. 31에서 인용.

67. 같은 글.

68. 풀뿌리 재활용 네트워크, *Wasting and Recycling in the United States 2000*, pp. 24~25.

69. 같은 책, p. 13.

8장 쓰레기 시장

1. 바레티 수거회사 직원의 말을 Rick Cowan·Douglas Century, *Takedown: The Fall of the Last Mafia Empire* (New York: G.P. Putnam's Sons, 2002), p. 91에서 인용.

2. WMI 설립자에 따르면, "우리 방식은 선벨트에서 기업을 확대하고 남부시장이 다 찬 뒤에 미국 북부로 진출하는 것이었다"고 한다. Donald L. Sexton, "Wayne Huizenga: Entrepreneur and Wealth Creator", *Academy of Management*

Executive 15, no. 1 (2001. 2. 1) 참조.

3. "Corporate Profile: USA Waste Services Inc.", 환경기본정보센터(Environ-mental Background Information Center), www.ebic.org/pubs/usa.html. 아울러 Alan A. Block, "Environmental Crime and Pollution: Wasteful Reflections", *Social Justice* 61 (2002. 3. 22), 전자버전 참조.

4. 지방자치연구소의 닐 셸드먼에 따르면, 거대 쓰레기 기업들은 실제로 부제 D와 1993년 EPA 규정을 위해 로비를 벌였다. 이것이 그들의 경쟁자를 시장에서 내몰 것임을 알고 있었기 때문이다. 2005년 1월 20일 인터뷰에서.
   그린피스 독성물질 활동가 찰리 크레이(Charlie Cray)는, WMI 같은 기업은 "더욱 엄격한 환경오염 규제를 지지한다. 그래야 그 회사가 문제의 원천에 실제로 접근하지 않고도 더 많은 일을 하는 데 유리하기 때문이다. ……〔그리고〕더 엄격한 매립지법은 새 법의 자본 요건을 갖출 수 없는 회사의 경쟁자─소규모 기업, 비영리 지역 프로그램, 그리고 공공시설을 압박할 것이기 때문이다. 이 과정은 쓰레기 수거·처리·폐기 기업의 독점화를 촉진하며, 그 결과 장기적 해결책을 만드는 일을 방해한다"고 설명했다. "Greenwash Awards", CorpWatch, 1997. 1. 1에 인용. 아울러 www.corpwatch.org/campaigns/PCD.jsp?articleid=4370 참조.

5. '허브 앤드 스포크' 모델은 1999년 3월 샌프란시스코 공중위생국의 피터 홀스클로 (Peter Holsclaw)와의 인터뷰에서 알게 된 이야기다. WMI 설립자 휘젠거는 기존의 시설을 구매하는 것이 '중요한 특징'이라고 설명했다. "처리 시설의 허가를 얻는 것이 어려운 과정이기 때문"이다. Sexton, "Wayne Huizenga"에서 인용.

6. "Corporate Profile: Waste Management Incorporated", 환경기본정보센터, www.ebic.org/pubs/wmx.html. 아울러 Block, "Environmental Crime and Pollution" 참조.

7. "Corporate Profile: Browning-Ferris Industries", 환경기본정보센터, www.ebic.org/pubs/BFIAlliedprof.html. 아울러 Block, "Environmental Crime and Pollution" 참조.

8. "Corporate Profile: Browning-Ferris Industries".

9. 애리조나 스코츠데일에 있는 얼라이드 웨이스트는 미국에서 두 번째로 큰 고형폐기물 처리업체다. 38개 주에서 100군데의 국내 시장을 확보하고 있고, 상업적 고객과 가정 고객이 1천만을 헤아린다. (얼라이드 웨이스트 웹사이트 investor.awin .com/phoenix.zhtml?c=74587&p=IROL-index 참조)

10. WMI의 역사에 대해서는 Timothy Jacobson, *Waste Management: An American Corporate Success Story* (Washington, D.C.: Gateway Business Books, 1993), pp. 60~78, 86~94, 113 참조. 아울러 Ann M. Gynn · Cheryl A. McMullen, "Waste Changes Color with Times", *Waste News* 7, no. 1 (2001. 5. 14) 참조. BFI는 이미 1968년에 주식을 공개했다.

11. Peter Montague, "Commercial Hazardous Waste Landfills", *Rachel's Environment and Health Weekly* no. 180 (1990. 5. 9), 전자버전; WMI 웹사이트 www.wm.com/Templates/FAC2948/index.asp 참조.

12. "Waste Age 100", *Waste Age* (2004. 1. 1), 전자버전; www.wasteage.com 참조. 더욱 최근의 수치는 쓰레기 기업의 수입이 700억 달러라고 한다.

13. Jeff Bailey, "Too Good to Refuse: Browning-Ferris Bucks Mob", *Wall Street Journal*, 1993. 11. 8.

14. Bailey, "Too Good to Refuse". 뉴욕이 미국의 상업 쓰레기 가운데 5퍼센트를 만들어낸다는 내용은 Cowan · Century, *Takedown*, p. 15 참조.

15. Lee Linder, "Waste Industry 'Open' to Mob", Associated Press, 1989. 11. 7; Block, "Environmental Crime and Pollution". 블록에 따르면, 1960년대에서 1970년대에 이르기까지 시카고에 마피아식 규정이 유지되었다고 한다. '시카고 규정'이라는 시스템은 거기서도 카르텔을 형성했다.

16. '호텔 및 레스토랑 노동자 국제동맹(Hotel and Restaurant Employees International Alliance)'의 부패한 경로를 통해 조직화된 웨이터들을 관리하던 유태인 마피아 더치 슐츠(Dutch Schultz)는 '메트로폴리탄 레스토랑 및 카페 소유주협회(Metropolitan Restaurant and Cafeteria Owners Association)'를 조직해 수수료와 요금을 조정함으로써 노동자를 통제했다. 또 다른 유태인 마피아 루이

스 레프키(Louis Lepke)는 이 공식이 어떤 사업에도 적용될 수 있음을 알았다. 그는 트럭 운수업에 이를 적용했고, 상품의 시의적절한 변동이 경제 활력의 열쇠임을 깨달았다. Cowan·Century, *Takedown*, pp. 143~46.

17. 같은 책, p. 14.

18. 『뉴욕 데일리 뉴스(New York Daily News)』의 보도에 따르면, 1957년 상원에서는 뉴욕 폭력조직 쓰레기 사업에 관한 조사에서 "이런 규정 아래 '정류장'을 바꾸려는 고객이 있다면, 쓰레기 수거꾼이 찾아와 그 '정류장'은 자기 '사촌' 아니면 아무도 자기에게서 빼앗을 수 없다고 말한다. 또 '정류장'을 '차지한'―'재산권'을 인수한―사람은 그 정류장에서 10달러를 벌 때마다 100달러씩 벌금을 내야 할지도 모른다"는 말이 있었다고 한다. Cowan·Century, *Takedown*, pp. 33~34에서 인용.

19. 마피아 카르텔의 극단적인 만행이 뉴욕 시 외곽 롱아일랜드에서 벌어졌다. 롱아일랜드에는 마피아와 연결된 쓰레기 카르텔이 있었다. 독립 운송인 로버트 쿠베카(Robert Kubecka)와 그의 인척 도널드 바스토우(Donald Barstow)는 경찰의 끄나풀이 되어 롱아일랜드 카르텔을 염탐하기로 했다. 두 사람은 자신들의 사무실에서 무참히 총에 맞아 죽었다. Steve Wick, "Finally Caught", *Newsday*, 2003. 1. 29; Steve Wick. "Used and Left Unprotected", *Newsday*, 2001. 12. 23; Tom Renner·Michael Slackman, "They Defiled the Mob", *Newsday*, 1989. 9. 24 참조.

20. 모든 수치는 1993년의 것이다. Cowan·Century, *Takedown*, p. 174.

21. 5억 달러 과다 요금에 대해서는 Philip Angell, "Cleaning Up New York", *Infrastructure Finance* 6, no. 4 (1997. 5. 1) 참조. 전미 트럭운전사조합 813지부(Teamsters Local 813)가 카르텔과 협력했다고 기록되어 있다. Cowan·Century, *Takedown*, pp. 70~76 참조.

22. Cowan·Century, *Takedown*, p. 91.

23. Bailey, "Too Good to Refuse".

24. 같은 글.

25. Bailey, "Too Good to Refuse"; Robin Kamen, "NY Trash Compaction: Carters Rush to Merge", *Crain's New York Business*, 1994. 5. 23; Angell, "Cleaning Up New York".

26. Angell, "Cleaning Up New York".

27. Bailey, "Too Good to Refuse".

28. 게리 레위(Gary Lewi)의 말을 Cowan·Century, *Takedown*, p. 174에서 인용.

29. Cowan·Century, *Takedown*, pp. 175~78, 321; Angell, "Cleaning Up New York". 수사의 대부분을 진행한 비밀 직원이 NYPD 수사관 릭 코완이었다.

30. Cowan·Century, *Takedown*, pp. 274, 314~15.

31. Jeff Bailey, "ReSource NE, Big NY Waste-Handler, in Merger Talks", *Wall Street Journal*, 1995. 11. 27; Angell, "Cleaning Up New York"; Cowan·Century, *Takedown*, pp. 319~20, 337.

32. Jeff Bailey, "Waste Hauler in New York Looks to Deal", *Asian Wall Street Journal*, 1995. 11. 27.

33. Steve Daniels, "Competition Comes to New York", *Waste News*, 1997. 4. 21.

34. 같은 글.

35. Steve Daniels, "Good New, Bad News: Fresh Kills' Demise Means New Opportunities for Some, Worries for Others", *Waste News*, 1997. 4. 21.

36. Martin, "From the Many to the Few." 1980년대 후반에 소비자들은 미국 11개 주와 캐나다 몇 군데 시에서 '셔먼 반독점법(Sherman Anti-Trust Act) 1장'을 심각하게 위배했다는 이유로 WMI와 BFI를 상대로 집단소송을 제기했다. 두 기업은 입찰 부정, 정치인에게 뇌물 증여, 서로 소비자를 빼앗지 않도록 하는 담합을 저질렀다고 원고들은 주장했다. 1990년, WMI는 3천만 달러가 넘는 돈을, BFI는 1900만 달러를 지불해 사건을 법원 바깥에서 마무리 지었다. Block, "Environmental Crime and Pollution" 참조.

37. "Corporate Profile: Waste Management Incorporated". 1990년대 후반에 WMI는 일련의 회계부정으로 시끄러웠다. 10억 달러가 넘게 소득을 부풀렸기 때

문이다. Mark Babineck, "Once-Tattered Trash Giant Emerges from Accounting Scandal", Associated Press, 2002. 2. 4 참조.

38. Cowan·Century, *Takedown*, p. 176.

39. BFI 직원의 말을 같은 책, p. 177에서 인용.

40. Daniels, "Competition Comes to New York".

41. Kamen, "NY Trash Compaction".

42. 전국기업의 요금은 부풀려진 카르텔 요금 밑이었는데도 공정한 시장 요금보다 상당히 낮게 책정되는 일이 잦았다. 솔로먼 스미스 바니(Solomon Smith Barney)의 애널리스트는 이렇게 말했다. "아마도 지금 당장은 〔전국기업〕 누구도 어떤 형태로든 돈을 벌고 있지 못할 것이다. …… 그와 동시에 나는 뉴욕에 실제 경쟁이 있는 것인지 의심스럽다." Daniels, "Competition Comes to New York" 참조. 공격적인 가격 정책의 목표는 경쟁 상대를 약화시키고 물리치는 것이었다. BFI는 시장에 들어오자마자 엉터리 가격으로 입찰에 참여했고, 이에 따라 "새 입찰이 나올 때마다 가격이 급락하고 운반업체들의 가격 저하를 강요함으로써" 시장을 장악했다. Kamen, "NY Trash Comaction" 참조.

43. Daniels, "Competition Comes to New York".

44. Bailey, "Too Good to Refuse".

45. Philip Lentz, "Cartload of mergers Brings New Firms to Trash Business", *Crain's New York Business*, 1999. 3. 15.

46. Block, "Environmental Crime and Pollution"; Lentz, "Cartload of Mergers".

47. Philip Lentz, "Carter Tightens Grip on Trash Biz", *Crain's New York Business*, 1998. 10. 12.

48. 2001년 2월, 뉴욕에는 면허가 있는 운송업체가 150군데 있었다.(이 밖에 80개 업체가 더 상업쓰레기국의 승인을 기다리고 있었다.) 하지만 1988년에 업체 수는 거의 500개였다. "Should New York City Abolish Its Commercial Waste Hauling Rate Cap?", *Waste News* 6, no. 37 (2001. 2. 12) 참조. 가격의 급등은 뒤에 논의되는 프레시킬스 매립지 폐쇄에서 비롯된 것이다. Eric Lipton,

"City Seeks Ideas as Trash Costs Dwarf Estimate", *New York Times*, 2003.
12. 2 참조.

49. Daniels, "Good News, Bad news".

50. 캘리포니아 쓰레기관리국에 보내는 세렐 협회 보고서(Cerrell Associates report
for the California Waste Management Board), Eddie. J. Girdner·Jack
Smith, *Killing Me Softly: Toxic Waste, Corporate Profit, and the Struggle
for Environmental Justice* (New York: Monthly Review Press, 2002), p.
53에서 인용. 아울러 Blumberg·Gottlieb, *War on Waste*, p. 59 참조.

51. Amy Waldman, "Trash Giant Skirts Conditions Set for Bronx Station,
Critics Say", *New York Times Abstracts*, 1999. 8. 24; Steve Daniels, "WMI
Captures 3-Year Bronx Disposal Contract", *Waste New*, 1997. 6. 16.

52. Jennifer Weil, "WTC Air Grant Deadline Near", *New York Daily News*,
2002. 11. 27.

53. Amy Waldman, "In South Bronx, a Bitter Split", *New York Times
Abstracts*, 1999. 9. 29에서 인용.

54. John McQuaid, "Landfill Is Fertile Ground for Political Fight", *New
Orleans Times-Picayune*, 2000. 5. 21에서 인용.

55. Waldman, "Trash Giant Skirts Conditions".

56. 1일 쓰레기 처리 양에 대해서는 Waldman, "Trash Giant Skirts Conditions"과
"In South Bronx, a Bitter Split" 참조. 40퍼센트라는 수치는 특히 사우스브롱
크스의 헌드 포인트(Hunt's Point, 주로 저소득층이 거주하는 지역이다.—옮긴
이) 지역의 수치다. McQuaid, "Landfill Is Fertile Ground" 참조.

57. Lipton, "City Seeks Ideas"; Michael Clancy, "Buried in Trash", *AM New
York* 1, no. 38 (2003. 12. 3).

58. Valerie Burgher, "Breathing Lessons", *Village Voice*, 1997. 4. 29. 아울러
Weil, "WTC Air Grant" 참조.

59. "Soot Is Cited as Big Factor in Global Warming", *New York Times*, 2003.

12. 25. 아울러 David Adam, "There Goes the Sun", *Manchester Guardian Weekly*, 2003. 12. 25~31 참조.

60. 1998년 펜실베이니아는 미국 최대의 쓰레기 수입 주로, 연간 600만 톤 이상을 수입했다. 당시 두 번째 수입 주인 버지니아는 거의 300만 톤을 수입했고, 그 대부분이 일곱 군데의 새 초대형 매립지로 보내졌다. Eric Lipton, "As Imported Garbage Piles Up, So Do Worries", *Washington Post*, 1998. 11. 12 참조.

61. 출처는 미 인구조사국(U.S. Census), Lipton, "Imported Garbage" 참조.

62. 조사 결과 재에는 납, 카드뮴, 다이옥신, 그리고 수준은 낮지만 안심할 수 없을 만큼의 크롬과 비소가 함유되어 있었음이 밝혀졌다. 심층보도센터·Moyers, *Global Dumping Ground*, pp. 19~30 참조.

63. 미국의 진보 웹사이트 카운터펀치(Counterpunch)의 www.counterpunch.org/summers.html에 전문이 실려 있다. 서머스는 역설적인 말을 한 것이었다면서 나중에 이 진술을 공식 철회했다.

64. 2000년 5월 버클리 생태학센터의 데이브 윌리엄슨과 인터뷰한 내용에서.

65. Karl Schoenberger, "E-Waste Ignored in India", *San Jose Mercury News*, 2003. 12. 28.

66. Beverly Burmeier, "Happy Endings for Cast-Off PC's", *Christian Science Monitor*, 2003. 4. 21; "Americans as Consumers of and Contributors to World Resources", *Research Alert* 20, no. 13 (2002. 7. 5).

67. "Exporting Harm: The High-Tech Trashing of Asia", 바젤 행동 네트워크(Basel Action Network)·실리콘밸리 유해물질연합(Silicon Valley Toxics Coalition)(Seattle, 2002. 2. 25), p. 7.

68. Burmeier, "Happy Endings".

69. Henry Norr, "Drowning in E-Waste", *San Francisco Chronicle*, 2001. 5. 27.

70. 바젤 행동 네트워크·실리콘밸리 유해물질연합, "Exporting Harm", p. 7.

71. Kyung M. Song, "Toxic Hight-Tech Waste Flows to Asia", *Seattle Times*, 2002. 2. 25.

72. 같은 글.

73. Katherine Stapp, "Cheap Cell Phones Increase Piles of E-Waste in South", *Inter Press Service*, 2002. 5. 17.

74. Schoenberger, "E-Waste Ignored in India".

75. Jon E. Hilsenrath, "Beijing Strikes Gold with U.S. Recycling", *Asian Wall Street Journal*, 2003. 4. 9.

76. Center for Investigative Reporting and Bill Moyers, *Global Dumping Ground*, pp. 7, 9.

77. Neil Smith, *The New Urban Frontier: Gentrification and the Revanchist City* (London: Routledge, 1996), p. 28에서 인용.

9장 녹색을 향하여

1. 2001~2002년 뱃케이브를 방문하고 팀 크루프닉과 인터뷰한 내용을 기초로 했다. 아울러 Tim Krupnick, "The Urban Wilds Project", *Permaculture Activist* 6, no. 45 (2001. 3), pp. 63~65 참조.

2. Daniel Imhoff, "Thinking Outside of the Box", *Whole Earth* (2002. 겨울), p. 9.

3. Caycee Cullen, "The Jar", instruction' zine, 2003.

4. Tina Kelley, "One Sock, with Hole? I'll Take It", *New York Times*, 2004. 3. 16. 아울러 무료 온라인 경매사이트 www.freecycle.org 참조.

5. 다큐멘터리 영화 〈사라진 내일〉에서.

6. George Monbiot, "Fuel for Nought", *Guardian Weekly*, 2004. 12. 3. 새로운 합성수지가 석유화학물질로 만들어지지 않기 때문에 석유 산업이 호황을 누리는 플라스틱 사업을 포기할 거라고 생각하는 건 순진한 일이다.

7. Imhoff, "Thinking Outside of the Box".

8. McDonough·Braungart, *Cradle to Cradle*, p. 151.

9. 도시 지리학자 리처드 워커는, "자연에 대한 자본의 유일한 관계는 결국 축적에 대한 관계다. 그러나 오늘날 기술 권력이 매우 막강하여 축적의 법칙은 이전에 결코 보지 못했던 만큼의 지구 파괴의 법칙, 지구 생명 파괴의 법칙을 뜻할 수 있다. ······ 사회 규제는 현대 생산 체제의 사회적 삶에 고유한 부분이고 필수적인 부분이다"라고 말한다. 다큐멘터리 영화 〈사라진 내일〉에서.

10. "Setting the Record Straight", 용기재활용협회(Container Recycling Institute) 웹사이트, www.container-recycling.org/plasfact/PETstraight.htm.

11. Des King, "Calling the Shots", *Packaging Today International* 25, no. 9 (2003. 9).

12. Sara Bloom, "How Is Germany Dealing with Its Packaging Waste?", *Whole Earth* (2002. 겨울), pp. 23~25.

13. 2004년 4월 22일 프랭크 애커먼과의 인터뷰.

14. Imhoff, "Thinking Outside of the Box", p. 14; Jim Motavalli, "Zero Waste", *E/The Environmental Magazine* 12, no. 2 (2001. 3/4), 전자버전.

15. "Germany's Green Dot System Challenged", *UK: Environment News*, 2004. 3. 30; "Packaging Recycling for a Better Climate", *The OECD Observer*, 2002. 12.

16. 이 가이드라인 덕택에 정부는 최근 몇 해 동안 일회용기 허용량의 두 곱을 출시한 생산자들을 억제할 수 있었다. Otto Pohl, "Sales Slow as Germans Pile Up Empties", *New York Times*, 2003. 3. 5.

17. Motavalli, "Zero Waste".

18. Bloom, "How Is Germany Dealing?", p. 24.

19. 2003년 현재, 독일에서 1인당 연간 포장재 소비는 319유로, 영국은 234유로, (인구가 독일보다 77퍼센트가 많은) 러시아는 단 19유로였다. King, "Calling the Shots" 참조.

20. 재활용 공장으로 가지 않는 모든 녹색마크 포장재는 곧바로 소각되거나 매립된다.

Rob Edwards, "Waste Not, Want Not: Outside Every German Home Stands a Multicolored Set of Dustbins", *New Scientist* (1995. 12. 23), 전자버전.

21. 같은 글.

22. 샌프란시스코 프로그램은 "Fantastic Three"라 불린다. 쓰레기 처리업체 노컬에서 운영하는 프로그램이다. Kim A. O'Connell, "San Francisco Giant", *Waste Age* 34, no. 12 (2003. 12. 1).

23. 이 생각은 편집자 리자 페더스톤(Liza Featherstone)과 편지를 주고받으면서 나왔다.

24. Brenda Platt·Doug Rowe, *Reduce, Reuse, Refill!* (Washington, D.C.: Institute for Local Self-Reliance, 2002. 4.), p. 27.(풀뿌리 재활용 네트워크와 공동작업)

25. 같은 책, pp. 1~2.

26. 같은 책, p. 1.

27. 같은 책, p. 33.

28. 같은 책, pp. 5~9.

29. 같은 책, pp. 14~15.

30. 같은 책, p. 33.

31. 기업들이 코카콜라 같은 공룡기업들이 하는 것처럼 생산과 분배를 집중화하려고 하지 않는다면, 재사용 용기는 실제로 가격을 낮출 수 있다. 같은 책, p. 25.

32. Paul Millbank, "Aluminum Recycling Vital to Global Supply Chain", *Aluminum International Today* 16, no. 5 (2004. 9. 1); "Bottle Battle", *Economist Intelligence Unit—Country Monitor* (2003. 11. 3).

33. Platt·Rowe, *Reduce, Reuse, Refill!*, pp. 27~29, 40~41.

34. Eric Lombardi, "Beyond Recycling! Zero Waste… Or Darn Near"; 풀뿌리 재활용 네트워크 웹사이트, www.grrn.org/zerowaste/articles/biocycle_zw_commentary.html.

35. 풀뿌리 재활용 네트워크 웹사이트, www.grrn.org/zerowate/zerowaste_faq.html.

36. 같은 웹사이트.

37. Bill Sheehan·Daniel Knapp, "Zeroing In on Zero Waste": 풀뿌리 재활용 네트워크 웹사이트, www.grrn.org/zerowaste/articles/zeroing_in.html.

38. Kate Soper, "Waste Matters", *Capitalism Nature Socialism* 14 (2), no. 54 (2003. 6), pp. 131~32. 이전 장에서 살펴본 바와 같이, 가정용 쓰레기가 1톤일 때 제조 과정의 쓰레기는 70톤이 생산된다. 풀뿌리 재활용 네트워크, *Wasting and Recycling in the United States 2000*, p. 13 참조.

39. 풀뿌리 재활용 네트워크, *Wasting and Recycling in the United States 2000*: "재활용품을 분류하고 처리하는 것만으로도, 톤 단위를 기준으로 볼 때 매립이나 소각보다 열 곱의 일자리를 얻을 수 있다." Eric Lombardi, "Beyond Recycling! Zero Waste… Or Darn Near"에서 인용.

40. 풀뿌리 재활용 네트워크, *Wasting and Recycling in the United States 2000*, p. 27.

41. 같은 책, p. 28.

42. Gary Liss, "Zero Waste?": 풀뿌리 재활용 네트워크, www.grrn.org/zerowaste/articles/whatiszw.html. 일자리에 관해서는 Paula DiPerna, "Mean Green Job Machine", *Nation* 278, no. 20 (2004. 5. 24), p. 7 참조.

43. 한 가지 예로, 2003년 11월에 나눈 대화에서 가브리엘라 자모라노(Gabriela Zamorano)는 자신이 일하고 있는 멕시코 오악사카(Oaxaca)의 토착 단체에서는 토착어로 쓰레기라는 걸 표현할 말이 없다고 설명했다.

44. "Drowning in a Tide of Discarded Packaging", *Guardian* (London), 2002. 3. 9.

45. Marx, *Capital*, p. 1:279.

46. Joel Kovel, *The Enemy of Nature: The End of Capitalism or The End of The World?* (London: Zed Press, 2002), p. 155.

47. 천연자원 이용의 비민주적 본성에 대해서는 Soper, "Waste Matters"; Commoner, *Making Peace with the Planet* 참조.

48. "The U.S Labor Force in the New Economy", *Social Education* 68, no. 2 (2004. 3. 1), 전자버전.

49. "USA Risk: Macroeconomic Risk", *Economist Intelligence Unit — Riskwire*, no. 101 (2003. 7. 7), 전자버전.

50. 통계자료는 경제가 호황이든 불황이든 오늘날 실업이 더 자주 발생함을 드러낸다. Louis Uchitelle, "Layoff Rate at 8.7%, Highest Since 80's", *New York Times*, 2004. 8. 2 참조.

51. Leslie Sklair, *The Transnational Capitalist Class* (Oxford: Blackwell, 2001), p. 207.